本书为国家哲学社会科学基金重点项目“失独人群的边缘化及其社会适应研究”（16ASH014）、华中师范大学中央高校基本科研业务费项目“边缘人群社会治理研究”（CCNU16Z02009）的成果。

“心理—结构”双重边缘化

当代中国失独人群社会边缘化的路径研究

徐晓军◎著

中国社会科学出版社

图书在版编目(CIP)数据

“心理—结构”双重边缘化：当代中国失独人群社会边缘化的路径研究 / 徐晓军著. —北京：中国社会科学出版社，2019.12

ISBN 978-7-5203-4498-2

Ⅰ.①心… Ⅱ.①徐… Ⅲ.①家庭—社会心理学—研究—中国

Ⅳ.①C912.6-0

中国版本图书馆 CIP 数据核字(2019)第 101772 号

出 版 人 赵剑英
责任编辑 冯春凤
责任校对 张爱华
责任印制 张雪娇

出　　版 中国社会科学出版社
社　　址 北京鼓楼西大街甲 158 号
邮　　编 100720
网　　址 http://www.csspw.cn
发 行 部 010-84083685
门 市 部 010-84029450
经　　销 新华书店及其他书店

印　　刷 北京君升印刷有限公司
装　　订 廊坊市广阳区广增装订厂
版　　次 2019 年 12 月第 1 版
印　　次 2019 年 12 月第 1 次印刷

开　　本 710×1000 1/16
印　　张 16.25
插　　页 2
字　　数 267 千字
定　　价 98.00 元

序

“边缘群体”通常特指处于社会边缘、容易被忽视、需要给予某种社会救助的群体，是社会学研究的传统领域。我国“失独人群”是边缘群体中非常特殊的一个类别，是在特定历史背景下产生的，是特指那些失去独生子女的人群。直到目前，关于这个人群的规模、构成、心理、生活状况以及带来的社会影响，我们的研究都还是缺乏的。徐晓军教授关于失独人群的这本专著，为我们提供了一个细致观察的窗口和解决这一问题的路径。

独生子女家庭涉及中国整整一代人。为了抑制人口的快速增长，我国从20世纪80年代开始在城镇家庭实行严格的独生子女政策。政策收到的实效是有目共睹的，在计划生育政策执行的30多年间，中国累计少生了数亿人口，人口结构也由此发生了巨大转变，快速进入劳动年龄人口比重较大、人口抚养比较低的“人口红利”时期，在改革开放过程中推动我国经济持续快速增长。应该说，在这个人口红利期，独生子女家庭以牺牲“小我”换取了国家“大我”的发展。但是，这种特殊时期的人口控制政策，也带来一些特殊现象和后果，失独家庭就是其中的一类。根据相关统计数据，目前我国失独家庭已超过了百万，并且每年还在增长，而对这样一些人群、家庭的生活困境和心理创伤，我国还没有专门的社会扶助政策，甚至也没有像“单亲家庭”那样，引起社会的关注。随着人口结构的巨变和老龄化的快速推进，2016年我国调整计划生育政策，放开二孩生育，有的地方社会甚至已开始采取鼓励生育二孩的政策。这种人口政策的转向，却意外地加深失独人群和家庭的心理失衡。

徐晓军教授这本著作的特色，是能够以小见大，透过失独人群这个窗口，审视整个社会结构的整合凝聚能力。他对边缘人群和脆弱人群做了区分，我觉得这是有意义的。应当说，边缘人群和脆弱人群在内涵上有交叉，但又有差异。传统的脆弱人群研究视角，更倾向于通过经济层面的社会救助来进行社会治理。失独人群这种边缘群体，最需要的可能还不仅仅是经济救助，而是人际关系、生活环境、社会关怀和心理疗伤等，或者说是社会层面的救助。在此基础上建立起的“边缘性理论”，可以让我们更加关注“边缘化”的社会原因，从而成为社会融入理论的重要组成部分。而在当前西方发达国家的移民问题成为大选“选边站”的核心问题以及我国农民工的市民化成为新型城镇化的核心问题时，社会融入理论的创新具有了特殊的重要意义。

李培林

2018 年 8 月 16 日

目　　录

第一章　社会边缘化:起点与路径

社会边缘化，是我们日常生活中普遍存在的一种现象与问题，却是社会学经典理论关注不够的一个领域。个体被社会边缘化是一个缓慢演进的过程，理论上存在一个边缘化的起点，经由独特的路径，终致边缘化的结果问题。本研究将在系统梳理边缘化理论及其历史脉络的基础上，试图通过理论演绎及相应的实证检验，弄清这些问题。

第一节　边缘性研究及其历史脉络

边缘性理论发端于20世纪20—30年代，芝加哥学派的帕克（Robert E. Park）在研究城市移民问题的过程中提出了“边缘人”的概念，正式开启了边缘性理论这个研究领域。社会学家斯通奎斯特（Everett V. Stonequist）既对边缘性理论本身进行了修正与改良，同时也开展了大量的实证研究，使边缘性理论与经验的结合更为紧密，应用性更强，从而使边缘性概念的理论性与操作性都得到进一步加强与深化，边缘性理论得到广泛的认同。在现代社会复杂、流动、多元的背景下，社会分化日益严重，社会边缘化的问题已经成为一个普遍发生的社会事实，边缘性的研究也日益重要。

一　边缘性及其历史脉络

（一）边缘性：被建构出的概念体系

在社会科学研究中，虽然学界仍未就边缘性的定义形成统一的认识与理解，但仍在一定程度上对其概念本质达成了一致。在众多研究中，边缘性都被认为是偏离于社会规范或标准的人格特性、行为方式或社会情境等，是任何社会和文化实体都可能具有的属性，而边缘地区首先意味着在文化系统空间中与其他地区相比是边缘的，而地理位置上的边缘仅仅是社会边缘化的标志①，它不仅指是一种掠夺的状态，更可能是一种抵制与抗拒的方式②。

列斐伏尔（Henri Lefebvre）认为边缘性的划分方式往往为阶级服务，而边缘化也往往以性别、种族、宗教、职业、语言等特点为基础，被边缘化的群体往往难以进入精英空间，并被限制在自身的边缘化空间中③。库伦（Bradley T. Cullen）和普瑞特（Michael Pretes）尝试性区分出边缘性的两种意涵：其一是边缘性的传统意义，经济因素是边缘化的决定性因素；其二是将边缘化看作社会建构的过程，权力是边缘化的决定性因素，作为主导地位的群体将其他群体视为边缘而形成的权力关系④。温彻斯特（Winchester）和怀特（P. E. White）研究了内城的边缘化群体，认为边缘化既是社会现象，又是空间现象，他们描述了三种边缘性，分别为经济的、社会的和法定的⑤。每种边缘性都意味着从公共空间中排除部分群体，同时边缘化具有相对性，以精英群体确立的规范和标准为基础，而边缘性则是由于个体无法遵循社会建构的标准行为模式而产生。

正是从这个意义上，边缘性研究通常假设在边缘与非边缘之间存在等级性关系，形成"核心—边缘"的模式。在帕克等人最初的研究中，总是假设白人群体是核心的主导群体，在政治、经济、文化等方面存在一定的优势，而黑人、犹太人或混血人等则是边缘的次文化群体，处于被支配地位。但是这种关系究竟是既定的边缘性，还是建构的边缘性仍然有待解决，前者意味着边缘性是一种既定的社会状况，通常是一种经济上的联

---

① Shields，R. 1991. *Places on the Margin：Alternative Geographies of Modernity.* London：Routledge.

② Hooks，B. 1990. "Talking Back". In Ferguson，R.，Gever，M.，Minh - ha，T. T. & C. West（Eds.），*Out There：Marginalization and Contemporary Cultures.* New York：The New Museum of Modern Art.

③ Lefebvre，H. 1991. *The Production of Space.* Oxford：Basil Blackwell.

④ Cullen，B. T. & M. Pretes. 2000. "The Meaning of Marginality：Interpretations and Perceptions in Social Science". *The Social Science Journal*，2，pp. 215 - 229.

⑤ Winchester，H. P. M. & P. E. White. 1988. "The Location of Marginalized Groups in the Inner City". *Environment and Planning D：Society and Space*，6，pp. 37 - 54.

系，地区内部的等级或不同地区之间的地位都有可能变化，其固定性在于其参照点是固定不变的；后者意味着它是学者所建构的概念，它否定了固定和有偏见的参照点的存在，认为参照点是灵活多变的①。但事实上，边缘性概念在两种意义上都是关系性概念，与参照点相对，在分析中必须与经济、文化等要素相联系，并且被建构了深刻的社会意义。

边缘人、边缘群体与边缘文化都是相对于占据主导地位的个体、群体、文化的，边缘性在很大程度上是由社会所建构的，反映了不同的国家、地区、群体之间或内部的权力、文化、经济等方面的关系。在特定的群体中，核心成员与边缘成员的区分取决于两个因素：其一特定个体所具有的内在属性；其二是情境因素，即特定群体成员的典型性与边缘性能够随着情境的变化而在不同意义上表现出来，这意味着在某些情境中被认为是边缘的成员在其他的情境中可能被认为更接近于核心的成员②，更广泛的来说，每个社会成员在特定的情境中都有可能是边缘的。

（二）边缘性研究的历史脉络

边缘性理论发轫于帕克的边缘人理论，从社会心理学视角对边缘人所具有的边缘性进行分析，这一阶段称为边缘化理论的发端时期；20 世纪四五十年代，一些学者展开了对边缘人理论的批判，认为边缘人理论忽视了外在的边缘情境，由此形成了对边缘化的结构边缘情境的研究；另一批学者的研究则聚焦于边缘情境下个体的心理特征和心理属性，展开对边缘群体的边缘人格研究。这一时期边缘性研究突破种族、民族范畴，概念愈加清晰，影响力不断扩大，边缘性理论走向成熟。（见图 1.1）

1. 边缘性理论发端时期——边缘人理论

边缘人研究是边缘性研究的开端，帕克提出边缘人概念，主要是受到他的老师齐美尔（Georg Simmel）的陌生人概念的启发。齐美尔在研究“空间与社会空间定序”时，提出了“陌生人”这个概念。在齐美尔看来，“所谓的陌生人，并非人们通常所理解的外来人，既不是今天来明天

---

① Cullen, B. T. & M. Pretes. 2000. “The Meaning of Marginality: Interpretations and Perceptions in Social Science”. *The Social Science Journal*, 2, pp. 215 - 229.

② Ellemers, N. &J. Jetten. 2013. “The Many Ways to Be Marginal in a Group”. *Personality and Social Psychology Review*, 17 (1), pp. 3 - 21.

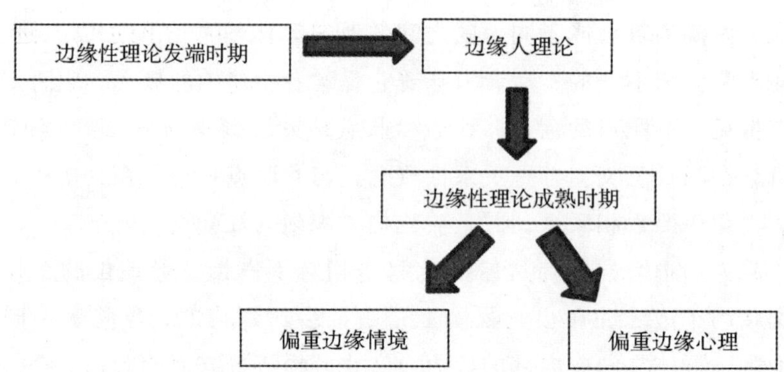

图 1.1 边缘性理论演化的历史脉络

就走的流浪者，而是指今天来并且要停留到明天的漫游者。”① 陌生人就是距群体既不太远，又不太近的人，在陌生人与群体的关系中，距离起着十分重要的作用。一方面，陌生人在空间上属于某个群体，他会与群体成员发生互动；另一方面，陌生人与群体成员发生的互动又纯属偶然，该互动不是由于亲缘关系、社区或职业关系触发的，所以从社会意义上看，陌生人又不属于该群体。齐美尔对陌生人的描述，注重对“陌生人”都市生活“精神流浪者”这种心理状态的关注，但是却忽视了“陌生人”这种独特心理产生的社会情境，因而他并没有注意到“陌生人”与文化方面的联系。②

发端时期对边缘性的研究基本停留在帕克提出的边缘人理论上，围绕边缘人的特征和类型展开，代表人物是帕克和他的学生斯通奎斯特。帕克所描述的边缘人是文化混合的产物，他们具有边缘化的人格特征，适应不良且焦虑不安，既渴望成为新加入群体的成员但又容易遭排斥，在原有的和新的两种文化中，都或多或少地会成为边缘人。③

斯通奎斯特在帕克的基础之上，进一步发展了帕克的边缘人理论。区分了产生边缘人的社会情境并提出了边缘人发展阶段说。斯通奎斯特在

① 侯钧生：《西方社会学理论教程》，南开大学出版社 2010 年版，第 99 页。

② 车效梅、李晶：《多维视野下的西方“边缘性”理论》，《史学理论研究》2014 年第 1 期。

③ 余建华、张登国：《国外“边缘人”略论》，《哈尔滨工业大学学报》（社会科学版）2006 年第 5 期。

1937 年出版《边缘人》一书，对齐美尔的外来人和帕克的边缘人进行了区分，指出二者不是一回事。

帕克、斯通奎斯特等人将犹太人视为边缘人的典型代表，后续的很多学者在他们的基础上做了许多新的研究，对边缘人的类型、特征进行了相关的研究。有学者对他们的观点做了延伸，认为黑人也是边缘人，但是对混血人是否认同白人群体，以及他们是否一定会产生边缘心理体验，都是有疑问的。① 格罗温斯基（David I. Golovensky）则认为应将边缘人的使用范围限制为处于特定位置的个体，不能一味将少数民族囊括进边缘人的概念范围内。② 这些学者都是以民族、种族等可见性较强的群体作为研究对象（例如黑人、混血人等），来判断移民群体及其后代中是否满足边缘性的条件与要求。

在边缘性理论的发端时期，帕克、斯通奎斯特等学者均是从社会心理学的角度，对边缘人所具有的边缘性特征进行描述分析，他们提出、论证的“边缘人”概念，既包含社会学所关注的社会结构性情境，又包含心理学所关注的心理特征、心理体验，但是并没有指出“边缘人”是处于边缘情境状态，还是应该具有边缘心理体验状态，抑或是两者同时兼有的状态。③ 这一时期的边缘性概念模糊，学者们的研究限于种族或民族范畴之中。后来的研究者基于此对边缘人理论进行了批评和修正，主张对边缘人理论所涉及的社会情境和心理特征分别研究，逐渐演化出的偏重外在边缘情境的研究和偏重内在边缘心理的两种研究取向，使得边缘性概念逐渐清晰，理论的应用范围不断扩大，影响力与日俱增，由此边缘性理论走向成熟。

2. 边缘性理论成熟时期——边缘情境研究

在边缘性理论的成熟时期，一些研究者偏重于边缘情境的研究，

---

① Wirth, L. & H. Goldhamer. 1944. “The Hybrid and the Problem of Miscegenation” // Otto Klineberg (ed.), *Characteristics of the American Negro*, New York and London: Harper & Bros, p. 340.

② Golovensky, D. I. 1952. “The Marginal Man Concept: An Analysis and Critique”. *Social Forces*, 30 (3), pp. 333 – 339.

③ 车效梅、李晶：《多维视野下的西方“边缘性”理论》，《史学理论研究》2014 年第 1 期。

将边缘化视为特殊的社会情境的产物，具体表现为文化冲突、存在等级性的群体关系、不均衡排列的身份属性与地位等，这些情境都被赋予了边缘化的特性。这一类研究主要集中于对边缘情境的限定和可能出现边缘情境的社会情境进行分类。如高德伯格（Milton M. Goldberg）和安东诺夫斯基（Aaron Antonovsky）就分别提出了边缘人的四个条件和边缘性的七个特征，对可能导致边缘性的情境进行限制。边缘情境往往呈现出多样性的特点，在具体的研究中呈现不同的表现形式。有学者认为边缘情境的某些特点在边缘人格产生之前就会表现出来，而且导致“边缘人格”的边缘情境与个体的亚文化、家庭、社会关系等都有关，尤其是群体的对立。① 如安东诺夫斯基就认为边缘性是一种特殊的社会情境，即处于两个群体、组织或者文化之间，但处于其中的个体成员能够创造出相对不边缘的生活方式，从而维持相对正常的人格特性；② 迪基·克拉克（H. F. Dickie - Clark）则认为边缘情境指社会等级体系中个体的地位不一致，鉴于任何社会都存在分层的不一致性，因此他认为可以进一步扩展边缘情境的使用范围，有助于深入研究边缘性的社会影响。③

从上面可以看出，这一类研究的学者跳出了帕克和斯通奎斯特所限定的边缘性概念的适用范围，即跳出种族和民族的情境限定，将边缘性概念应用到更广泛的性别、职业等群体关系领域。

3. 边缘性理论成熟时期——边缘心理研究

边缘性理论成熟时期的另一研究取向则是重视从心理学视角来考察边缘性。其研究注重运用量表来测量具体的边缘心理特征，代表人物有克尔克霍夫（A. C. Kerckhoff）、麦考密克（T. C. Mccormick）以及曼恩（J. W. Mann）等学者。重视边缘心理研究可以追溯到帕克和斯通奎斯特时期，“帕克—斯通奎斯特”框架下的边缘性几乎等同于边缘心理体验，

---

① Green, A. W. 1947. “A Re - Examination of the Marginal Man Concept”. *Social Forces*, 26 (2), pp. 167 - 171.

② Antonovsky, A. 1956. “Toward a Refinement of the ‘Marginal Man’ Concept”. *Social Forces*, 35 (1), pp. 57 - 62.

③ Dickie - Clark, H. F. 1966. “The Marginal Situation: A Contribution to Marginality Theory”. *Social Forces*, 44 (3), pp. 363 - 370.

表现为不安全感、自卑、过度敏感等。[①] 边缘心理作为边缘化的后果，是在特殊的社会环境下发生的。由于边缘心理相对容易测量，通过个体的行为方式尤其是与他人的互动表现出来，因此研究主要是探讨特定的边缘群体中个体是否具有这些人格特性，而很少质疑边缘的人格特性本身。现有的研究并没有明确指出边缘人格产生的根源是什么？为什么同样是处于共同的社会情境之中，但并非所有人都会表现出边缘人格特征，且边缘人格的程度也不相同。曼恩指出无法判断边缘人格是否为个体人格的剧烈变迁导致的（重新形成的），还是边缘性力量强化了现有的人格特点；而且边缘人格能够对个体产生的影响也不确定，究竟是永久性的，还是暂时性的（如青少年）。[②]

二　边缘性研究的两大取向

从边缘性研究的历史脉络中可以看出，边缘性的相关研究分化为区别明显的两大取向：偏重外在结构性排斥的边缘情境取向和偏重内在人格扭曲的边缘心理取向。

（一）偏重外在结构性排斥的边缘情境取向

偏重外在结构性排斥的边缘情境取向的研究者们试图剥离边缘性研究中的生理与心理方面的特性，从边缘化个体或群体所在的外部结构情境来研究他们的边缘性，即聚焦于边缘化的个体或群体边缘化发生的社会情境，边缘化的相对性程度更高，建构意味更为明显。[③]

1. 文化意义下的边缘情境

边缘情境的提出建立在帕克边缘人理论的基础之上，斯通奎斯特认为帕克没有重视产生边缘人格的边缘情境。他所认为的边缘情境是文化意义上的边缘情境，进而区分了至少两种类型的边缘情境：一是基于文化及种族差异的边缘情境，还有只是纯粹的文化差异的边缘情境等。[④]

---

① Mann, J. W. 1958. "Group Relations and the Marginal Personality". *Human Relations*, 11 (1), pp. 77 - 92.

② Ibid.

③ 徐晓军、安真真：《结构边缘与心理边缘：边缘化研究的路径》，《学习与实践》2015 年第 9 期。

④ 余建华、张登国：《国外“边缘人”略论》，《哈尔滨工业大学学报》（社会科学版）2006 年第 5 期。

高德伯格在细致地回顾了帕克和斯通奎斯特的“边缘人”理论的基础上，认为那些在文化边缘情境下生活的个体并不必然成为“边缘人”。他提出了四条标准来限定产生“边缘人”的边缘情境：①当个体从出生起就已习惯在两种文化边缘中生活；②当个体所在的初级群体同样也生活在这种边缘情境之下；③在个体成长历程中，有许多与其一样的个体参与到他的生命事件中；④这种边缘情境并没有成为个体实现其愿望的主要障碍。如果满足这四条标准，那么这个个体只是边缘文化的参与者而不会成为具有特定人格特征的“边缘人”。①

安东诺夫斯基顺着高德伯格的思路，深入探讨了究竟怎样的边缘情境可以产生“边缘人”。他在《边缘人概念的再提炼》一文中提出了七条判断边缘人的标准：一是两种文化持续互动；二是其中一个处于主导地位的文化往往伴有权力或潜在的回报；三是两种文化之间不是完全隔绝的，其边界具有可渗透性；四是这两种文化同时又具有冲突性；五是主导文化对边缘群体具有明显的吸引力；六是双方交往的障碍因一方感到羞耻而另一方感到明显的背叛而强化；七是边缘性因跨越代际而得到特殊的强化。②只有满足这七条标准的边缘情境，才会产生“边缘人”。虽然斯通奎斯特等人意识到了研究产生“边缘人”的外部边缘情境的重要性，但他们所言的边缘情境只是文化意义上的边缘情境，并且对边缘性的探讨也只是为了研究“边缘人”而服务的。

2. 群体意义下的边缘情境

一些研究者不满于斯通奎斯特只是在文化视域下研究边缘情境，他们欲把边缘情境放在群体层面来考虑，以增强边缘性研究的社会学味道。迪基·克拉克就是这一方面的翘楚，他通过将群体分层引入边缘情境的研究之中，使边缘性研究出现新的转折，大大提高了边缘性理论的适用性。他专门写了一篇文章《边缘情境：对边缘性理论的一项贡献》③ 和一本著作

① Goldberg, M. M. 1941. “A Qualification of the Marginal Man Theory”. *American Sociological Review*, 6 (1), pp. 52 - 58.

② Antonovsky, A. 1956. “Toward a Refinement of the ‘Marginal Man’ Concept”. *Social Forces*, 35 (1), pp. 57 - 62.

③ Dickie - Clark, H. F. 1966. “The Marginal Situation: A Contribution to Marginality Theory”. *Social Forces*, 44 (3), pp. 363 - 370.

《边缘情境：对混血族群的社会学研究》[①]，详细展开了对边缘情境的研究，提出了“等级情境”（hierarchical situation）的概念。他认为边缘情境是一种具有等级秩序的结构，这种结构包含着许多不平等的成分，并进一步指出等级情境具有三大特征：①成分性，指在等级情境中不同阶层的数量；②范围性，指等级情境控制成员行为的范围；③障碍性，指的是处于等级情境中的上层对下层向上流动所设置的种种障碍。[②]

迪基·克拉克认为强调边缘情境的等级性对于澄清这一概念有三点好处：一是可以把生理和心理成分从边缘性概念中排挤出来；二是可以为容纳其他类型的边缘情境提供一个参考框架；三是使边缘情境成为一个严格意义上的社会学概念。[③] 迪基·克拉克对等级情境的研究，强调了边缘性并不是一种特定的人格特征，而是一种客观的社会事实。

在群体意义下研究边缘情境，对其后的研究产生了重要的影响。运用“中心—边缘”模型来分析边缘性就是这一影响之一。从本质上说，“中心—边缘”模型就是迪基·克拉克所强调的等级边缘情境的极端表现。“中心—边缘”具有社会和空间意义的双重含义，既可以指涉政治、经济、文化方面，也可以指地理位置的区别。注重边缘性的“中心—边缘”维度，使边缘性概念具有很强的解释力。卡伦（B. T. Cullen）和普雷特斯（M. Pretes）通过运用问卷，调查北美地区该领域的学者对边缘性概念的看法，发现大部分的学者都认为“中心—边缘”模型能非常有力地帮助人们理解边缘性概念。[④] 埃里蒙斯（N. Ellemers）和耶腾（J. Jetten）在研究边缘性类型的一篇文章中，预设了一个前提，即任何群体中都有“中心—边缘”之分，处在中心地位的成员展示群体的核心特征，并且成员目标与群体目标相一致，而处在边缘位置的成员正好与之相反，是群体的

---

① Dickie - Clark, H. F. 1967. “The Marginal Situation: A Sociological Study of a Coloured Group”. *New York: Humanities Press.*

② Ibid.

③ Dickie - Clark, H. F. 1966. “The Marginal Situation: A Contribution to Marginality Theory”. *Social Forces*, 44 (3), pp. 363 - 370.

④ Cullen, B. T. &M. Pretes. 2000. “The Meaning of Marginality: Interpretations and Perception in Social Science”. *The Social Science Journal*, 37 (2), pp. 215 - 229.

不稳定因素。在这一前提下作者通过研究处在边缘地位的成员来探讨边缘性的类型。①

另一些研究者关注群体关系失调或冲突下的边缘情境。齐勒（R. C. Ziller）从工作领域内的群体关系视角出发，研究了工作场所的边缘性问题。他发现中层管理者处在雇主与雇员两种对抗力量的中间地带，受到两方面的压力，易导致群体关系的失调与冲突，于是使他们处在类似于边缘性的“角色困境”（role dilemma）之中。所以他认为处在两种对抗力量之间，具有中间人角色的边缘结构是边缘性的本质。② 休斯（E. C. Hughes）也强调应在群体关系的失调与冲突的视角下理解边缘情境。他提出了“地位困境”（status dilemma）的概念，是指由于社会变迁，引起了人们社会地位或角色认同方面的混乱，由此致使其所处的群体内关系失调，形成于自身不利的边缘情境。③ 休斯认为在社会剧烈变迁下，群体内新的地位规范不断出现，与此同时旧的地位规范依然存在，两者产生冲突对抗，使处在其中的个体无所适从，于是在群体中就产生了“地位困境”。正是在这种“地位困境”中，个体逐渐具有了边缘性。

综上所述，可以看出偏重边缘情境的研究把边缘性内涵归结为外部的结构性因素，剥离了其中的心理与生理成分。例如休斯把边缘性定义为处在一定地位的个体与社会期待不符的状态。④ 曼恩认为当个体的目标和愿望被社会情境阻碍或拒绝，那么这种情境就可以定义为边缘性的社会情境。⑤ 克尔克霍夫和麦考密克也把边缘性归结为外部结构性因素，他们从个体所属的群体与其参照群体的关系出发，认为以不具有成员资格的群体为参照群体的个体，或者社会化程度不足以满足其社会角色需求的个体，

① Ellemers, N. & J. Jetten. 2013. “The Many Ways to be Marginal in a Group”. *Personality and Social Psychology Review*, 17 (1), pp. 3 – 21.

② Ziller, R. C. 1973. *The Social Self*. New York: Pergamon.

③ Hughes, E. C. 1949. “Social Change and Status Protest: An Essay on the Marginal Man”, *Phylon* (1940 – 1956), 10 (1), pp. 58 – 65.

④ Hughes, E. C. 1949. “Dilemmas and Contradictions of Status”. *American Journal of Sociology*, 150 (5), pp. 353 – 359.

⑤ Mann, J. W. 1958. “Group Relation and the Marginal Personality”. *Human Relation*, 11, pp. 77 – 92.

即为“边缘人”。[①] 这一取向的研究具有很强的社会学研究的特点，它聚焦于外部的社会情境，其含义具有相对性，建构意味强烈。[②]

（二）偏重内在人格扭曲的边缘心理取向

偏重内在人格扭曲的边缘心理取向侧重于内在的心理分析，关注的是特定情境下个体的边缘人格特征或心理属性，表现为矛盾情绪、自我意识过于敏感、神经紧张、缺乏自信等负面情绪，它贯穿于个体的生活圈，其本质是自我认同与社会认同的缺失或混乱，反映在个体的社会行为中，它影响了个体能动性的发挥，阻碍了正常的社会行动。[③]

帕克是该领域最早的研究者之一。他将边缘性聚焦于具有特定人格特征的“边缘人”身上。帕克的“边缘人”是一种“文化混血儿”，是指那些处在两种文化边缘之中，受到两种文化冲突的影响，进而形成具有特定人格特征的一类人。帕克将边缘人研究的重点放在犹太人身上，他认为犹太人是一种典型的“边缘人”[④]。中世纪犹太区的隔离围墙被拆除后，犹太人得已参与到当地人的生活之中。于是，犹太人不得不一边努力地保持自身传统文化的同时，一边积极地学习适应当地人的文化。帕克认为正是因为犹太人处于两种文化冲突的这种境况之中，由此对他们的心理造成一定的冲击，导致了一种新的人格特征的产生。帕克将这种特殊的人格特征描述为害怕失败或拒绝他人，并且对人生持一种悲观的态度。帕克的“边缘人”强调的是边缘性在个体人格上的体现[⑤]。这种偏重于研究边缘人格特征的边缘心理往往具有绝对的内涵，探讨的是边缘心理究竟具有哪些不同常人的心理特征与属性[⑥]。自从帕克将“边缘人”等同于一种特定

---

① Kerckhoff, A. C. &T. C. Mccormick. 1955. “Marginal Status and Marginal Personality”. *Social Forces*, 134 (1), pp. 48 – 55.

② 徐晓军、安真真：《结构边缘与心理边缘：边缘化研究的路径》，《学习与实践》2015 年第 9 期。

③ Mann, J. W. 1958. “Group Relations and the Marginal Personality”, *Human Relations*, 11 (1), pp. 77 – 92.

④ Park, R. E. 1928. “Human Migration and the Marginal Man”. *American Journal of Sociology*, 33 (6), pp. 881 – 893.

⑤ Antonovsky, A. 1956. “Toward a Refinement of the ‘Marginal Man’ Concept”. *Social Forces*, 35 (1), pp. 57 – 62.

⑥ Mann, J. W. 1958. “Group Relation and the Marginal Personality”. *Human Relation*, 11, pp. 77 – 92.

的心理特征，其后的学者就开始对这种心理特性和属性是什么展开了研究。斯通奎斯特在研究美国移民过程中，运用了帕克的“边缘人”概念，他描述的“边缘人”的典型心理特征，包括混乱甚至震惊、紧张不安、幻灭感、疏离感等①。高德伯格通过对美国的犹太人二代子女的调查，发现他们的人格具有一些特殊的特征，比如失调、不安、情绪焦躁等②。克尔克霍夫在1953年发明了一种测量边缘人格的量表，他将边缘人格分为20多个特定心理特征并归纳为4大类：①矛盾和怀疑；②内向性和冷漠；③内心焦虑和挫折感；④侵略性和偏执③。费恩进一步改进并在对南非社区的混血种族的研究中应用了克尔克霍夫的边缘人格量表，指出边缘人格特征主要涉及三个方面：①不安全感（insecurity feeling）；②自卑（self - pity）；③敏感性（sensitivity）④。

可以看出偏重内在人格扭曲的边缘心理取向有着强烈的心理学研究的味道，强调在两种文化冲突中的个体所具有的非同常人的人格特征和心理属性。这种人格特征具有绝对的内涵。虽然在边缘人格的特征究竟是什么这一问题上，研究者们并没有达成一致，但他们都将边缘性看作是因处在文化冲突中而导致个体产生某种具有特定心理特征的后果。

三 结构边缘与心理边缘

上文分析了边缘性研究的偏重外在边缘情境和偏重内在边缘心理的两种研究取向，一种是从客观的结构层面来研究边缘性的根源和过程，另一种是从个体的心理、人格层面来研究边缘性的表现与后果。偏重外在结构性排斥的边缘情境这一研究取向，研究者的焦点集中于研究对象所处的外部结构情境，倾向于从群体、结构、制度等较为宏观的维度来分析边缘性问题；偏重内在边缘人格的研究取向则聚焦于研究对象个体层次所具有的

---

① Stonequist, E. V. 1935. “The Problem of the Marginal Man”. *The American Journal of Sociology*, 41 (1), pp. 1 - 12.

② Goldberg, M. M. 1941. “A Qualification of the Marginal Man Theory”. *American Sociological Review*, 6 (1), pp. 52 - 58.

③ Kerckhoff, A. C. 1953. *An Investigation of Factors Operative in the Development of the Personality Characteristic of Marginality*, University of Wisconsin.

④ Mann, J. W. 1958. “Group Relation and the Marginal Personality”. *Human Relation*, 11, pp. 77 - 92.

边缘人格特征，表现为自卑、过度敏感、缺乏安全感等特性。为了更加全面准确把握边缘性研究，也为了后续的相关研究能够更加规范化，在这里我们提出结构边缘和心理边缘一对概念来分别对这两种取向作进一步的分析。

（一）结构边缘

结构边缘是指具有边缘性特征的社会结构情境导致了处在此类情境中的个体的边缘化状态，通常与社会分层和社会流动相关联，并伴随着矛盾、冲突和排斥，表现出外部性和等级性的特征。结构边缘往往从社会结构、群体关系或社会变迁等角度出发，聚焦于边缘性发生的外部结构情境，分析具有边缘特征的社会结构情境下边缘化是如何形成的。结构边缘既表现为社会互动过程中的情境，又表现为一种相对稳定的状态，一种互动的结果，以不同的社会情境作为呈现的载体。相关的研究者们试图剥离边缘性研究中的生理与心理特性，侧重于从社会结构、社会地位、角色、群体关系等外部情境和客观的社会环境的角度，对个体的行动进行分析。

1. 结构边缘表现为结构性排斥和冲突

在现有的相关研究中，典型的结构情境如群体关系、文化冲突等，是研究边缘化问题的重要视角，边缘性特征也通过这些情境表现出来。研究者从不同的角度对社会情境进行分析，指出在哪些条件下，社会情境将会具有边缘性的特征形成边缘情境。在文化冲突的情境之下，文化上的不兼容或不平等的文化地位，往往区分出了主导文化与边缘文化的差异，处于边缘文化群体的成员，渴望进入主导文化群体中，当其遇到障碍、无法顺利实现流动目标时，实际上就陷入了边缘情境之中①。在这一情境中，主导文化与边缘文化间存在着天然的冲突，这些冲突使得主导文化群体不愿接受并且排斥边缘文化群体的融入。

群体关系包括群体之间的关系和群体内部关系，不同群体之间常常会因为某种目标或价值观念而相互排斥和斗争，在这一过程中由于群体力量悬殊，力量较弱的群体处于弱势，易被边缘。勒温（K. Lewin）提出，边

---

① Antonovsky, A. 1956. "Toward a Refinement of the 'Marginal Man' Concept". *Social Forces*, 35 (1), pp. 57 - 62.

缘情境实质上就是阻止了某类群体的目标实现而创造了障碍的社会情境[①]。克尔克霍夫与麦考密克从群体成员与参照群体之间的关系出发，在群体成员渴望融入参照群体，成为其中一员，却又无法进入时，这样一种情境就具有了边缘属性，属于边缘情境。[②] 边缘情境也存在于群体内部，群体内部同样存在边缘情境问题，埃里蒙斯和耶腾认为，群体中主导成员与边缘成员、主导位置与边缘位置都是相对的，会根据社会情境发生变化而变化，群体中的任何成员都可能成为某一边缘情境下的边缘人。[③]

群体间的矛盾和冲突比文化间的冲突更为复杂，涉及更多的因素。文化、利益、资源以及群体间的力量对比等都可能导致不同群体间的冲突，成为一个群体排斥另一个群体的原因。在群体中表现最为明显的是处在有利地位的群体对弱势群体的排斥，导致弱势群体的边缘化。

2. 结构边缘具有等级性

核心与外围的分歧是普遍存在的，种族中心主义的现象是全人类的普遍特征，几乎每个社会都认为自己处于中心位置将处于外围的他群和陌生人妖魔化，将其边缘化。[④] 这种核心—外围的结构，使结构上的边缘具有相应的高低等级性。但核心—外围是相对的，决定是否被边缘的是其与权力中心的距离。当然，这里的权力是广义上的权力，是用来表明位置的影响力和支配力。无论是从经济、政治，还是从文化等其他角度来看，当个人处于远离权力中心的位置时，个体被结构所边缘的程度越大。但权力中心并不是固定不变的，选取的参照物不同，权力中心的位置也会不一样，因此，边缘位置也不是固定不变的，而是具有流动性和相对性的。

结构边缘往往与社会地位的不一致相关，个体或群体社会地位不同维度间的非一致性是社会边缘化的主要根源。而社会地位的分层等级性决定

① Lewin, K. 1948. *Resolving Social Conflict*, New York: Harper & Bros.

② Kerckhoff, A. C. & T. C. Mccormick. 1955. “Marginal Status and Marginal Personality”. *Social Forces*, 134 (1), pp. 48 – 55.

③ Ellemers, N. & J. Jetten. 2013. “The Many Ways to be Marginal in a Group”. *Personality and Social Psychology Review*, 17 (1), pp. 3 – 21.

④ Tuan, Y. F. 1974. *Topophilia: A Study of Environmental Perception, Attitudes, and Values.* Englewood Cliffs, NJ: Prentice – Hall.

了结构边缘的等级性特征。社会地位的不一致造成社会边缘化主要体现在以下两个方面：

一是个体或群体的实际地位与社会规范期待的地位不一致造成的社会边缘化。休斯分析了决定和影响社会地位的非正式要求，它们往往潜在地发生作用，是影响地位与身份的辅助因素，例如大多数医生、工程师、律师等都是男性的，但事实上法律并没有这样的规定，性别作为辅助性的因素潜移默化地影响着职业机会。人们一般都有关于辅助因素的一些期待与社会中的特定位置相联系，他们形成了一种“自然”或“理想”中的结合，变成了一种嵌入社会生活方方面面的刻板印象。[①] 这些正式要求与非正式的刻板印象共同构成了对角色和地位的规定，甚至在社会流动与加速的情况下，很多位置与角色与技术是无关的，而是由社会所期待的特性所决定。[②]

马陆斯基（A. Malewski）认为将不同地位维度上的位置联系起来综合考虑，形成与社会所期待相符合的地位级别模式，是社会化的重要组成部分。这种期待被认为是正常状态，当某个人违背了这些要求时，就会被认为是不协调的，而个体所表现出来的地位因素的综合结构与规范期待的差异越大，他的地位就越不协调。[③] 其次，从地位差异来看待地位的一致性问题，它指的是个体在重要的地位概念上的级别相互协调的程度，当其偏离于社会标准模式时就被认为是不一致的，被认为是对个体地位级别的数学化处理[④]，而不是社会或是他人的期待。

任何个体都处于特定的社会地位，一般情况下，社会对每个地位做出特定的规范要求与行为期待，但是社会变迁与社会流动则会打破这种既定的制度和角色安排。因此，地位或角色与规范和期待之间就会发生不一致

---

① Hughes, E. C. 1949. “Dilemmas and Contradictions of Status”. *American Journal of Sociology*, 50 (5), pp. 353 – 359.

② Hughes, E. C. 1949. “Social Change and Status Protest: An Essay on the Marginal Man”, *Phylon* (1940 – 1956), 10 (1), pp. 58 – 65.

③ Malewski, A. 1963. “The Degree of Status Incongruence and Its Effect”. *The Polish Sociological Bulletin*. 1 (7). Reprinted in Reinhard Bendix & S. M. Lipset (eds.), Class, Status, and Power. New York: The Free Press, 1966.

④ Starr, P. D. &C. S. Bruce. 1984. “Status Inconsistency and Marginality in Malaysia”. *Sociological Perspectives*, 27 (1), pp. 53 – 84.

的情况，成为一种结构层面的边缘性。① 这种由地位或角色错位导致的结构性边缘会对边缘个体及其与周围人的关系产生影响。

二是个体或群体社会地位不同维度间的不一致造成的社会边缘化。韦伯提出人们的社会地位由财富、权力与声望共同决定，不同维度之间以不甚和谐的方式相互关联；伦斯基（G. E. Lenski）认为非垂直的社会分层可能会导致低度的身份结构，并引发心理压力、社会互动的隔离等问题。② 这意味着社会分层是以多维度进行划分的，不同地位之间形成了一种模式或结构，某些社会成员在不同的等级制度中占据相对不一致的地位，因此地位模式或结构就会失衡或彼此间冲突。③ 地位不一致或失调可能会使人们产生“双重意识”，造成自我失调，发生边缘化的过程。

社会分层和流动引起社会地位的变化，出现了阶级和阶层，实质是社会的不平等。等级性是导致结构边缘的一个重要的诱因，地位失调引发的边缘性遍及整个社会，职业、收入、教育、性别、性取向都可能成为边缘化的根源，在不同程度上引发边缘化。

3. 结构边缘聚焦于外部结构情境

关注结构边缘的研究者往往从不同的角度对社会情境进行分析，指出在哪些条件下，社会情境将会具有边缘性的特征形成边缘情境。例如，休斯关注的是边缘性的社会角色，个体不具备社会期待的特性时，个体就将处于边缘情境中，社会变迁导致的认同困惑会使个体和群体的愿望出现冲突；④ 曼恩指出若个体的愿望被否认或拒绝，那么他所处的社会情境就是一种边缘情境；⑤ 克尔克霍与麦考密克从成员群体与参照群体的关系出发，指出边缘情境下不具备成员资格的个体被阻止成为参照群体的成员，

---

① 徐晓军：《失独父母边缘化的路径、类型与社会风险——基于个体与群体关系的视角》，《华中师范大学学报》（人文社会科学版）2014 年第 6 期。

② Lenski, G. E. 1954. “Status Crystallization: A Non - vertical Dimension of Social Status”. *American Sociological Review*, 19, pp. 405 - 413.

③ Zhang, X. 2008. “Status Inconsistency Revisited: An Improved Statistical Model”. *European Sociological Review*, 24 (2), pp. 155 - 168.

④ Hughes, E. C. 1949. “Social Change and Status Protest: An Essay on the Marginal Man”, *Phylon* (1940 - 1956), 10 (1), pp. 58 - 65.

⑤ Mann, J. W. 1958, “Group Relations and the Marginal Personality”, *Human Relations*, 11 (1), pp. 77 - 92.

会使其处于一种边缘地位①。迪基·克拉克从社会分层的角度解释边缘性，认为边缘情境产生于社会等级情境中的级别不一致②等。这些研究都表明，在结构边缘这一研究取向中，外部结构情境才是研究者关注的焦点。

（二）心理边缘

心理边缘指处在边缘情境下的个体出现边缘人格特征，表现为意识混乱、紧张不安、缺乏自信、过度敏感等。心理边缘在本质上反映了自我认同或社会认同的混乱与危机③。对心理上的边缘人格的研究往往将边缘性看作一种结果，即边缘情境或边缘地位导致个体出现边缘人格。

1. 心理边缘表现为边缘人格

心理边缘的研究侧重于内在的心理分析，关注的是特定情境下个体的边缘人格特征或心理属性，一般表现为矛盾情绪、自我意识过于敏感、神经紧张、缺乏自信等负面状态，它贯穿于个体的生活圈，其本质是自我认同与社会认同的缺失或混乱，反映在个体的社会行为中，它影响了个体能动性的发挥，阻碍了正常的社会行动。④

2. 心理边缘聚焦于内在心理

不同于结构边缘，心理边缘的研究更加类似于心理学，倾向于分析边缘者的心理特征以及这些心理特征的外在表现。通过对现有研究的分析，尽管在具体的研究对象、研究方法上存在一定的差异，但这些研究都共同关注研究对象的人格特征，斯通奎斯特、高德伯格、克尔克霍夫、曼恩等人在他们的研究中都作了详尽的分析和描述，这些描述在具体的表达、词汇的使用上不尽相同，但概括起来大致可以表述为敏感自卑、矛盾、紧张不安等心理体验。

---

① Kerckhoff, A. C. & T. C. Mccormick. 1955. "Marginal Status and Marginal Personality". *Social Forces*, 134 (1), pp. 48 – 55.

② Dickie – Clark, H. F. 1966. "The Marginal Situation: A Contribution to Marginality Theory", *Social Forces*, 3, pp. 363 – 370.

③ 徐晓军：《失独父母边缘化的路径、类型与社会风险——基于个体与群体关系的视角》，《华中师范大学学报》（人文社会科学版）2014 年第 6 期。

④ 徐晓军、安真真：《结构边缘与心理边缘：边缘化研究的路径》，《学习与实践》2015 年第 9 期。

3. 影响心理边缘的因素

现阶段的相关研究关注心理边缘的表现的同时，也有学者对导致心理边缘的因素进行了分析。影响心理边缘形成机制的因素比较复杂，学界至今未形成一致见解，但以下几个要素往往发挥着不可忽视的作用：第一，社会态度是解析个体的社会位置与人格特性之间作用机制的关键因素，[①]人们对情境的定义反映了对他人行动等情境因素的解释，同时也是理解情境的个人依据，[②]而理解方式的不同直接导致了后果的不同；第二，群体边界的渗透性是影响边缘人格形成的重要因素，有较强渗透性、存在进入障碍的群体边界最容易使边缘群体成员产生边缘人格；[③]第三，个体的群体倾向化的选择性以及边缘化的特性是否可见也是重要的影响因素，[④]当个体以他群体作为导向时，不仅会受到他群体成员的排斥，也可能会因为表现出他群体特征而被本群体所排斥，这可能会使其发展出边缘人格的风险增强；第四，群体所受到的整体性排斥水平与个体成员所经历的个体性排斥水平的关系与边缘人格的发生相关，当后者明显高于前者时，个体成员发展出边缘人格的可能性增大；[⑤]第五，边缘群体是否能够形成一种文化认同或群体认同，维持个体的认同感与归属感，也会影响到个体人格的发展；[⑥]第六，在某方面存在一定劣势的个体是否能够通过补偿机制来弥补这种不足，即补偿或替代机制能够有效缓解压力与紧张，从而避免边缘人格；[⑦]第七，边缘地位或角色的获得是否具有可选择性，主动选择引起的地位或角色所引发的焦虑、自卑、愧疚等人格难题

---

① Child, I. 1913. *Italian or American*?. New Haven: Yale University Press.

② 宋林飞：《西方社会学理论》，南京大学出版社 1997 年版，第 268 页。

③ Green, A. W. 1947, “A Re – Examination of the Marginal Man Concept”. *Social Forces*, 26 (2), pp. 167 – 171.

④ Mann, J. W. 1958. “Group Relation and the Marginal Personality”. *Human Relation*, 11 (1), pp. 77 – 92.

⑤ Kerckhoff, A. C. & T. C. Mccormick. 1955. “Marginal Status and Marginal Personality”. *Social Forces*, 134 (1), pp. 48 – 55.

⑥ Green, A. W. 1947, “A Re – Examination of the Marginal Man Concept”. *Social Forces*, 26 (2), pp. 167 – 171.

⑦ Conston, B. M. & M. Kimmel. 2012. “Seeing Privilege Where It Isn't: Marginalized Masculinities and the Intersectionality of Privilege”. *Journal of Social Issues*, 168 (1), pp. 91 – 111.

更为严重。①

边缘人格在内涵方面具有一定的共性，虽然形成机制存在较大差异，但是这些研究都潜在地假设了结构边缘在前、心理边缘在后的边缘化路径，即在特定的边缘情境或边缘地位下，边缘人格是如何形成的，不同个体之间的差异是如何产生的，边缘人格对个体的社会生活又产生了什么影响等。同时，结构边缘也不一定会导致边缘人格，形成了多样化的回应模式研究。②

（三）结构边缘与心理边缘的关系

由于边缘性的概念本质是相对性与建构性的，在很大程度上，它反映了宏观社会结构的内在构架。群体、个体本身并不具有边缘的特性，而是在与其他相应实体的互动中逐渐被赋予了边缘性，因此边缘化是动态的、不断变化的过程。③ 结构边缘与心理边缘的相互作用、相互影响也在边缘化的这一动态演变过程中得以充分的体现。结构边缘关注的是个体行动的外部情境与客观的社会结构，心理边缘则反映的是影响个体社会行动和能动性发挥的人格特征或心理属性。

结构边缘是从外部环境或客观地位上来界定边缘化，不会因个人而发生变化；心理边缘则是从个体的人格特性来界定边缘化，与外部环境的关系不大，只要个体具备了边缘人格，就是一种心理边缘。因此，结构边缘以群体或地位为标准来扩大边缘化的范围，而心理边缘则使边缘化表现出离散性，独特的人生经历、性格特点、所处环境意味着边缘人格形成的可能性因人而异。边缘人格是从主观层面来分析边缘化的特点，与结构边缘相比，心理边缘是一种实际存在的人格特性，往往通过个体自身的行为方式和社会态度表现出来，而且心理上的边缘人格较难随社会情境而变化。

对心理边缘和结构边缘的类型和特征的分析，并不是边缘性研究的核心问题，而应该是对两者之间的关系的研究。从本质上讲，二者的关系反

---

① Wardwell, W. I. 1952. "A Marginal Professional Role: The Chiropractor", *Social Forces*, 30 (3), pp. 339 - 348.

② Weisberger, A. 1992. "Marginality and Its Directions", *Sociological Forum*, 7 (3), pp. 425 - 446.

③ 徐晓军、安真真：《结构边缘与心理边缘：边缘性研究的路径》，《学习与实践》2015 年第 9 期。

映了客观结构与主观能动性的相互作用。[1] 对现有相关研究的检视，从帕克和斯通奎斯特的文化冲突产生边缘情境，处在边缘情境中的个体易出现边缘人格，再到后来众多学者的研究，哪些情境会出现边缘人格哪些不会出现，这些研究都没有否认边缘人格是边缘情境的产物，也即结构边缘下形成心理边缘的机制，这一机制涉及个体融入群体的倾向性，群体成员对个体的接纳程度以及群体障碍的可渗透性等。[2] 现有研究主要集中于客观的结构性要素对边缘人格形成的影响这一路径，忽视了个体的主观能动性对边缘情境的建构性作用、边缘人格对于边缘情境的反作用力。

第二节 情境变动与边缘化的路径

个体的社会边缘化是一个缓慢演进的过程，理论上说，就存在一个起点和一个终点。终点当然就是社会的边缘化，那么社会边缘化的起点在哪里？

一 经典理论中的社会边缘化路径

结构边缘和心理边缘是边缘人的两个维度，关注的分别是客观环境和主观感受，它们不一定是孤立存在，二者之间是可以相互转化的。同时，在很多经典的社会学研究中，也不乏对社会结构和个体心理的关注，下面我们不妨先从这些经典研究中探究结构和心理到底是如何进行转化的。

（一）经典社会学研究中的结构和心理的关系

很多社会学研究实质上关注的是社会结构和个体心理间的关系，只是没有明确概括出来，例如，社会心理学中的路西法效应，关于好人是如何变成恶魔的经典案例。津巴度（Zimbardo）在关于社会心理的研究中，对加州帕洛阿尔托市的一群大学生进行了仿真监狱模拟，完全按照服刑人员的仪式，经过逮捕、关押入拘留室到最终押入监狱，在完全仿真的特殊的监狱里，仅短短几天时间，被试者就发生了令人意想不到的变化，经过监

---

① 徐晓军、安真真：《结构边缘与心理边缘：边缘性研究的路径》，《学习与实践》2015年第9期。

② Mann, J. W. 1958. “Group Relation and the Marginal Personality”. *Human Relation*, 11, pp. 77 -92.

禁后的被试者，他们的价值观以及心理状态发生严重变化，自我认知包括认同感都受到了挑战，同时，扮演狱卒的参与者也变成了毫无人性的机器，以残暴与施刑为乐。[①] 从仿真监狱的实验中，在惊异于被试者发生的重大改变时，也不难发现结构在其中所起到的令人无法忽视的作用，当进入仿真监狱，被试者所经历的社会结构发生突变的同时，内心也接受了人们对刑犯和狱卒的社会预期，最终，按照人们对角色的期望，完成了角色的转变。从这一角度来看，社会结构在生活中塑造了我们的行为与认知，影响着我们的社会互动与角色扮演。

同样，在社会标签理论，即社会反应论，也可以发现结构和心理之间的关系。标签理论认为社会中存在的违法行为，或者说越轨行为，事实上是一种人为的主观建构，并不是一种客观存在，是由于常人给这种产生不同寻常行为的人加注了标签，即“越轨者”，于是，在行动过程中，“越轨者”有意或无意地接受了这一标签，并逐渐产生了更多的越轨行为，加强自身越轨者的形象。[②] 这一现象产生的逻辑是标签会对当事人产生暗示作用，对越轨行为有强化作用；从另一角度来说，处于“被标签”的社会结构中，人是不能置身事外的，受到这种结构的影响，会将标签内化，最终按照标签的内涵进行社会行动，成为了名副其实的“越轨者”。

从上述列举的研究中可以发现，目前普遍认为的是外在的客观结构会对人的内心产生巨大影响，对社会化的人来说，这一路径并不难理解，因为人是处于社会中的人，对其的研究就必然不能够脱离社会结构这个大的背景，社会结构的不断变动，也使得身处其中的个体不断发生转变，逐步形成并不断更新自我的认知系统。虽然社会以及人的行为都是复杂多变的，但外在环境对人的影响是肯定的。因此，我们可以将社会结构向个体心理转化的这种路径概括为“结构—心理”路径。

在边缘化研究中，我们发现结构边缘和心理边缘也是可以相互转化的，准确地说，目前学者们普遍认为是结构边缘向心理边缘转化，当个体处于结构边缘之下会容易形成心理边缘，即遵循“结构—心理”路径的。下面我们来审视一下这一路径的本质。

---

① Zimbardo, P. G. 1972. “The Pathology of Imprisonment”. *Society*, 9 (4), pp. 4 – 8.

② 贝克尔：《局外人：越轨的社会学研究》，张默雪译，南京大学出版社 2011 年版。

（二）经典理论中社会边缘化的“结构—心理”路径

社会边缘化的研究纷繁复杂，涉及的研究领域广泛而多样。按照参照标准、研究立足点的差异，我们可以从各种研究中发现三种研究视角，分别是文化冲突视角、群体关系视角以及社会变迁视角。

1. 文化冲突视角

文化冲突视角的产生根源是本土与外来文化之间存在的差异。这种视角认为当来自他文化的移民进入新的文化中时，他所携带的移民文化与所在国的本土文化之间存在诸多的差异和不兼容的因素，一旦冲突产生，所在国的本土文化即会视移民者处于边缘境地，若移民无法有效融入所在国文化时，就有可能出现心理问题。在文化冲突的视角下，边缘化研究着重于探究边缘人，主要将关注点放在外来移民及其后代的社会适应上。其基本观点认为移民既无法割舍与原来文化的关联，又必须要融入到新的文化情境中，这使他们陷入自我矛盾当中；在试图融入新文化的过程中，由于主导群体持有的种族偏见，往往受到外界的排斥，陷入到沮丧感与失落感中。

边缘化最初就是从文化冲突视角来研究的，其代表人物帕克将目光集中于犹太人，认为当中世纪犹太区的围墙被拆毁，犹太人被允许参与当地人的文化生活后，一种新的人格类型就出现了。后来帕克的目光从犹太人扩展到黑白混血儿，认为边缘人是通过征服、入侵、移民产生的文化冲突的产物，因为种族偏见，个体很难在新文化中找到属于自己的位置。[①] 这些通过征服、入侵、移民产生的情境变动，都会导致个体交往过程中互动身份的变化，即被定义为边缘人，在这种偏见中进而形成新的边缘人格特征。

后来，学者在这一视角中将研究对象进一步扩展，比较有代表性的是对英国和加拿大第一代移民妇女展开的研究，学者探讨了她们的边缘化过程对健康的影响，这其中就涉及到心理健康的考察。该研究认为，移民者进入新的国家之后，他们之前的生活经历与现在的生活状况完全不同，他们需要重新建立起新的生活方式，在这个过程中，由于肤色、语言、种族

① Park, R. E. 1928. “Human Migration and the Marginal Man”. *American Journal of Sociology*, 33 (6), pp. 881 – 893.

等问题，移入地群体成员将他们视为“特殊群体”，并逐渐将其边缘化，他们过去的社会地位在这里已经不再拥有，他们的能力也不被认可，与他人发展新关系的机会被剥夺。由于当地人对移民群体的刻板印象，使他们获得新技能的可能性都失去了。① 对于在社会互动中，个体对自己的身份认识，不仅取决于“我”认为“我”是谁，而且还取决于“我”认为外界认为“我”是谁。当边缘化成为一种公认的社会秩序，它就剥夺了被边缘个体的意识选择权利，使个体觉得边缘化是不可变的、无可厚非的、符合逻辑的，认同了身处的边缘困境，最终个体陷入了心理边缘的状态。

在文化冲突的边缘化研究中，事实上存在两种差异：一种是建立在种族与生理差异基础上的情境，这种情境更多是以先赋因素为基础而产生的；而另一种则是具有社会建构作用的文化因素，与其他自然因素无关，主要表现为风俗、习惯、语言等方面的差异。但这些研究成果存在一个共性的前提，即研究对象都是置身于文化冲突之中的，可能是个体自身的变动产生的，也可能是外界环境变动产生。另外，我们也可以发现，大多数研究都是针对非白色人种，一旦研究对象置于文化冲突中，客观的外界社会就会赋予个体不同原先的互动身份，这种身份大多是建立在种族、民族的基础上的，且被认同为边缘身份，并在主导文化中产生的高度共识，使他们受到了来自主导文化的排斥和压制，进而内化于心，形成心理边缘。

2. 群体关系视角

文化的交流与融合并不是发生在社会真空中，而是以群体关系作为背景，② 因此边缘性研究往往以群体作为分析单位。在同一群体内部和不同群体之间都可能会发生边缘化过程，它只是宏观社会中所展现的边缘化片段。这一视角反映的本质是，群体地位与权力、报酬等直接相关，占据主导地位能够带来更多的资源和机会，而边缘地位则可能面临和经历社会排斥和阻碍，从而难以通过制度化手段实现自我目标。

群体关系的边缘性研究中，边缘化与群体成员所采用的参照群体以及个体所经历的接受度密切相关。不同群体之间的交往模式会直接作用于群

---

① Lynam, M. J. & S. Cowley. 2007. “Understanding Marginalization as a Social Determinant of Health”. *Critical Public Health*, 17 (2), pp. 137 – 149.

② Piontkowski, U., Rohmann, A. &A. Florack. 2002. “Concordance of Acculturation Attitudes and Perceived Threat”. *Group Processes & Intergroup Relations*, 5 (3), pp. 221 – 232.

体成员，即个体外部环境的改变会对个体产生影响，当两个群体表现出明确的等级差别时，次级群体成员所受的影响更为深刻。参照群体是以个体努力获得或维持在其中的接受度来衡量的群体，① 往往存在一种力量阻止他获得参照群体的成员身份；个体经历的接受度可通过边缘群体成员与主导群体之间的障碍来衡量，障碍可能在完全不可渗透性到完全的渗透性之间变化，表征着个体可能被他所认同的群体即参照群体所接受的难度。②

群体关系视角的边缘化研究往往是在文化的背景下展开的。谈及边缘人产生的根源，有学者明确指出了群体对立和文化不平等是人格难题产生的根源，边缘化是否发生取决于边缘人试图离开的群体的吸引力和其努力加入的群体的排斥力。当排斥度处于中等水平时，人格难题往往最为严重。相对来说，绝对的排斥可能比不确定的或无法预测的接受更容易承受，这可能是很多犹太人比大多数黑人表现出更为严重的边缘人难题的原因。③ 对于犹太人来说，由于渗透性较强，在客观交往的社会中，其互动身份并不十分明确，他们在日常生活中所能感受到的排斥感也就会越强烈，越可能产生心理边缘。而黑人群体，由于有形和无形的排斥无处不在，他们可以通过减少与外群体成员的交流，来避免自身在外群体眼中明确的互动身份，可弱化其主观的排斥感。

是否还有其他因素会影响边缘人的形成？群体的边缘地位、个体的群体认同取向与群体间障碍的可渗透性在克尔克霍夫和麦考密克看来，是影响边缘人格能否形成的关键因素。他们指出，当次群体成员以主导群体作为参照点时，如果主导群体在整体上与边缘群体存在可渗透性障碍（即次群体受到了主导群体的不完全地接受），那么个体成员遇到的障碍类型与程度是有差异性的，对个体人格的影响与障碍的不可渗透性的程度成正比，同一群体内部的成员的边缘化发生分化。当特定个体面临了比整体水平更严重的排斥时，其形成边缘人格的风险最高，所经历的人格难题也可

---

① Kelley, H. H. 1952. *Two Functions of Reference Groups.* New York: Henry Holt and Company. pp. 410 - 415.

② Kerckhoff, A. C. &T. C. Mccormick. 1955. "Marginal Status and Marginal Personality". *Social Forces*, 34 (1), pp. 48 - 55.

③ Green, A. W. 1947. "A Re - Examination of the Marginal Man Concept". *Social Forces*, 26 (2), pp. 167 - 171.

能会更严重。[①]

边缘化是如何在群体关系之间体现出来的？曼恩通过对南非有色人种所在的社区进行考察得出了类似于克尔克霍夫和麦考密克的结论。极端的边缘人格会发生在两种情况下：其一是在外貌上像白人的有色人种，排斥白人所强加的特殊身份，并且更偏好于白人群体；其二是外貌上明显的有色人种，他们同样排斥特殊身份，但想要获得白人群体成员所具有的权利和利益时，就会置于边缘情境下，也有可能产生心理边缘的特征。[②] 处于弱势地位的群体中的成员更容易在群体之间的矛盾和冲突中出现心理边缘的特征。在这个结论中可以发现，弱势群体的群体认同取向对于心理边缘的形成起着重要的作用。

除此之外，既有的研究发现，在群体中，边缘特征的可见程度对边缘人格的形成同样是有一定影响的。在文化上被污名化和处于潜在条件下的个体，比那些被价值认同和处于显性条件下的个人更可能产生一种独特的感受，在特定的生活情境中，他们通常认为自己与他人的偏好不一致，而且个体更可能做出自我决定，群体对个体独特性和相似性的长期评判会促使个体核心自我观念的改变，如果一个人一直处于被认为与群体中大多数人不同的情境中，那么他最终也会认为自己是与群体他人不同的，这是一种慢性发展的边缘化进程。[③] 从另一个角度看，边缘化并不是针对某个个体，而是针对某个群体。处于结构边缘的群体对群体成员的心理影响巨大，最终可能导致个体从结构边缘化向心理边缘化的转化。

群体之间的关系会导致边缘的形成，在群体之中边缘是否会存在呢？在群体之中又存在什么样的机制呢？埃里蒙斯和耶腾依据群体与成员间不同的吸纳与融入目标建构出了关于群体及其成员之间的边缘性模型，认为边缘化是群体与个体关于包容性进行协商的结果，群体与个体的目标不一定是相同的，可能都致力于实现更高的包容性，也可能包容目标相悖，根

① Kerckhoff, A. C. &T. C. Mccormick. 1955. "Marginal Status and Marginal Personality". *Social Forces*, 34 (1), pp. 48 – 55.

② Mann, J. W. 1958. "Group Relation and the Marginal Personality". *Human Relation*, 11 (1), pp. 77 – 92.

③ Frable, D. E. S. 1993. "Being and Feeling Unique: Statistical Deviance and Psychological Marginality". *Journal of Personality*, 61 (1), pp. 85 – 110.

据双方的目标关系，群内边缘性可分为四类：其一是当群体吸纳目标与个体融入目标都较高时，群体成员属于社会化型边缘；其二是当群体吸纳目标高、个体融入目标低，群体成员属于期待型边缘；其三是当群体吸纳目标与个体融入目标都较低时，成员属于独立型边缘；其四是当群体吸纳目标低而个体融入目标高时，群体经历了被排斥的边缘化。[①] 在这四种边缘性类型中，最容易产生边缘人格的是被排斥的边缘化，因为他们会受到来自群体内其他成员的孤立与隔离，在心理上产生紧张和压力感。他们所强调的有三点：首先，边缘的群体成员身份不仅能被作为获取中心位置的过渡阶段，也可能被个体视为理想的终极状态，成员身份的核心与边缘是相对的，而不是相反的；其次，群体并不一定总是致力于达到更高的包容目标，而可能排斥某些群体成员，但核心成员与边缘成员对群体都很重要；再次，群体成员的身份是中心的或是边缘的应该由所依赖的背景所决定，以及群体或其他成员对其身份的定义，而不是特定个体所内在的特点，因为不同的特点往往作为典型的群体特点而出现，这取决于在特定背景下这些特点如何帮助定义群体的独特性。

在选取的具有代表性的研究中，它们呈现这样的研究共性：其一，都认为群体之间存在不平等关系，一旦群体间形成对比，某群体成员成为次群体成员，他们往往都试图获得主导群体的成员身份，并会在追求目标的过程中遭遇到来自主导群体的排斥和障碍；其二，即使在相同的群体内部，成员们所经历的障碍和所感受到的排斥都是有差异的，是否会形成边缘人格问题也有待考证，不能一概而论。在群体关系边缘性研究中，起关键作用的因素是群体之间障碍的可渗透性以及个体成员的认同倾向，当某一群体的成员感受到他群体的文化规范、价值观，并以之作为目标，表现出明显的他群体特征时，他可能会遭到自群体和他群体的双重排斥，这种情况下被置于边缘情境，其主观态度直接影响边缘人格是否形成，如果他能有效调试自我适应现状就可能保持正常人格，如果无法适应现状，所经历的边缘感受就会更强烈，形成边缘人格的可能性更大。

群体关系的边缘性仅仅是研究者的分析维度不同，与文化冲突视角相

---

① Ellemers, N. &J. Jetten. 2013. "The Many Ways to be Marginal in a Group". *Personality and Social Psychology Review*, 17 (1), pp. 3 - 21.

比，是从宏观的文化层面落脚到了中观的群体层面。但从根本上来说，不同的群体之间在边缘化问题上往往反映的仍是不同的文化关系，因此群际边缘性也可视为是文化冲突的边缘性的一种特殊的解释。

3. 社会变迁视角

除了以文化和群体作为分析基础的研究视角，还有一种边缘化的分析以社会变迁为基础。结构边缘化往往与社会地位紧密联系，随着社会的流动与变迁，个体占据的社会地位可能会出现变化。在社会发生重大变迁时会出现一些新角色，由于社会还没有来得及制定相应的规范，因此很容易出现“规范真空”的边缘化角色，导致了结构边缘的产生。从社会变迁的角度来看，在经历过重大的变迁之后，个人或群体拥有的角色和特性已经发生了很大的改变，导致现有的角色特征与之前的角色规范存在矛盾或冲突。此时，外界会产生个体没有扮演好角色的观念，对个体认同度降低甚至是排斥，导致个体在现有的群体或场合中缺乏约束感和原有的归属感，从而对社会文化产生认同困惑，这种客观的现实使处于边缘地位的个体形成了边缘化的主观感受。在这个视角对边缘化的理解中，极大扩展了边缘化的概念，超出了民族、种族、文化的研究范围。

在帕克的文化冲突产生边缘化的基础上，休斯曾提出由“地位困境”导致的边缘化。“当社会变革使人们产生社会（或角色）认同困惑时，就出现了地位困境。”[①] 首先是个体的角色系统内部彼此矛盾，不同角色无法实现有效协调，或者随着社会变迁出现新角色，但并没有相应的规范要求，被社会认同为边缘化角色，产生结构边缘；随后，在这种结构边缘中，个体无法有效地调节自我，良好地完成地位与角色的要求，自我内部产生紧张、混乱，形成边缘化人格，即心理边缘。[②] 角色地位的变化使得个体无法很好适应新的角色的要求，从社会的角度，认定个体进行了失败的角色扮演，将之放置在一种结构上的边缘情境之中，从而导致其出现心理的紧张、压力，出现心理上的边缘人格。

同样，在社会变迁之中，由于个体角色地位发生了变化，个体对本身

① Hughes, E. C. 1949. “Social Change and Status Protest: An Essay on the Marginal Man”, *Phylon* (1940 - 1956), 10 (1), pp. 58 - 65.

② 徐晓军、安真真：《结构边缘与心理边缘：边缘性研究的路径》，《学习与实践》2015 年第 9 期。

角色的期待，以及社会对个体的期待都需要做出相应的变化，以对角色地位的变化进行协调。在没有完成适当的调试，或者调试失败的情况下，个体同样会处于边缘的地位。马陆斯基认为将不同地位维度上的位置联系起来综合考虑，形成与社会所期待相符合的地位级别模式，是社会化的重要组成部分。这种期待被认为是正常状态，当某个人违背了这些要求时，就会被认为是不协调的，而个体所表现出来的地位因素的综合结构与规范期待的差异越大，他的地位就越不协调。① 尼尔逊则提出使对个体的期待随着单个个体或者整体人口而变化的观点，即首先确定总体人口中每个成员所持的期待，其次根据地位模式与个体期待的匹配度将个体分为一致或不一致的。因此，尼尔逊考虑了个体在主观上对自我地位模式的看法。他认为个体以其他的行为要求替代了社会的规范期待，可能会产生压力和沮丧感，因为他需要与其他群体和社会成员互动，在互动中会感受到地位的不协调，以及社会对自我的看法，② 并很可能导致心理问题。

社会变迁也容易造成原有的等级体系发生改变，在一个固定的社会之中，人们会对原有的等级系统进行适应，当社会发生变迁后，等级系统本身也会出现混乱。对此，有学者提出"等级情境"的概念。"许多社会情境包含着不平等的成分，可以从等级性方面进行考虑"，边缘化情境是处于一种等级秩序之中，在这种等级秩序下的个体身份存在着不一致，并且还具有等级结构所规范的群体性，既然身份上的不一致性给个人和群体创造了诸多冲突，所以当这种身份处于一种等级秩序中时，身份上的不一致性也就变为了"边缘化情境的本质内容"，这种等级情境具有构成性、障碍性和范围性三个特征。③ 其中，构成性实际上指的是等级制度中某一阶级成分的数量；范围性指的是等级制度控制下的行为范围；障碍性指的是"上层阶级对试图分享他们权力、特权以及机会的下层阶级做出的种种限

① Malewski, A. 1963. "The Degree of Status Incongruence and Its Effect". *The Polish Sociological Bulletin*. 1 (7). Reprinted in Reinhard Bendix and S. M. Lipset (eds.). 1966. Class, Status, and Power. New York: The Free Press.

② Nelson, E. 1973. "Status Inconsistency: Its Objective and Subjective Components". *Sociological Quarterly*, 14, pp. 3 - 18.

③ 车效梅、李晶：《多维视野下的西方"边缘性"理论》，《史学理论研究》2014 年第 1 期。

制。”这样的一种等级情境实际上是一种社会分层的表现，它既是对社会秩序的维护，也是社会冲突的场所，社会在这种情况之下，冲突会促进社会的变迁，改变原有的等级情境。这种改变会促进社会的流动，向下的社会流动则使得原有情境者处于社会的不利地位，产生极大的心理落差，向上的社会流动则需要进行身份的调试，在这种情况之下，极易形成社会边缘化。

社会既有的社会结构、社会环境的转变所引发的边缘化现象，在社会学的研究也是极为常见的。曾有学者在荷兰林堡公园地区做过一项关于慢性吸毒者的民族志研究，主要探究的是新政策中加强慢性吸毒者的控制手段，对吸毒者和其他公民的影响（吸毒在荷兰具有合法性）。新政策采取的是驱逐吸毒者到城市外围的方式，该政策将他们视为危害群体，改变了社会对吸毒者角色的原有认知，将他们置于边缘的结构中，使吸毒者认为自己失去了法律赋予的权利，高压手段也造成更多不法行为产生，加强了外界对吸毒者的偏见与歧视，进而使吸毒者产生前所未有的自卑与边缘意识。①

在社会变迁视角中，很多研究都存在共同的理论假设，例如社会群体中的个体会受到他人的正式或非正式的期待的影响；这些期待作为社会群体的标准行为模式，并且被成员所内化；不同的期待之间可能是彼此协调的，也可能是冲突的，随着文化、情境以及经济差异，在人与人之间发生变化；当期待比较模糊或冲突时，人们之间的互动就会变得紧张；经历不确定互动的个体会将其融入自我形象中，就越可能在互动中经历压力并且自尊感降低等。②

通过梳理三个视角下的边缘化研究，可以明确“结构—心理”路径不是主观臆想而是客观存在的，当个体所处的客观环境发生变动，一旦形成结构边缘，就容易对个体的内心产生深刻的影响，进而由结构边缘演化为心理边缘。

---

① Coumans, M., Knibbe, R. A. &D. Mheen. 2006. “Street - Level Effects of Local Drug Policy on Marginalization and Hardening: An Ethnographic Study Among Chronic Drug Users”. *Journal of Psychoactive Drugs*, 38 (2).

② Starr, P. D. 1977. “Marginality, Role Conflict and Status Inconsistency as Forms of Stressful Interaction”. *Human Relations*, 30 (10), pp. 949 - 961.

二 社会边缘化的起点——情境变动

回顾“结构—心理”这一路径的相关研究，能够明显发现结构边缘，即被结构所排斥是有前提条件的，这个暗含的前提条件就是个体自身发生了变动或个体所处的环境发生了变动，或者更准确地说是“情境变动”。如果失去这个必需的前提，没有情境变动，个体依然生活在原生活情境中，实践原社会角色，没有进入新的情境，就不会感受到结构的排斥。而在相关的文章中，学者们并没有明确提出“情境变动”概念，而是更多地使用“边缘情境”来分析边缘人的形成，其中包含了几个意涵，容易造成指代混乱。

（一）不明晰的“边缘情境”概念

在边缘化的相关研究中，“边缘情境”一词的使用从来都不是十分明确的，几乎没有学者给“边缘情境”下一个明确的定义，但他们的研究成果中却常常使用“边缘情境”一词，有时学者用这一名词代表边缘化的开端，有时也指代边缘化的结果，极大地模糊了社会边缘化的发展路径。

1. 指代“情境变动”的“边缘情境”

“边缘情境”在一些学者的研究中，被当作边缘化的起点，即“情境变动”。例如，帕克认为移民者所携带的移民文化与所在国的本土文化之间存在诸多的差异，彼此可能会发生冲突，从而营造了一种文化上的边缘情境，处理不好时，就会产生边缘人。[①] 高德伯格认为边缘化强调的是产生的后果，如失调、不安、情绪焦躁等，认为边缘人格不是边缘情境的必然产物，不是每个处于边缘情境中的人都会产生消极的边缘心理。[②] 安东诺夫斯基曾提到的会产生边缘人的边缘情境的七条特征，以及他对边缘情境的多种反应模式的分析。[③] 格林认为边缘情境的某些特点在边缘人格产

---

① Park, R. E. 1928. “Human Migration and the Marginal Man”. *American Journal of Sociology*, 33 (6), pp. 881 – 893.

② Goldberg, M. M. 1941. “A Qualification of the Marginal Man Theory”. *American Sociological Review*, 6 (1), pp. 52 – 58.

③ Antonovsky, A. 1956. “Toward a Refinement of the ‘Marginal Man’ Concept”. *Social Forces*, 35 (1), pp. 57 – 62.

生之前就会表现出来，而且导致“边缘人格”的边缘情境与个体的亚文化、家庭、社会关系等都有关，尤其是群体的对立。[①] 类似于这些学者提到的“边缘情境”，被视为边缘化形成的起点，而忽视了这种边缘情境是在个体的生活情境发生变化之后而产生的，即忽略了情境变动才是边缘化研究中的起点。这是因为情境变动概念本身没有结构排斥的内涵在其中，只是个体所处的客观条件发生改变，从而造成在与外界互动过程中的身份发生改变。

2. 指代“结构边缘”的“边缘情境”

但也有学者看法不同，将“边缘情境”当作是个体或群体边缘化的结果，即“结构边缘”。例如克拉克明确地从地位不一致来认识边缘性，将阶层、地位、文化与社会平等共同结合起来，认为边缘情境指社会等级体系中个体的地位不一致，任何社会都存在分层的不一致，因此他认为可以进一步扩展边缘情境的使用范围，有助于深入研究边缘性的社会影响。[②] 在社会变迁视角中，学者们认为在社会变革的背景下，个体地位的冲突会使角色扮演者处于角色失调的状态，导致与他人的互动中形成边缘情境。这里提到的“边缘情境”实际上是指个体或群体已经处于边缘化之中，社会排斥已经发生，可以说是边缘化的结果，即处于结构边缘。这种结构边缘是由情境变动所引起的，个体或群体无法轻松和谐地融入社会，受到来自外界的歧视或排斥。

基于上述的分析可知，现有的社会边缘化研究实际上是在模糊地使用边缘情境（marginal situation）这一概念替代情境变动（situation changes）和结构边缘（marginal structure）。但在“结构—心理”路径中可以明显得出，“情境变动”与“结构边缘”是完全不同的两个概念。“情境变动”是边缘化进程的起点，即必要的前提，而非充分条件，只有个体在主客观条件变动下，才会感知自身的边缘性。而“结构边缘”的代表个体或群体已经处于情境变动之后，已经受到外界的歧视或排斥，是个体或群体边缘化的结果之一。

---

① Green, A. W. 1947. “A Re - Examination of the Marginal Man Concept”. *Social Forces*, 26 (2), pp. 167 - 171.

② Dickie - Clark, H. F. 1966. “The Marginal Situation: A Contribution to Marginality Theory”. *Social Forces*, 44 (3), pp. 363 - 370.

因此，模糊地使用“边缘情境”实质上是混淆了边缘化的起点和结果，容易产生理解上的错误，模糊化了社会边缘化的“结构—心理”路径，容易误以为情境变动必然导致结构边缘。所以，在边缘化的研究中，我们必须明确边缘化的起点与结果，尽量放弃使用“边缘情境”这一概念，避免混淆作为起点的“情境变动”和作为结果的“结构边缘”。

（二）“情境变动”概念溯源

在经典社会学研究和社会边缘化的研究中，我们都可以发现“情境变动”隐含其中，作为社会边缘化“结构—心理”路径的起点。

在津巴度和贝克的研究中，一个是将被试学生置身于模拟监狱，一个是个体被外界贴上越轨的标签。特别是斯坦福监狱实验的研究中，被抓起来的学生主身份发生重大改变，成为一名刑犯，随即遭受到禁闭、虐待等惩处，短短几天，被试学生的心理就面临崩溃，出现情绪激动、思绪混乱、焦虑不安的症状，且自认为低人一等。在这样剧烈的情境变动中，个体被迫或者潜意识地暂时退出或停止原主要角色，此时，“结构—心理”才得以实现，在面临新角色时，即遭受到权力中心——狱警的排斥，形成特殊的心理特征。

在边缘性的相关研究中，我们可以从社会边缘化“结构—心理”路径的三个研究视角中探寻“情境变动”的踪迹。

1. 在文化冲突视角中，实质上是将个体进入不同文化之中视为情境变动。帕克认为犹太人进入当地文化生活，移民者从原文化中进入他文化群体；① 莎拉·考利和利娜姆研究的移民妇女进入新的国家所受到的边缘化，就是我们这里所概括的情境变动。②

2. 在群体关系视角中，个体或其所在群体一旦将他群作为参照群体，这就意味着他们所处的情境发生了改变。格林提出的社会边缘化是否发生取决于边缘人试图离开的群体的吸引力和其努力加入的群体的排斥力，中

① Park, R. E. 1928. “Human Migration and the Marginal Man”. *American Journal of Sociology*, 33 (6), pp. 881 - 893.

② Lynam, M. J. & S. Cowley. 2007. “Understanding Marginalization as a Social Determinant of Health”. *Critical Public Health*, 17 (2), pp. 137 - 149.

等程度和不确定的排斥更容易产生心理边缘；① 克尔克霍夫和麦考密克的研究中，边缘人格形成的前提是当次群体成员以主导群体作为参照点，次群体成员有意愿却不能很好地融入主导群体；② 曼恩提出的有色人种的边缘化，也是在有色人种以白人群体为参照群体后开始的；③ 黛博拉则认为，在文化上被污名化和处于潜在条件下的个人更容易感到独特，群体对其独特的评判，更容易使其产生心理边缘；④ 埃里蒙斯与耶腾的边缘性模型⑤中，个体与群体包容性协商的前提就是情境变动。

3. 在社会变迁视角中就更容易理解，因为社会变迁本身就是情境变动中的一种。休斯的"地位困境"始于社会变革使人们产生社会（或角色）认同困惑；⑥ 克拉克认为边缘情境是处于一种由社会角色地位差异产生的等级秩序之中，个体进入等级情境，会受到结构的控制⑦，个体进入等级情境之中，受到等级秩序的控制就是指个体所处的情境发生了变动。

不论是在哪种视角下提出的边缘化的研究，"情境变动"是它们共有的前提条件，可以是个体自身发生了变动，也可以是个体所在的群体或环境发生变动。这种变动可能使个体在社会互动中的身份发生改变，使其明显感受到中心与外围的界线，感受到自身的独特与来自结构的排斥，进而对个体内心世界产生触动，成为心理边缘产生的条件。

（三）"情境变动"及其意涵

由于对"情境"一词的熟知，所以说到"情境变动"，大家并不陌

---

① Green, A. W. 1947. "A Re - Examination of the Marginal Man Concept". *Social Forces*, 26 (2), pp. 167 - 171.

② Kerckhoff, A. C. &T. C. Mccormick. 1955. "Marginal Status and Marginal Personality". *Social Forces*, 34 (1), pp. 48 - 55.

③ Mann, J. W. 1958. "Group Relation and the Marginal Personality" Human Relation, 11 (1), pp. 77 - 92.

④ Frable, D. E. S. 1993. "Being and Feeling Unique: Statistical Deviance and Psychological Marginality". *Journal of Personality*, 61 (1), pp. 85 - 110.

⑤ Ellemers, N. &J. Jetten. 2013. "The Many Ways to be Marginal in a Group". *Personality and Social Psychology Review*, 17 (1), pp. 3 - 21.

⑥ Hughes, E. C. 1949. "Dilemmas and Contradictions of Status". *American Journal of Sociology*, 50 (5), pp. 353 - 359.

⑦ Dickie - Clark, H. F. 1966. "The Marginal Situation: A Contribution to Marginality Theory". *Social Forces*, 44 (3), pp. 363 - 370.

生。作为早期符号互动理论流派代表人物的托马斯，曾在《身处欧美的波兰农民》一书中，对“情境”进行定义，他说：“人们的活动就是依据情境进行的，人们对活动结果的评价也是以它为依据的。每一项具体的活动都是由情境决定的。所谓情境包括三个方面：一是个人或社会进行活动的客观条件，即各种价值观、经济、社会、宗教、知识等的整体，它在特定的时间里直接或间接地影响着个人或群体的意识状况；二是个人或群体的现存态度，它在特定时间里对人的行为发挥实际影响；三是情境定义，即对于条件、状况和态度意识的比较清楚的概念。”[①] 但是，在托马斯的诸多著作中，关于“情境”的含义并不是始终如一的。在社会边缘化的背景下，我们使用狭义的“情境”概念，即认为是个人或社会进行活动的客观条件。

由此，我们可以依据“情境”的含义来理解“情境变动”，即个人或社会进行活动的客观条件发生变动，其中的客观条件可能是社会环境的变动，也可能是个体条件发生变动。也就是说，是主体与客体互动间的条件发生改变。

在此基础上，我们可以对“情境变动”的表现形式进行进一步的划分：

1. 环境变动与个体变动。帕克认为边缘人是通过征服、入侵、移民产生的文化冲突的产物[②]，这里发生的情境变动都属于个体外部环境改变；当前中国大量存在的失独者，作为父母亲失去了独生子女，就是属于个体变动。

2. 可见的与不可见的。克尔克霍夫和麦考密克曾从这个角度进行研究，他们提出使用可见度来判定混血人群的心理边缘程度，通过对美籍印度人的调查发现可见度成为产生边缘人格的主要因素，相比于白人长相的被试者，印度人长相的被试者表现出强烈的心理边缘的特征。[③] 印度人长

---

① 托马斯·兹纳涅斯基：《身处欧美的波兰农民》，张友云译，译林出版社2000年版。

② Park, R. E. 1928. “Human Migration and the Marginal Man”. *American Journal of Sociology*, 33 (6), pp. 881 – 893.

③ Kerckhoff, A. C. &T. C. Mccormick. 1955. “Marginal Status and Marginal Personality”. *Social Forces*, 34 (1), pp. 48 – 55.

相的被试者进入白人群体属于可见的情境变动，白人长相的被试者进入白人群体属于不可见的情境变动。

3. 往往意味着情境冲突。从文化冲突视角、群体关系视角及社会变迁视角都可做出解释，在文化冲突和群体关系视角中，情境的冲突往往是在一个大的背景中，即两种具有异质性的文化相互渗透间的冲突，两个不同的群体在交往互动中基于不同文化认同产生的情境冲突；在社会变迁视角中，重点关注个人，即我们所处的风险社会中，快速和剧烈的社会变化，导致个人的社会地位和角色也在不停的转变，而由于个体认知具有的模糊性和滞后性，导致个体的多种角色冲突，或是某一角色和其社会期望间产生冲突。

当然，情境变动是具有多样性的，不仅仅局限于以上三种表现形式，现实社会是复杂多变的，因此情境变动也是多种多样。但可以确定的是，从社会互动的角度，个体在社会中的互动身份的转变是由情境变动导致的。

情境变动作为社会边缘化"结构—心理"路径产生的前提，其在这一边缘化过程中的存在也是肯定的。根据高德伯格在细致地回顾了帕克和斯通奎斯特的"边缘人"理论的基础上，对边缘人的概念进行了修正。认为那些经历两种文化边缘生活的个体并不是必然形成边缘人格。据此，高德伯格提出了个体可能不会成为边缘人的四个条件：其一是边缘个体从出生日起就已经习惯于两种文化的边缘生活；其二是个体所处的基本团体中有许多人和他一样共有边缘化人格；其三是个体在成长过程中有许多边缘人为伴，一起参加各种活动；其四是个体所处的边缘地位并不阻碍其完成自己的愿望。[①] 当个体满足这四种条件时，他所处的边缘文化情境并不会使其感到不安、沮丧，就不会出现边缘人格。[②] 也就是说，个体虽然生活在两种文化的边缘，但他所处的边缘文化情境没有发生变动，一直生活在这样的边缘化环境中，个体是不会发生边缘化危险的。这从另一个角度证明，没有情境变动，边缘化也不会发生。所以，情境变动是社会边缘化

---

① Antonovsky, A. 1956. "Toward a Refinement of the 'Marginal Man' Concept". *Social Forces*, 35 (1), pp. 57 - 62.

② Goldberg, M. M. 1941. "A Qualification of the Marginal Man Theory". *American Sociological Review*, 6 (1), pp. 52 - 58.

产生的一个必要的前提条件。

三 情境变动的本质——互动身份变动

在“结构—心理”路径的研究中，情境变动是其得以开始的前提，或者说是边缘化的起点。在说明“情境变动”一词时，我们主要从主体和客体两个方面分析，即情境变动隐含的是个体的变动和环境的变动。但从社会互动理论的角度来看，即从个体这一个方面分析，情境变动实质上是个体的互动身份发生了转变，可能是个体在社会中的互动身份的变动，也可能是个体自身所认同的互动身份的变动。

（一）“互动身份的变动”及其意涵

为了明确“互动身份的变动”的内涵，我们不妨对它先进行分析。“互动”一词，指的是人与人之间的交往形式，雷文将齐美尔的互动形式归为四种类型：包含合作、竞争、联合、秘密的基本互动形式，国家、教会、家庭、军事组织等体制化结构的形式，社交、体育活动、游戏等自主的游戏形式，艺术、政治、宗教等社会本身的一般形式。[①] “身份”一词，频繁地出现于角色理论之中，它指的是“任何自我发送符号意义或解释符号意义时必须采用的一个‘角色’，是与对方、与符号文本相关的一个人际角色或社会角色”。[②] 因此，身份是社会性的，存在于与他人的互动之中。据此，可知“互动身份”指的在社会中与他人交往时所采取的社会性角色，这种角色因其所在的职业，所拥有的财富，所占有的权力等的不同而有所不同。

在日常生活中，虽然个体对自我身份的认同在一定时间内具有稳定性，但个体的互动身份会因为个人所处的空间时间的不断变化而变化。在边缘化研究中，也普遍认为，由于情境变动，即个人所处的生活情境与以往的生活情境发生了断裂，生活在新的生活情境中的个人，其互动身份也随即发生了变化。在我国农民工的研究中，农民工形成的城乡流动意味着时间上的断续与生活场域的继替，不同时空情境对农民工有着深切的影

① 齐美尔：《现代性的诊断》，成伯清译，杭州大学出版社 1999 年版。

② 赵毅衡：《身份与文本身份，自我与符号自我》，《外国文学评论》2010 年第 2 期。

响，这意味着农民工必须重建身份认同。[①] 对自我社会身份的追问，其目的在于获得对身份满意的、完整一致的意义解释，以便接受和平衡转变所带来的心理风险，使自我和变化着的环境的有效联系得以重建。[②] 农民工重建的社会认同，实际上就是代表了农民工从农村互动身份到城市互动身份的变化。与此相似的，在帕克等人的移民研究中，移民同样经历了时空情境的转变，钱超英将移民称为在“文化历史设定”的裂缝之间漂移运动的“主体”，并认为“身份”是他们所必然面临的生活重建经验。[③] 而这种“生活重建”其实就是互动身份的变动过程。由此可以看出，在情境变动之中，个体不可避免地要面对互动身份的变动问题。

在这种互动身份的变动中，个体现有互动身份能否符合个体或社会的期望，成为了个体边缘身份能否形成的关键。布劳提出：“流动的人不能简单地抛弃旧有的角色属性和角色关系，但他们如果不接受新的角色属性，不建立新的角色属性，那么他们就不能适应他们的新位置。”[④] 因此，在边缘化的研究中，情境一旦发生变动，如果个体不能正确调试自己在新的情境中的互动身份，就会造成互动中的困境，可能导致个体的边缘化。

根据上述的说明，可以得出情境变动与互动身份变动二者间的联系与区别。

1. 二者间的联系主要表现为：都是在社会的不断变动中很有可能随时都会发生的，且都是边缘化发生的前提，如果缺少这两种变动，边缘化是不会发生的。正如高德伯格认为的，一直生活在两种文化的边缘的个体，如果没有情境变动，是不会形成边缘人格的[⑤]。

2. 二者间的区别主要表现为：首先，定义的角度不同。情境变动意味着两个领域的变化，一是社会环境的变化；二是个体本身发生的变化，即情境变动分别是以社会环境和个体为中心来分析个体处境的变化；互动

---

① 杨嫚：《消费与身份构建：一项关于武汉新生代农民工手机使用的研究》，《新闻与传播研究》2011 年第 6 期。

② 钱超英：《身份概念与身份意识》，《深圳大学学报》（人文社会科学版）2000 年第 2 期。

③ 同上。

④ 彭远春：《论农民工身份认同及其影响因素——对武汉市杨园社区餐饮服务员的调查分析》，《人口研究》2007 年第 2 期。

⑤ Goldberg, C. A. 2012. “Robert Park's Marginal Man: The Career of a Concept in American Sociology”. *Russian Review of Social Research*, 4 (2), p. 19.

身份指的是人与人之间的交往的社会性角色，即是以个体为中心出发来应对来自外部和内在的变化。其次，分析的角度存在着差异。情境变动是一个时间节点，强调的是节点前后个体生活处境所发生的变化；互动身份的变动既可能是时间节点，个体的互动身份变动瞬间形成，也可能是一个过程，是在外界在与个体互动中逐渐发生改变的。再次，情境变动与互动身份的变动既可能是同时发生，也可能是情境变动引起互动身份的变动。

（二）互动身份变动的两个维度

针对个体的互动身份变动，可以从两个维度分析，客观赋予的互动身份和主观建构的互动身份。

1. 客观赋予的互动身份变动

所谓客观赋予，即在互动身份的建构过程中，起主要作用的并不是自己的主观意志，而是由自己身处的社会所决定的，个体目前的互动身份是由社会所赋予的。在边缘化研究中，经常使用"污名"来作为对客观赋予的互动身份的一种表述。不管是帕克笔下的犹太人还是斯通奎斯特所研究的对象——美国移民，在其所处的当地文化之中，个体往往是被污名化的。[①] 科斯顿与基梅尔所描述的如残疾人、同性恋等也通常带有强烈的污名化标签。[②] 弗布尔利用酗酒者、被截肢者、盲人、犯人等来分析边缘人群体之间的区别，也是把这类人群作为了污名化群体。[③] 博诺与卡姆把残疾人、同性恋等作为污名化群体，指出这些污名化的群体由于身体、性取向、阶级等原因被社会排斥，群体成员因此背负了群体的污名，从而具有了边缘人格。[④] 作为社会污名化群体，其互动身份往往在情境变动后，就被社会强行赋予了。当个人的生活情境发生转变时，例如由正常人转变为残疾人，同性恋身份被察觉等，他们也就贴上了"污名"的标签。标签贴上之后，不论个人做出何种努力，其污名化的标签就很难修改了。这

① Stonequist, E. V. 1965. *The Marginal Man: A Study in Personality and Cultural Conflict*. New York: Russell.

② Coston, B. M. & M. Kimmel. 2012. "Seeing Privilege Where It Isn't: Marginalized Masculinities and the Intersectionality of Privilege". *Journal of Social Issues*, 168 (1), pp. 91 - 111.

③ Frable, D. E. S. 1993. "Dimensions of Marginality: Distinctions Among Those Who Are Different". *Personality and Social Psychology Bulletin*, 19, pp. 370 - 380.

④ Buono, A. F. &J. B. Kamm. 1983. "Marginality and the Organization Socialization of Female Managers". *Human Relations*, 136 (12), pp. 1125 - 1140.

里，我们只是从“污名”的角度进行理解，以“污名”来替代客观赋予的互动身份是不全面的，因为这种表述舍弃了其积极内涵。客观赋予的互动身份应该既包括消极维度，也包括积极维度。

虽然客观赋予的互动身份主要是由客观环境决定的，但个体同样可以在一定条件下做出选择来影响其互动身份。昂格尔通过对来自犹太人或工人阶层背景的白人女性心理学家的自传研究，提出了积极的边缘化，身为边缘群体成员，感知自身存在的边缘化，重新定义自己的边缘化并做出选择策略，通常有三种策略，一是隐藏自己不轻易可见的边缘化，从而假装自己成为正常的社会成员；二是认同自身的存在并公开标签，承认边缘；三是构造边缘化以获得某些益处。能向选择性边缘化选择的前提，一是要有选择身份的能力；二是要承认自身原身份的合法性。[①] 由此可见，互动身份的变动在客观赋予的情况下并不是完全丧失了个人的主观能动性的，这种身份是伴随着个体与社会间的互动而形成。

2. *主观建构的互动身份变动*

所谓互动身份的主观建构，指的是个体在情境变动中，对自身所处现状的自我定义，并在定义中逐渐完成对自我互动身份的建构。这种情况下，个体是否会具有边缘身份，取决于个体对自我身份的定义。

消极维度的互动身份的自我建构，可以用相对剥夺理论来解释。经典的相对剥夺理论认为：当个体主要通过与他人的比较来评价其地位和处境时，弱势群体成员往往更容易体验到基本权利被剥夺的感觉，这种被剥夺感不仅会使他们丧失掉现实生活中的很多机会，而且还会对他们的心理发展带来损害。[②] 社会学家朗西曼根据相对剥夺感的形成机制，最先对它进行操作性定义。在他看来，只有满足下面的四个条件，社会个体才会产生“X”这种被相对剥夺的感觉：一是该个体自身没有“X”；二是该个体发现周围其他人拥有“X”；三是该个体期望拥有“X”；四是并且这种期望

---

① Unger, R. K. 1998. “Positive Marginality: Antecedents and Consequences”. *Journal of Adult Development*, 5 (3), pp. 163 - 170.

② Mummendey, A., Kessler, T., Klink, A. & R. Mielke. 1999. “Strategies to Cope with Negative Social Identity: Predictionsby Social Identity Theory and Relative Deprivation Theory”. *Journal of Personality and Social Psychology*, 76, pp. 229 - 249.

是合理且可行的。[①] 对于失独者而言，失去子女的处境使得自己本身处于劣势地位，同时让他们感到养老等基本权利失去了保障，与其他人相比的剥夺感是使身体的心理发展受到了损伤。同样，对于残疾人而言，残损身体的现实与正常身体的期望，使得他们产生了剥夺感。必须要明确的是，主观建构的互动身份也同样应该包含两个维度，积极的和消极的，虽然社会学研究中更关注消极情况，但我们仍需进行全面的考虑。

无论是由于客观赋予导致的互动身份的变动还是主观建构产生的互动身份的变动，当互动身份最大化时，就会朝着个体主身份的方向演化。以客观赋予的互动身份演化为个体主身份来进行分析，例如非白色人种的移民群体，当移民者从原文化进入新文化中，外在的客观环境发生变动，与移民者相互动的对象发生转变，使得移民者的互动身份由原文化中的正常人转变为新文化中的有色人种，而其有色人种的标识在新文化中又受到了高度的认同，就使得移民者的互动身份转化为其主身份，无论他在新文化中的任何一个群体，都是以有色人种的身份与外界进行互动，除非移民者重新构建一个更具有社会认同度的身份，才能使客观赋予的互动身份不进一步演化为其主身份，例如美国的第 32 任总统罗斯福，其总统的身份常会使人忘记他是一个小儿麻痹症患者。

（三）互动身份变动与边缘化路径的开始

在分析了互动身份变动的两个角度，即客观赋予和主观建构，边缘化的路径也逐渐清晰。

1. 客观赋予与边缘化路径的开始

此时，已经可以清晰“结构—心理”路径究竟是在什么情况下产生的，即“结构—心理”路径是在互动身份变动后，客观赋予的互动身份中产生的，这种互动身份的变动是随情境变动的发生而发生的。

在文化冲突视角中，帕克将边缘人定义为一种文化混合体，是指那些处在两种文化边缘之中，受到两种文化冲突的影响，进而形成具有特定人格特征的一类人。[②] 斯通奎斯特提出的两种产生边缘人格类型的边缘情

---

① Runciman, W. G. 1966. *Relative Deprivation and Social Justice.* London: Routledge.

② Park, R. E. 1928. “Human Migration and the Marginal Man”. *American Journal of Sociology*, 33 (6), pp. 881 - 893.

境，都是以文化为基础的：一是以种族（或生理）差异为基础的生活情境；二是存在纯粹的文化差异的生活情境。[①] 安东诺夫斯基认为两种文化持续互动以及文化间的边界具有可渗透性同时又具有冲突性等特征时，处于这种文化冲突下的个体容易成为“边缘人”。[②] 当个体所处的文化背景发生变化，容易被主导文化赋予“污名”的标签，这种客观赋予的互动身份，导致移民者逐渐成为边缘人。

在群体关系视角中，普遍认为当群体之间产生矛盾与冲突时，群体成员在很多情况下被置于边缘情境，受到参照群体排斥的个体很可能会形成边缘人格。[③] 格林认为群体对立是导致边缘人格形成的根本原因，边缘情境往往先于边缘人格而形成。[④] 克尔克霍夫和麦考密克注重群体地位、群体认同与群体间的可渗透性对边缘性形成的影响。[⑤] 埃里蒙斯与耶腾是依据群体内成员融入目标和群体融入目标的程度来说明边缘性的形成路径的。一旦个体或群体以他群为参照，期望进入他群而受阻时，互动身份就已经被他群赋予。

在社会变迁视角中，休斯认为边缘性的形成除了由于文化冲突所引起的外，由社会变迁所引起的角色认同混乱也是重要的原因。[⑥] 伦斯基的地位固化（status crystallization）观点[⑦]和斯塔尔（P. D. Starr）的地位矛盾（status inconsistency）观点[⑧]，都是把社会变迁视域下的地位失范作为边

---

① 余建华、张登国：《国外“边缘人”略论》，《哈尔滨工业大学学报》（社会科学版）2006 年第 5 期。

② Antonovsky, A. 1956. “Toward a Refinement of the ‘Marginal Man’ Concept”. *Social Forces*, 35 (1), pp. 57 - 62.

③ 徐晓军、安真真：《结构边缘与心理边缘：边缘化研究的路径》，《学习与实践》2015 年第 9 期。

④ Green, A. W. 1947. “A Re - Examination of the Marginal Man Concept”. *Social Forces*, 26 (2), pp. 167 - 171.

⑤ Kerckhoff, A. C. &T. C. Mccormick. 1955. “Marginal Status and Marginal Personality”. *Social Forces*, 34 (1), pp. 48 - 55.

⑥ Hughes, E. C. 1949. “Dilemmas and Contradictions of Status”. *American Journal of Sociology*, 50 (5), pp. 353 - 359.

⑦ Lenski, G. E. 1954. “Status Crystallization: A Non - Vertical Dimension of Social Status”. *American Sociological Review*, 19 (4), pp. 405 - 413.

⑧ Starr, P. D. 1977. “Marginality, Role Conflict and Status Inconsistency as Forms of Stressful Interaction”. *Human Relations*, 30 (10), pp. 949 - 961.

缘性形成的根本原因。个体原本的互动身份不一定会有“污名化”，但是由于“规范真空”的存在，社会赋予个体新的互动身份，当个体不能很好实践新的身份，就会产生“污名”，进而产生边缘化。

2. 主观建构与边缘化路径的开始

在互动身份被客观赋予的情况下，个体的边缘化经历了“结构—心理”路径，那么当互动身份的变动是在主观建构的情况下，边缘化还会发生吗?

我们不妨从贝克（W. Y. Baker）和史密斯（L. H. Smith）文中提到案例来寻找答案。一个面部有缺陷的人，在经过外科手术的矫正后，就不再享有这种缺陷为他提供的令他满意的情绪上的保护，但他很快发现常人的生活也并非所想象的一帆风顺，矫正后他失去了缺陷为他提供的支撑与保护，所以，为了保护自己，他会采取了不同寻常的行为模式，如神经衰弱、歇斯底里、紧张焦虑。① 这里，个体在手术后发生了情境变动，在社会中的互动身份因此发生变化，个体为了自我保护，自我建构了另外的互动身份，以致产生了心理边缘。由此可知，个体互动身份的变动不论客观赋予还是主观建构的，都可能会产生边缘化，但在主观建构的情况下，其可能形成的边缘化的路径究竟是怎样的，还需要我们进一步探究。

第三节　研究问题:边缘化的“心理—结构”新路径?

从前面的梳理，我们得知，经典边缘化理论较多地关注个体社会结构边缘化问题，特别关注外面的结构边缘化对边缘化进程中个体心理的扭曲，即经典的社会边缘化“结构—心理”路径。

一　对边缘化路径的重新解读

由前文可知，情境变动是指个人或社会进行活动的客观条件发生变动，其中的客观条件的变动可能是社会环境的变动，也可能是个体条件发生变动。也就是说，是主体与客体互动间的条件发生改变。我们已经知

---

① Baker, W. Y. &L. H. Smith. 1939. “Facial Disfigurement and Personality”. *Journal of the American Medical Association*, 112 (1), pp. 301 – 303.

道，“情境变动”是边缘化研究中的起点。经过梳理已有边缘化研究发现，边缘化大多数都是由情境变动导致的结构边缘的发生，进而引发心理上的边缘人格，发展路径如下图所示：

图 1.2　经典理论中个体社会边缘化的演化路径

情境变动是起点，有了情境变动，个体的互动身份才会变动。互动身份的扭转下，社会同时对个体贴上了标签，社会重新赋予了个体新的主身份，结构边缘由此形成。面对外部的这种边缘结构压力，个体被动接受，而后逐渐内化，促使心理边缘的发生。接下来，我们将对这一边缘化路径进行详细的阐述。

（一）情境变动是边缘化的起点和原因

情境变动可以是由个体条件变动引起的，也可以是由社会环境的变动引起的。情境变动有明晰的，也有模糊的，即有时候是可见的，也有些是不可见的，情境的变动通常会产生情境的冲突，如文化冲突。不管情境变动表现形式是什么样的，情境变动作为互动身份的影响机制，它的改变必定导致互动身份的不同。因此，情境变动的本质结果就是互动身份的改变。由情境变动引起的一系列的影响是边缘化的开始，它在边缘化的研究中体现得非常明显，有着很重要的地位。

比如在以文化冲突作为视角的边缘化研究中，以帕克的犹太人进入当地文化以及移民者从原文化中进入他文化[①]和利娜姆（M. J. Lynam）、考利（S. Cowley）研究的移民妇女进入新国家[②]为例，他们都是将个体进入不同文化中视为情境变动，这是本书概括的情境变动中的环境变动。又如在以社会变迁为视角的研究中，以休斯的“地位困境”[③]、克拉克的“等

① Goldberg, C. A. 2012. “Robert Park's Marginal Man: The Career of a Concept in American Sociology”. *Russian Review of Social Research*, 4 (2), p. 19.

② Lynam, M. J. & S. Cowley. 2007. “Understanding marginalization as a Social Determinant of Health”. *Critical Public Health*, 2, pp. 137 - 149.

③ Hughes, E. C. 1949. “Social Change and Status Protest: An Essay on the Marginal Man”, *Phylon* (1940 - 1956), 10 (1), pp. 58 - 65.

级情境”和马陆斯基的个体违背正常社会期望为例，这都是情境变动的表现。其中，前两者属于社会变迁，即是社会环境的变动，后者则属于个体的变动。更精确一点的说，这些学者提到的情境变动实际就是互动身份和资源的一种变化。在这些学者们的观点中，情境变动是边缘化研究中隐含的起因。由此可见，情境变动是边缘化的开始。

（二）从情境变动到结构边缘的发展

情境变动是具有多样性的，从社会互动的角度来说，个体在社会中的互动身份的转变是由情境变动引起的。随着情境的变动，个体在社会中与他人交往时所采取的社会性角色也是不一样的。在日常生活中，个体的互动身份具有相对稳定性，但会随着时空的变化而变化，个体的主身份随着互动身份的改变也会有变化。因此，作为情境变动的结果，个体不可避免地要面对互动身份的变动问题。但情境变动与互动身份的变动既可能是同时发生，也可能是情境变动引起互动身份的变动。如果互动身份改变了，那么个体就会被社会贴上一种标签，不论标签的好与坏，标签化的结果就是个体被客观建构了新的主身份，这时，可以认为个体已经处于结构边缘了。

在边缘化研究中，个人所处的生活情境与以往的生活情境发生了断裂，这就是情境变动。那么，生活在新的生活情境中的个人，其互动身份也随即发生了变化。如果此时个体不能正确适应自己的互动身份，这会造成社会互动中的问题，可能导致个体被结构边缘化。这种由情境变动导致结构边缘的这一过程，在边缘化研究中具有普遍性。比如在帕克的观点中，他认为当移民进入新的文化情境之时，移民自有的文化与进入后的主导文化之间可能发生冲突与矛盾，产生一种边缘文化情境。[①] 移民自有文化与主导文化之间的冲突和矛盾其实就是情境变动，而边缘文化情境就是情境变动的最终结果——结构边缘。在学者提出的由“地位困境”导致的边缘性，他认为，当社会变革使人们产生社会（或角色）认同困惑时，就出现了“地位困境”。[②] 社会变革（或社会变迁）本来就是情境变动，

① Goldberg, C. A. 2012. “Robert Park's Marginal Man: The Career of a Concept in American Sociology”. *Russian Review of Social Research*, 4 (2), p. 19.

② Hughes, E. C. 1949. “Social Change and Status Protest: An Essay on the Marginal Man”, *Phylon* (1940 - 1956), 10 (1), pp. 58 - 65.

“地位困境”导致的结果就是结构边缘。从以上学者们的观点可知，情境变动是在社会的不断变化中发生的，它本身不具有客观的排斥性，但由它引起的结果（如互动身份的改变）是形成结构边缘的影响因素。

（三）结构边缘到心理边缘的转化

结构边缘到心理边缘的转化，其实就是外部的结构性压力向内部的心理性情感的转化过程。同时也是个体对客观赋予的主身份主动接受和习得的过程，是适应变动的生活情境的过程。结构边缘到心理边缘的转化是在互动身份变动以及客观赋予主身份之后发生的，而这种互动身份或者主身份的变动又是随情境变动的发生而发生的。在中心群体对个体的客观赋予和标签作用的双重影响下，个体无能力抵抗，处于社会情境的边缘，形成结构边缘。面临结构边缘的压力，个体又无法消除这种社会结构性的排斥，从而产生心理自卑、紧张、困惑等，并对中心群体建构的主身份进行适应和内化，最终形成心理边缘。

结构边缘到心理边缘路径的研究较多，主要的学者有帕克、黛博拉、格林等。在污名化方面，有学者认为群体对个体独特性的长期评判会促使个人核心自我观念的改变。如果一个人一直处于被认为与群体中大多数人不同的情境中，那么他最终也会认为自己是与群体他人不同的。① 这是个体从带有标签性的结构边缘向心理边缘的转化；在格林的边缘化观点中，他认为边缘情境的某些具体特征在边缘人格出现以前就已经表现出来，边缘情境先于边缘人格而出现。② 他所说的边缘情境和边缘人格分别对应的就是结构边缘和心理边缘，从他的观点来看，结构边缘会演化为心理边缘；还有在一项移民妇女研究中，从结构边缘到心理边缘的转化路径也非常的清晰。移民者进入新的国家之后，他们在建立起新的生活方式的过程中，由于肤色、种族等各种问题，他们逐渐被当地市民边缘化，也缺少各种发展机会，最后形成了边缘人格。③ 移民是“外来人”的身份，处于结

---

① Frable, D. E. S. 1993. “Being and Feeling Unique: Statistical Deviance and Psychological Marginality”. *Journal of Personality*, 61 (1), pp. 85 - 110.

② Green, A. W. 1947, “A Re - Examination of the Marginal Man Concept”. *Social Forces*, 2, pp. 167 - 171.

③ Lynam, M. J. & S. Cowley. 2007. “Understanding Marginalization as a Social Determinant of Health”. *Critical Public Health*, 17 (2), pp. 137 - 149.

构边缘。而边缘人对自己的身份认识不仅取决于自我认知，而且还取决于外界对自我的评价。当这种持续性的消极评价成为一种习惯事件，移民就会在潜移默化中失去自我判断，他们会觉得结构边缘是一种不可变的、无可厚非的、符合逻辑的。个体认为其他人持续认为自己是边缘的，那么个体就真的会慢慢走向心理边缘。

从结构边缘到心理边缘的演化，这是边缘化研究中一条常见的路径，这与社会标签理论是一致的。标签会对个体产生暗示和强化作用，处于“被标签”的社会结构中的个体会受到这种结构性的影响，会将标签内化，按照标签的内涵进行个体的行动。如果把个体置于结构边缘，就好比个体“被标签”，而心理边缘就等同于“标签内化”。

（四）总结

总体来看，现有的边缘化的研究都是沿着“情境变动—结构边缘—心理边缘”这一条路径论述的。由个体条件的变动或者社会环境的变动引起的个体的情境变动，可能会让个体处于不利的位置中。新的社会环境中，个体拥有了新的互动身份。在这个过程中，由于标签作用和社会结构作用太强，主身份将要形成，主身份的社会建构和客观赋予实际是个体向社会客体的妥协结果，个体没有机会和能力去发挥自己的主动性，因此陷入了结构边缘状态。对新的主身份，在长时间的结构性张力下，个体通过自我内化，并且习得和适应主身份，达到了心理边缘。

情境变动作为结构边缘和心理边缘形成的起点，对于边缘是否能够形成是至关重要的。进入城市的务工人员，尽管他们在职业上实现了从农民到工人的转化，个体条件和社会环境发生了变动，但在社会身份上很难实现由农民向市民的过渡。对农民工群体来说，确实发生了情境变动，但这些改变了职业性质、生活场景的农民工们，仍然游离于城市体制之外，从而造成了流动农民的生活地域边界、工作职业边界和社会网络边界的背离，农民工成为了一个巨大而特殊的边缘群体。他们并没有成为真正意义上的工人，根据“农民”的标签，社会赋予他们的是“农民工”的身份，制度结构上的边缘最后使他们在心理情感上成为“无家可归”的“边缘人”。通过对这条边缘化路径的解读以及农民工的经验现象中可以发现，情境变动是边缘化形成的重要因素，同时也可以看出“情境变动—结构边缘—心理边缘”路径的常态性。

二 问题的提出：边缘化的另一条路径

（一）研究的问题

当今人类处于一个充满变动与风险的世界上。人们获得了现代性赋予人类的更多可能与便利，获得了全球化时代的广阔空间和与众不同。[①] 同时也遇到了更多情境变动，情境变动也成为了人们的日常。与此同时，情境变动作为边缘化的起点，人们自然也不可避免地去面对边缘化的风险，人们更容易处于边缘化的情况下了。

如上文所讲，斯通奎斯特和迪基·克拉克等学者认为边缘情境导致边缘人格，最终形成边缘化。[②] 而边缘化作为一个变化的过程，自然是有起点也有终点的，如果说边缘化最终完成是其终点，那么情境的变动则是其起点。之前的学者大都将边缘情境等同于情境变动，将结构边缘默认为边缘化的起点。事实上情境变动不等于边缘情境，边缘情境也并非是边缘化的起点。情境变动才是边缘化的起点。如上文所提，边缘化的过程实际上是由于情境变动的发生而开始的，不论是环境变动还是个体变动，情境变动所带来的个体互动身份的变动才是边缘化的原因。上文也提到在对边缘理论的研究之中，以往都是由边缘情境引发边缘人格这样一种路径，即“结构边缘—心理边缘”的路径，但其实应该是“情境变动—结构边缘—心理边缘”的路径。

“情境变动—结构边缘—心理边缘”这条路径先验地存在着一个默许的共识，即个体互动身份的变动都是客观赋予的，如污名化的标签，社会上的众多弱势群体，边缘群体都被社会客观赋予了这种标签，那么在这种客观赋予的主身份变动下，社会便会排斥个体，个体与此同时陷入了边缘情境，由于标签作用和社会结构作用，个体主身份变动随之完成。对新的主身份，在长时间的结构性张力下，个体通过自我内化，并且习得和适应主身份，达到了心理边缘。所以在之前的研究之中大家都只意识到也只提到这一种路径。

---

① ［英］安东尼·吉登斯：《现代性的后果》，田禾译，译林出版社2000年版。

② Stonequist, E. V. 1965. “The Marginal Man: A Study in Personality and Culture Conflict”, New York: Russell; Dickie - Clark, H. F. 1966. “The Marginal Situation: A Contribution to Marginality Theory”. *Social Forces*, 3, pp. 363 - 370.

而个体互动身份的变动，或者说主身份的变动并不只可能来自客观赋予，还有可能来自主观建构，如上文所提到的女权主义者主观建构了自己的身份，也如中国的失独者。而当个体的互动身份变动来自主观建构时，社会并没有与此同时排斥个体，个体在此时也并未陷入边缘情境，自然也就没有进入“情境变动—结构边缘—心理边缘”的边缘化路径。那么当情境变动带来的个体互动身份变动或者说主身份的变动并不是客观赋予而是个体主观建构时，人们会不会发生边缘化呢？还是说只要不是社会赋予的个体互动身份或者说主身份变动，那就不会边缘化。如上文所提高德伯格在细致地回顾了帕克和斯通奎斯特的“边缘人”理论的基础上。认为那些经历两种文化边缘生活的个体并不必然成为“边缘人”。他提出了四条标准：(1)当个体从出生起就已习惯在两种文化边缘中生活；(2)当个体所在的初级群体同样也生活在这种边缘情境之下；(3)在个体成长历程中，有许多与其一样的个体参与到他的生命事件中；(4)这种边缘情境并没有成为个体实现其愿望的主要障碍。如果满足这四条标准，那么这个个体只是边缘文化的参与者而不会成为具有特定人格特征的“边缘人”。①那么相应的，具体在什么样的条件下边缘化才会发生？

如果说主观建构的互动身份变动也会导致边缘化，那并没有引起结构边缘的情境变动最终是沿着一条怎样的路径完成边缘化的？同时如果边缘化发生了，边缘化的进程和机制是什么样的？上文已然谈到心理边缘和结构边缘的互构问题，之前的研究也已然说明了“情境变动—结构边缘—心理边缘”的路径，而由于情境变动带来的主观建构的情境变动并不直接带来结构上的排斥故并没有使人们处于边缘情境之中，那是否可能带来心理边缘？心理边缘又是否会导致结构边缘？“情境变动—心理边缘—结构边缘”这条路径是否存在？最终这一过程又是如何实现的？

（二）研究的价值与意义

边缘化是具有丰富内涵的概念体系，既涉及宏观的社会结构与制度安排的限制与制约，也普遍的存在社会中。本书试图从边缘性的两大取向着手，努力突破理论局限，拓展边缘化的适用范围。以往研究者多专注于边

① Goldberg, M. M. 1941. “A Qualification of the Marginal Man Theory”. *American Sociological Review*, 6 (1), pp. 52 - 58.

缘化当中的“结构边缘—心理边缘”这条路径，或是探讨处于边缘地位的个体产生边缘人格的机制，却相对忽视边缘人格对边缘情境的影响。但事实上，两大取向不可分割，两条路径在边缘化过程中不断相互建构和相互影响。本研究拓展了边缘性的研究范围，有助于增强边缘性理论的解释力，提供了结构边缘与心理边缘互构的机制与路径。

通过探讨个体情境变动中互动身份对于边缘化机制的影响，得出不同于以往单纯由于宏观结构变化而导致的边缘化路径。个体在情境变动中互动身份主观建构和客观赋予的不同导向了不同的情况，当中具有一定的个体性与主动性，是个体生活结构、心理结构以及社会结构共同作用的结果。本书在一定程度上回应了个体行动与社会结构的关系问题，社会结构是个体社会实践的前提与基础，而个体社会实践的结果也促进了社会结构的再生产。更为重要的是，研究也提出了结构边缘与心理边缘并不存在必然的因果、先后关系，个体的能动性在边缘化过程中不容小觑，能够起到主导边缘化过程的作用，这意味着个体采取积极的应对策略有助于避免边缘化的不利影响，从而顺利达成个人目标。

万事有利有弊，边缘化也不例外，虽然从边缘的社会地位与边缘的心理状态来看，边缘化表现出了消极的理论倾向。对于个人来说，边缘化的社会地位意味着占据更少的社会资源，自身所具有的属性（例如种族特征、宗教信仰等）使他们在社会交往中受到更多的排斥，个体行动也可能会遭遇到更多的结构性障碍。这些社会性的排斥在心理层面造成了紧张与冲突，从而形成了边缘的人格特性，使其更加无法融入社会。更为重要的是，社会地位上的劣势会进一步使他们的潜能无法得以发挥，发展能力与提供技能的机会减少，不仅无法促进生命进程的向上发展，同时个人能力受到压制。因此，边缘性也是社会不公平不断再生产的一种机制。[①] 如果边缘性持续发展，边缘人群的规模扩大，边缘人群的境况恶性循环，由于他们游离于社会整合之外，当他们由于结构性障碍对社会制度产生不满甚至怨愤的情绪时，社会整合度随之降低，甚至会有较高的集体性风险，可能会发生各种形式的群体性事件或社会冲突。此外，当个体拥

---

① Lynam, M. J. & S. Cowley. 2007. “Understanding Marginalization as a Social Determinant of Health”. *Critical Public Health*, 17 (2), pp. 137 - 149.

有的社会资源足够多时，他也会从大众群体中脱颖而出，形成一种特殊的边缘性，这种边缘性往往使他们受到群体人员的信任与拉拢，获得一定的权利实现自己的个人意愿，而由于他已经边缘于大众，他的个人意愿很多时候并不能反映大众的意愿，他的领导也很多时候并不适合大众群体。

但是从另一方面来讲，仍然有一些特殊的边缘性形式可能会发挥积极作用。首先，边缘的社会地位意味着处于不同群体的边缘位置，这种特殊的位置可能会发挥“结构洞”的作用，也就是说边缘地位使得个体有机会能与两个或多个群体的持续接触，并且由此获得了其他位置所没有的优势，掌握独特的资源。例如，在组织内部，从事综合性业务的员工往往不能紧密地融入某一单一的部门内，但这使他们能够保持中立，从而养成了开放的思维，增强了包容性和思维的独特性。[①] 其次，当个体能够对其边缘地位产生认同时，他们能将边缘性转化为一种力量，从而有助于他们的社会适应过程，并将不利的地位转变为优势。在这个意义上，边缘性不再是一种社会被动的排斥，而是个体主动选择边缘性，作为一种高度适应性的策略，以边缘为理由团结或形成一个“边缘中心”。[②] 此外，如上文弊端处所提当个体拥有的社会资源足够多的时候，会从大众群体中脱颖而出，成为一种特殊的边缘性。在有一定弊端的同时，相应的他们更容易将自己的意愿转化为群体意志，通过群体行动实现自我利益，也使他们远离大众群体间存在的一些弊端弱点，更容易与同样因为优秀而边缘化的人群强强联合，形成更强的群体。

除了单一的讨论边缘地位的积极作用，还有一些研究是探讨边缘文化的优势，这些研究认为边缘文化作为一种独特而新颖的文化体系和文化组合方式，能够吸引人们的关注，引发人们的好奇，甚至能够成为构建特定文化战略的依据。

---

① Ziller, R. C., Stark, B. J. & H. O. Pruden. 1969. “Marginality and Integrative Management Positions”. *The Academy of Management Journal*, 12 (4), pp. 487 – 495.

② Unger, R. K. 1998. “Positive Marginality: Antecedents and Consequences”. *Journal of Adult Development*, 5 (3), pp. 163 – 170.

第四节　研究设计

由于本研究的内容及观察的经验对象——社会边缘化的个体有很强的人文性。研究者不得不面对立场与价值问题的影响，始终要在科学与伦理之间纠缠。因此，研究对象与研究方法的选择就显得尤其重要。

一　研究对象

（一）研究对象的选取

本研究主要探讨边缘化的形成路径，并探寻由心理边缘向结构边缘转换的可能性。在研究对象的选取方面，研究需要考量其边缘化形成过程是否是由情境变动所引发？其边缘化的建构过程是否依循结构边缘和心理边缘的路径？是否能为心理边缘向结构边缘的转换提供经验依据？由此本研究选取失独群体作为探讨边缘化路径的经验对象，亦主要出于下面几个方面的考虑。

1. 失独群体产生的背景

20 世纪 70 年代末 80 年代初的独生子女政策，改变了中国几千年的传统家庭结构，使独生子女成为家庭结构稳定的基石，占据着核心家庭三角结构的重要一角，而作为家庭功能延续的枢纽，独生子女又扮演着抚养、教育、赡养、情感等功能的角色方。因此，对于独生子女家庭而言，孩子不但给夫妇双方创造了一个共同的将来希望，而且把这空洞的将来具体地表达了出来。孩子的出生，为夫妇双方创造了一个共同的工作、共同的希望、共同的前途。[①] 社会发展中各种各样不确定因素的增加，使独生子女家庭面临着日益增多的风险。现代风险社会背景下，如果这类核心家庭失去任何一位家庭成员，尤其是其中的独生子女，其家庭的结构和功能就会遭到破坏，这种家庭就会成为不完整家庭。而作为家庭结构和功能另一承担方的父母，也会因此受到重创，面临着“失独”的困境。

所谓失独，是指非正常原因，如意外事故、疾病、灾害、自杀等，使独生子女家庭失去唯一的子女的现象。第六次人口普查结果显示，中国

① 杨宏伟、汪闻涛：《失独家庭的缺失和重构》，《热点问题研究》2012 年第 11 期。

30—64 岁妇女中失去独生子女的妇女人数为 67 万，中国失独家庭已经超过百万，并且还在以每年 7.6 万的速度不断增加。预计到 2050 年我国失独家庭数量将超过 1000 万。① 失去独生子女的父母亦称为失独者，他们共同构成了当前中国社会中这个比较庞大的失独群体。②

2. 失独事件伴随着情境变动的发生

在本研究中的情境变动，主要指个人或社会进行活动的客观条件发生变动，其中的客观条件可能是社会环境的变动，也可能是个体条件发生变动。也就是说，是主体与客体间互动的条件发生改变。就失独而言，在失去独生子女之前，失独者具有“父母”的角色身份，以及与子女相关联的一系列社会关系。但是在失去独生子女的那一刻，作为“父母”的这一身份角色就失去了，也就是说，在个人与社会的互动中，失独者的个人条件发生了变动。随着个人条件的变动，“父母”角色的失位，依托于父母角色的一系列社会交互也就变得不可能，失独父母的生活情境也随之发生了变动。

我们认为，由于情境变动，即个人所处的生活情境与以往的生活情境发生了断裂，生活在新的生活情境中的个人，其互动身份也随即发生了变化。对于失独父母而言，失去独生子女，意味着失去“父母”的角色，而以往与“父母”角色相关联的一系列社会活动也会被打乱。失独者互动身份的变化，使他们失去了参与社会互动的合法身份。

情境变动是一切边缘化的起点，它促成互动身份的变化，引领边缘化形成。对于独生子女父母而言，失去唯一的孩子，原有生活的社会交互中与孩子关联的一切将被打破，并出现断裂，即为生活情境的变动，而作为“父母”的互动身份也将发生变化，这正是边缘化的开始。因此失独事件的经验现象与情境变动引发边缘化的路径相契合，可以为我们探讨边缘化的路径提供可参照的经验依据。

3. 失独主身份的形成是双重建构的

在本研究中，我们认为边缘化身份的形成并非单向的社会变动或是个

① 易富贤：《“失独”之痛须格外重视》，《环球时报》2012 年 5 月 12 日。

② 侯秀丽、王保庆：《我国失独现状的分析与思考》，《湖南师范大学社会科学学报》2014 年第 3 期。

体变动，是存在客观赋予和主观建构，这一理论是我们研究边缘化发展路径的基础，为结构边缘和心理边缘的相互转换提供了可能性。

对于失独父母而言，失独身份的建构也并非单向选择，而具有双向建构的可能性。在自我领域，由于情境变动的影响，个人原本建立的角色规范被打破，与其他人相比，则处于一种劣势地位，这则会导致相对剥夺感的产生。在失独家庭中，失独父母会封闭自己，很大程度上就是由于相对剥夺感的存在，他们明白自己自身的差异性。为了不受到周围环境的刺激，这些失独者往往主动回避原来的亲友，减少参与各类活动的机会，凸显了该群体本身的异质性。因此，可以说，“失独”互动身份的建构在一定程度上是自我建构的结果，很大程度上依赖于失独家庭的“自我保护机制”，具有自我建构身份的痕迹。

而在社会领域，失独父母面对的是被“标签”的境遇，处于“被标签”的社会结构中，人是不能置身事外的，受到这种结构的影响，会将标签内化，最终，按照标签的内涵进行社会行动，成为了名副其实的越轨者。失去独生子女后，在中古文化语境中，失独者面临的是“报应”“无后”“灾难者”等标签，这种标签不断提醒失独父母的创伤记忆，并带来极大的精神压力，失独父母只能选择“失独者”这一互动身份，因此这一互动身份建构又具有他人赋予的意味。

综上来看失独者主身份的形成并不是一个单向过程，而是具有主观建构和客观赋予的双向过程。客观赋予是结构边缘壁垒形成的开始，主观建构是心理边缘异化的发端，这就为我们研究边缘化两种取向的形成路径提供了可参考的依据，同时失独群体本身所兼具的双向建构性，也为结构边缘和心理边缘的相互转换提供了可能性。

4. 失独群体边缘化存在“心理—结构”的可能性

独生子女不仅仅是其父母的经济赡养主体，同时也是其情感支撑的来源。失去独生子女对于父母而言最大的打击，一是情感的空洞；二是“父母”角色的失位。“绝望”是失独父母们对失去独生子女这一生命历程中重大打击最切实的感受，承受丧子之痛后，他们的神经变得异常敏感，一旦触碰内心的伤痛，情绪就容易激动，难以控制。他们常常会进行异常“联想”，尤其是失独母亲，联想孩子如果还在，会是什么样的。看不到未来的失独父母选择了自甘沉沦，沉沦在无尽的回忆里。同时，唯一的孩子突然离开，他们发现自己的人生已然从主流中掉队，他们与正常的父母不一样，他们不具有“父母”这一角色身份，这使他们自卑忧虑，宁愿封闭自己来忘记痛苦。

心理边缘，关注的是在特定的社会情境中，个体的边缘人格特征或心理属性，表现为神经紧张、自我意识过于敏感、矛盾情绪、缺乏自信等类似的负面情绪。不论是情感支撑的丧失，还是父母角色失位所导致的忧虑，对于失独者而言都是心理层面的负面属性，是心理边缘的开始。我们往往认为结构边缘并非单纯由环境造成，而失独者在心理差异性之后，所选择的是自我封闭，与原有社会类属的断裂，从而建立了“边缘带”，所面临的是社会的“特殊”标签，不一样的社会认知和对待，这成为结构边缘建构的基础。因此我们看出，失独者的边缘化发端于心理边缘的，存在由心理边缘向结构边缘转换的可能性。这就为我们突破传统的“结构—心理”路径，探寻“心理—结构”路径提供了经验上的路径依赖。

除此之外，我们普遍认为边缘化是一个相对概念。而失独群体的特殊性就在于，相对于正常群体，他的相对性足够明显，并具有强烈的自我认知，为在经验化的操作中提供了可辨识，易操作的便利。

（二）研究方法的选择

1. 研究方法取向

社会学研究历来就有实证主义与解释主义的传统之争，并由此形成了定量研究方法与定性研究方法的差异。在实际研究中，究竟选择哪一种研究方法展开研究也曾一度引发了激烈的争论。事实上，两种研究传统各具优势，不分伯仲，取舍的关键在于哪种方法能更好地达成我们的研究目的。更多时候，一项成功的研究往往是充分结合了两种研究方法的优势，而非单一地使用某种方法收集和处理资料。尤其是对于研究“失独”这样一个特殊的事件，若单凭想象和二手资料的整理已无法覆盖社会事实，这也就要求研究者必须通过深入事件，获得初始资料，并通过对初始资料的深入分析，逐步形成实践认识和理论框架。

随着早期定量研究的广泛应用，人们渐渐发现其自身存在着诸多不足和缺陷。以往研究者通过收集各种量化资料，便可做出估计，判断某一行为或现象发生的可能性。然而，“社会生活中还有大量的不可客观计算的主观性和思想文化现象，特别是那些表达主体意愿或理想追求的价值信念。”[①] 尤其是人作为一种情感丰富且能独自思考的灵长动物，在相似的情境下也可能有不同的反应，这时就需要另一种研究方法——质性研究——来弥补这一不足。[②]

质性研究的特点往往是相对于定量研究而言的，通过对比定量研究的不同，以突出其存在的价值：质性研究否定绝对客观事实的存在，量化研究相信客观的社会事实存在的必然性；质性研究的研究结果不能简单地推论到其他群体，而量化研究的结果可以推论到其他个案；质性研究强调开放和分享，定量研究强调根据理论提出研究假设，并进行假设检验；质性研究的理论经由研究过程和结果建构出来，定量研究进行研究之前，必须对理论有清楚的了解；质性研究的研究结果经常是运用文字描述来呈现，定量研究的研究结果以数字表示；质性研究的整个研究过程采取开放、弹性的立场，定量研究的整个研究过程重视步骤之间环环相扣的关系。

质性研究方法最独特的地方，在于其强烈的人文关怀和平民意识。这种研究方法一般在完全自然的情境中，对研究对象的生活世界及其社会组织的日常运作状况开展研究，提倡研究者对研究对象生活情境的深度参与，直面实事，与研究对象共情体验，对研究对象的生活故事和意义构建，作出解释性的理解，对事件的现状、进程及其机制进行长期、深入、细致的考察。也就是说，质性研究的主要目的是对研究对象的个人经验和意义建构作解释性和理解，强调研究者本位，从研究对象自己的角度理解他们的行为及其意义建构。在研究的过程中，研究者需要对自己的理论前

① 刘少杰：《重新认识文化研究在中国社会学中的地位——兼论孙本文对文化社会学研究的贡献与局限》，《社会科学研究》2012 年第 5 期。

② 定性研究，又称质性研究，陈向明在《质的研究与社会科学研究方法》一书中又称之为“质的研究”。这种名称界定的不同源于学界对这一方法的认知差异。许多学者曾对定性研究和质性研究作了深入详细的辨别，认为质性研究与定性研究虽有相似之处，但同时又有很大的不同。比如，它们都强调对意义的理解和解释，关注事物之间的内在联系。质性研究更加强调研究的过程性和情境性，研究者要通过与被研究者互动来了解社会，通过被研究者的生活状态再现真实情境，十分生动而具体，结论推广具有一定的局限性；而定性研究则比较倾向研究的最终结论，具有抽象性、概括性和一定的推广性。出于写作意图，本文暂未就这种称谓的差异进行细微的辨别，统一表述为“质性研究”。

设和相关的偏见进行必要的反省，以了解自己与研究对象达到相互理解的机制与过程；同时，为了达到解释性的理解，研究者非常重视自己与被研究者之间的关系，特别是涉及到的伦理道德问题。研究者必须事先征得被研究者的同意，与他们保持良好的关系，对他们所提供的资料、信息完全保密。

因此，基于各种因素的考虑，本研究倾向于质性研究方法。正如自然探究的传统要求研究者注重社会现象的整体性和关系性一样，课题组在自然的情境下，与这些失独者直接接触，通过面对面的互动，实地考察这些失独者的日常精神、生活状态，了解他们所处的社会环境以及外部环境对他们产生的各种影响。这就要求我们在对失独群体考察时，不仅要了解失独事件本身，而且要了解失独事件发生和变化时的社会文化背景，以及在这个背景下失独事件所蕴含的社会意义。

2. 具体研究方法的选择

"失独"作为一种突发性事件，很少能够找到足以详细记录失独者生存现状的现成资料，即便有，很多也只是针对某一个体或某一方面的碎片化记录。虽然在网络技术的极大普及的今天，许多以失独为题材的文字、图片、视频等经验素材可以作为很好的二手资料，这其中也有很多是出自失独者的手笔，对类似资料的收集和整理虽然显得便捷、容易和丰富得多，但这类二手资料本身存在的缺陷始终无可避言。一是材料的真实性问题，即二手材料有时候可能因为夹杂着观察者的个人情感和价值倾向等因素，导致材料失真；二是现场感缺失问题，即研究者在对二手资料的转述过程中缺失了"在场"的情境，而只能通过有限的想象对现象进行解读，研究者无法对问题有直观的体会和较为深刻的领悟。因此，在充分利用已有资料的基础上，我们必须亲身实地与失独者接触，获取一手的资料。

实地访谈和实地观察是开展质性研究时两种最重要、最有效的资料收集方法。通过深入细致的访谈，我们可以获得大量丰富生动的经验研究，并通过对收集到的经验资料进行主观的、洞察的分析，从中归纳和概括出研究结论。从访谈的组织安排形式上来看，与失独者进行访谈的过程像是一种正式的访谈。每次访谈前，我们的访谈者必须事先和失独者联系，确定访谈的相关安排。而对于每次访谈的内容而言，虽然我们的访谈者会事先确定访谈的主题，并拟定一个粗略的提纲，但在实际的访谈中并没有严格按照提纲内容进行，而是大致围绕访谈主题，通过一种类似于闲聊的方式与失独者进行交流。从这个意义上来看，这更像是一种半结构式访谈。

在对访谈对象的选择上，我们的访谈对象大致分为两类人群：一是失独者。由于失独者们大多加入了网络群体，彼此之间都有一定的联络，再加上我们的调查点是在小县城，人们之间或多或少都有一些沾亲带故的关系。因此，最初对失独者的选择和接触是最关键的，只要能与该群体中威信较高的成员建立关系并取得信任，再由他向我们引荐其他失独者，这样就极大降低访谈的难度，也为拓展访谈对象提供了便利；二是非失独者。非失独者的访谈对象较为丰富，既包括与失独者直接关联的同事、亲人、邻居、同学等人际关系，同时也包含了当地卫计委的工作人员等。其中，对邻居、同事等访谈对象的选择通常就在失独者家庭附近展开，并且为了避免给失独者带来心理上的伤害，这类访谈一般是不会让失独者知道，至少不会让失独者看到，除非得到失独者的主动许可。

当然，通过与社工机构共同进入的方式，也是一种与失独者建立良好的访谈关系的理想路径。这是因为在研究者进入之前，社工机构的社工已与失独者建立了较好的服务关系，并已经成为失独者信任的人群，相较之下，我们若是未经社区机构的介绍和陪同而贸然进入，则会显得陌生而难以被接受。因此，我们之所以能顺利地与CS市失独者建立良好的访谈关系正是借助于这种社工机构的引荐和陪同的方式。不过要想借助这种方式介入，最为关键的前提基础就是我们所要访谈的地方有社工机构在运作。

此外，从已收集到的许多经验资料来看，更多都是对失独者生存现状的一种“碎片化”的呈现，甚至于当我们在与失独者进行访谈的过程中，我们很难去判断失独者的话语和行为是否掺杂着“表演”的成分。为了尽可能弥补这种研究存在的不足，在征得失独者的同意后，我们以一个观察者的身份参加失独者的各种活动中去展开实地观察，包括加入失独者QQ群，陪同失独者外出买菜、吃饭、游玩，甚至跟随失独者上访，等等。在参与观察过程中，研究者通过观察笔记、对话录音、图片、视频等方式记录下最为原始的材料，还原失独者真实的生活场景，了解失独者之间的互动方式，对比个体之间的异质性和同质性，最大限度的收集资料。

在结束实地访谈和实地观察后，我们需要对原始材料进行整理分类以及访谈录音资料转换，并在此基础上进行资料的分析处理。通常，我们会采取“文本概括法”进行访谈个案资料的整理和访谈内容的处理，将个案调查的田野资料慢慢地咀嚼、消化，并以比较条理化、浓缩精炼的文本语言呈现。在具体操作方法上主要有两种：一是情境分析，以因果关系、时间流动序列、时空回溯等技巧为媒介，把零散的访谈片段、故事、事件串联起来，建构故事发生的“元情境”，以叙事的方式把失独者的故事娓娓道来；二是类属分析，把相同属性的资料归入同一类别，并且以一定的概念命名，① 再通过同类比较、异类比较、横向比较、纵向比较等方式分析资料之间相关性，从而发掘失独者生活情境中“同命人”“抱团取暖”等本土话语。在李培林先生看来，这种话语不像那些充满学术味道的概念，往往通俗易懂，但也不是文化语言，它要表达的是事实，不是故事，也不是逻辑。②

二 调查地点概况

为获取更多丰富真实的经验素材，本研究主要选择了两个调查地点进行研究资料收集，分别对位于湖北省东北部，距离城市较远的YS县，以及临近湖北的湖南省CS市YH区一社工机构进行了多次较为深入调查。对于研究地点的选择，我们之所以没有选择就近在武汉市内进行调查，主要是基于两个方面的考虑：一是前期准备阶段感觉武汉市的调查对象因被过度接触而被“污染”，由于媒体关注过多，同时有些研究者出于研究便利性的考虑，就近选择自己的调查对象，而对县城以及广大农村地区的失独问题关注相对较少，其破坏性也较少；二是研究选择的两个调查点失独者数量都相对较多，且非常集中，为我们的实地调查节省了大量的时间、精力。③

---

① 陈向明：《质的研究方法与社会科学研究》，教育科学出版社2000年版。

② 李培林：《我研究“村落终结”的方法》，http：//www. sachina. edu. cn/Htmldata/article/2008/11/1576. html.

③ 当然，一个很重要的原因在于，我们的调查员幸运地解决了进入调查地点的“看门人”的问题，并且这两个地点的失独者也正好满足本研究的理想调查对象的要求。其中，YS县失独者的调查是通过取得失独者自组织中的关键人物的介绍进入，而对CS市失独者的调查则是因为偶然得知有熟人正好在“温心家园”做社工服务，通过他们的引荐，可以直接与失独者进行访谈。

（一）YS县——“计划生育先进县”

YS县位于湖北省东北部，国土面积1449平方公里，设有3乡8镇，共309个行政村，总人口40.6万。[①] YS资源丰富，自古就有“八山一水一分田”之说，加上优美的自然景观，又被誉为“鄂东旅游业的支撑点，大武汉的后花园”。在计生工作高峰期，YS县成就排名靠前，较快达到了“高计生率、低死亡率、低增长率”的状态。从1969年到2001年期间，全县的生育率从36.7‰下降到6.91‰，妇女的总和生育率也从3.5‰下降到1.2‰左右。这些成绩使YS县在1998年到2000年，连续六次斩获省级表彰，并且1993年还被评选为全国计划生育“三为主”先进县，2001年被评选为全国婚育新风进万家活动先进集体称号。然而谁又会想到，多年后伴随这些光鲜的成绩而来的还有一个个的失独家庭。在同等人口基数下，YS县失独家庭所占的比例在总体人口中的比例也就相对较高，而这也就是本研究选择YS县作为研究地点之一的最主要原因。

事实上，我们是在与YS县失独者的对话中了解到该县是“计划生育先进县”的，在此之前我们并不知晓。2013年，来自湖北省各地失独者聚集到省卫计委进行维权上访，也就在这次，我们与YS县的失独者进行了初次接触。在和YS县失独者进行简单的交流后，我们的研究者留下了他们的联系方式，以备在今后的进一步研究中保持联系，并向他们提出了准备前往YS县实地调查的想法。在得到失独者的接纳后，我们的调查员先后两次前往YS县对失独者进行实地调查。第一次试调查于2014年11月进行，课题组3名成员在YS县开展了七天的走访，共计访谈了12名失独者和20余名失独者亲友，之后我们课题组成员一直通过QQ、微信或电话与这些失独者保持持续的联系，无论这种联系是出于进一步研究的需要，还是确实发自内心的情感维系，这都是很好地使调查员与失独者建立了良好的亲密关系，为后续的研究奠定了坚实的感情基础。课题组的第二次调查主要是在2015年9月份完成的，时间比较长，获得了非常丰富的资料。首先我们对第一次调查的12名失独者进行了跟踪回访，同时新增了15名失独者和10余名非失独者作为访谈对象。至此，课题组对YS县23名失独者和6名失独者的亲友、同事进行了深度访谈（具体情况见

---

① 来源：YS政府网 http：//www.chinays.gov.cn.

表1.1——YS县主要访谈对象信息表）。

表 1.1　　　　YS 县主要访谈对象基本信息表

编号	性别	年龄	婚姻状况	独生子/女死亡时间
S01	女	47	已婚	2009 年
D02	女	47	已婚	2011 年
Z03	女	47	已婚	2014 年 7 月
W04	女	48	已婚	2010 年 3 月
C05	男	48	已婚	2009 年
Z06	男	49	已婚	2014 年 7 月
Q07	男	50	已婚	2011 年
J08	女	51	已婚	2013 年 5 月
C09	男	51	已婚	2009 年
S10	女	53	已婚	2005 年
W11	女	53	已婚	2012 年 9 月
Z12	男	53	已婚	2013 年 5 月
M13	女	54	已婚	2014 年 12 月
H14	男	56	已婚	2014 年 12 月
D15	女	60	已婚	2009 年 10 月
X16	女	49	离异	2010 年 5 月
W17	女	49	离异	2008 年 7 月
X18	女	53	离异	2009 年 3 月
Z19	女	53	离异	2010 年 5 月
W20	女	57	离异	2013 年 12 月
Z21	女	50	分居	2011 年 12 月
W22	男	51	分居	2011 年 12 月
X23	男	54	丧偶	2013 年 4 月

*资料来源：作者根据访谈对象提供的个人信息整理。

正如前文所述，之所以 YS 县作为调查点，一个很重要的原因还在于在这个小县城里的失独者数量多，范围集中且失独者之间或多或少都能扯上点关系，要么是同学，要么是同事，或是邻里、朋友。这种关系有助于我们在有限的时间内，快速找到更多的研究对象。各地的失独者一般都会有一专门的失独群。在YS县失独者中，WGZ[①]被公认为“同命人”中的组织者，由他创建的一个QQ群目前已有150余名成员[②]。平时，WGZ、ZBL、JYH等13人经常会聚到一起吃饭、玩耍。他们中大多在失独前都是在企事业单位有着自己的工作；失独后，虽然没有达到退休，但均已不再工作。经过几次的上访争取，他们每个月除了可以从工作单位领取一部分工资外，还可以每月从政府那领取500元的“计划生育特殊家庭扶助金”。

（二）“温心家园”——CS市YH区失独老人关爱中心

“温心家园”是湖南省CS市一个新成立的社会工作服务机构。2013年，YH区GT街道办事处为响应中央提出的大力发展社会组织文件精神，积极采取政府购买社会服务的模式。在此背景下，2013年12月9日，CS市YH区温心家园社会工作服务中心便在当地民政局注册，简称“温心家园”。该中心提供的失独社会工作业务范围主要包括，为失独家庭提供服务、培育社会组织、承接政府购买的失独者专项社会工作服务及研究项目。该中心被YH区老龄委授予“YH区失独老人关爱中心”，并荣获区老龄委敬老模范单位称号。

在“温心家园”所承担的GT街道“计划生育特别家庭专业服务”中，共包括17个失独家庭的29名失独者，他们主要来自MLJY社区、ZNY社区、CZ社区等7个社区，其中以CZ社区的失独者居多（具体情况见表1.2——GT街道办主要访谈对象信息表），这主要源于CZ社区中居民均为早期CS重型机器厂的职工。为了能更好地理解这种分布特征，这里有必要以CZ社区的形成作简要的梳理进行举例说明。

据CZ社区的失独者介绍，创办于1958年的CS重型机器厂原属于国家机械工业部的大型综合性重型机器制造骨干企业，作为一家国企，可观的工资收入和福利保障吸引了大批的工人。那时由于生产技术相对落后，

① 姓名代码，出于对访谈对象的保护原则，文中将隐去失独者的真实姓名，并作相应技术处理。

② 该群中并非都是YS的失独者，也有来自湖南、江西、山东、新疆等地的失独者。用失独者的话说，“他们都是遭受同样苦难的‘同命人’，都是兄弟姐妹，他们之间是没有地区和民族的差别的。”

大量的生产加工都必须依靠人力进行，因此使得当时的职工数量一度达到新高。然而，随着生产技术的革新，我国的生产结构开始转型，许多生产效益不高的国企因面临着巨大的生存挑战而不得不谋求新的出路。2008年，国企改制，CS重型机器制造有限责任公司正式成立标志着国有性质的CS重型机器厂不复存在。随着企业的逐步转型，许多职工面临着下岗失业的风险。与此同时，独生子女政策也正紧锣密鼓地自上而下的强力推进中。“独生”成为企业职工不能打破的铁律和引以为荣的事情。为了保住工作，所有的职工家庭只能生育一个孩子，一旦超生，工作、福利等所有的一切都将失去。由此，国家政策的权威性通过工作的威胁在职工身上得以体现。于是，几乎所有职工家庭选择独生的唯一目的只是为了能保住工作。

然而谁能料想，选择独生并不足以确保职工不会失去工作。企业经济效益的不断下跌，相当一部分的职工最终还是被迫下岗。更为不幸的是，多年后，由于某种意外风险的发生，一些职工家庭的独生子女不幸逝世，失独父母因此陷入绝望的境地。随着失独家庭的不断增多，失独问题也不断凸显。对此，GT街道办事处通过向社会购买服务的方式，由“温心家园”为各社区的失独家庭提供服务，希望以此缓解失独者的失独悲伤情绪，减轻精神压力，以及帮助失独者摆脱失独困境。

2015年5月，正当课题组在为调查地点的选择犯愁时，偶然得知有熟人正好在“温心家园”中工作。在与之联系并说明意图后，对方欣然接受了我们的调查要求，并表示愿意为我们提供相关资料并向我们引荐失独者，甚至协助我们对失独者进行访谈。于是，在经过精心的安排和准备后，课题组安排了7名调查员于9月份前往该社工机构，并在他们的牵线搭桥下介入该失独组织，并与之进行了深入的访谈和观察。

表1.2 GT街道办失独者调查对象基本信息表

家庭	姓名	性别	出生年月	婚姻状况	户口性质	所在社区	独生子/女死亡时间
1	ZHF	女	1951年4月	初婚	城镇	MLJY社区	1998年6月15日
	YB	男	1946年2月	初婚	城镇	MLJY社区	
2	DXL	女	1951年11月	初婚	城镇	MLJY社区	2010年5月31日
	FZT	男	1953年3月	初婚	城镇	MLJY社区	

续表

家庭	姓名	性别	出生年月	婚姻状况	户口性质	所在社区	独生子/女死亡时间
3	JSY	男	1948 年 11 月	再婚	城镇	MLJY 社区	2007 年 5 月 14 日
4	CYP	女	1954 年 12 月	初婚	城镇	CZ 社区	2006 年 2 月 15 日
	WLQ	男	1951 年 12 月	初婚	城镇	CZ 社区	
5	LXX	女	1948 年 6 月	丧偶	城镇	CZ 社区	1993 年 6 月
6	HJ	女	1956 年 4 月	初婚	城镇	CZ 社区	2006 年 5 月
	LJJ	男	1953 年 8 月	初婚	城镇	CZ 社区	
7	LWY	女	1950 年 1 月	初婚	城镇	CZ 社区	1999 年 9 月 20 日
	WLQ	男	1947 年 7 月	初婚	城镇	CZ 社区	
8	WLW	男	1945 年 2 月	初婚	城镇	CZ 社区	2012 年 3 月 8 日
	PZY	女	1946 年 10 月	初婚	城镇	CZ 社区	
9	XKH	男	1948 年 11 月	初婚	城镇	YHJYYJY	2012 年 3 月 22 日
	XYZ	女	1951 年 8 月	初婚	城镇	YHJYYJY	
10	ZLQ	男	1942 年 7 月	初婚	城镇	YHJYSMY	1990 年 5 月 15 日
	XNS	女	1948 年 8 月	初婚	城镇	YHJYSMY	
11	GJW	男	1955 年	初婚	城镇	XCXSJ	2012 年 9 月
	XLZ	女	1958 年	初婚	城镇	XCXSJ	
12	LJ	女	1957 年 6 月	初婚	城镇	ZNY 社区	2000 年 10 月 21 日
	CAZ	男	1956 年 4 月	初婚	城镇	ZNY 社区	
13	LLD	男	1956 年 3 月	初婚	城镇	ZNY 社区	2004 年 6 月 25 日
	DBL	女	1958 年 6 月	初婚	城镇	ZNY 社区	
14	WLJ	女	1954 年 4 月	离婚	农业	YTCJ	1990 年 8 月 14 日
15	LJX	男	1946 年 5 月	丧偶	城镇	CZ 社区	2004 年 12 月
16	FSF	男	1941 年 7 月	再婚	城镇	CZ 社区	2005 年 1 月
17	GZH	男	1978 年 9 月	初婚	城镇	CZ 社区	2011 年 4 月
	QYE	女	1974 年 11 月	初婚	城镇	CZ 社区	

（三）"样本"描述

为了使研究具有较好的信度和效度，本研究分别对来自于湖北 YS 县和湖南 CS 市两地的失独者进行了深入访谈和实地观察。所接触到的失独者访谈对象共计 52 人，其中 YS 县 23 人，CS 市 29 人。在被访者的年龄结构上，此次选取的研究对象平均年龄为 58.9 岁，年龄最大的失独者为 75 岁，年龄最小失独者为 38 岁。从婚姻状况来看，子女离世后，婚姻状态保持不变的失独者有 44 人，婚姻状态变化的有 8 人。从工作情况分析，除了个别失独者经商和打零工之外，访谈对象基本上处于退休养老状态或者半退休离职状态。在交往方式上，失独者大多建立或加入了多个 QQ 群，通过类似网络平台沟通已经成为他们相互联系的主要途径，失独者间组织的许多活动也主要通过 QQ 群得以扩散与开展。

此外，在许多失独者看来，他们的不幸是国家独生子女政策的强行干预导致的。在传统的生育文化背景下，失独者不仅要承受着失去独生子女所带来的悲痛，同时还要承受着因失独而被赋予的种种偏见和误解。在这个意义上，"失独事件"被赋予了强烈的价值取向与象征意义，这与排斥价值取向的实证研究显然背道而驰了。随着 2015 年末"二胎"政策的全面放开，失独者越发意识到自己成为了特定时期国家政策的"牺牲品"，是他们的牺牲换来了国家经济发展的"人口红利"。因此，失独者相信，作为积极响应国家号召，履行政策要求的"贡献者"，当他们遭遇失独后，国家理应对他们负责并给予应有的补贴和保障，而这也正是越来越多失独者通过上访等形式要求政府解决的问题。

第二章 失独——失独者生活情境的剧烈变动

独生子女的突然离去让父母承受着“白发人送黑发人”的人伦悲苦。失独对家庭的伤害是毁灭性的，失独者在遭受失独后，原本幸福的“三口之家”瞬间破碎，以血缘、地缘、业缘和趣缘等建立起来的亲戚关系、夫妻关系、邻里关系、同事关系等也因此发生地震，进而导致其生活情境的剧烈变动。

值得注意的是，对于拥有五千多年文明史的古国而言，在人类繁衍和发展的过程中，生育子女无论是对家庭还是对于国家或社会，都被赋予了极为丰富的文化意涵。当然，“失独”也并非新出现的家庭结构突变现象。自古以来，自给自足的农耕文明孕育了我国独特的传统伦理价值观念。因此，根植于传统经济基础上中国传统伦理价值观念为失独赋予了丰富的文化意涵。为此，这章将通过对中国传统文化的再度检视，分析子女在家庭、社会中的特殊意味，并据此剖析“失独”何以导致失独者生活情境的剧烈变动及其变化特征。

第一节 “失独”的文化意涵

“孝文化”是中国传承数千年的文化传统。在“孝文化”的巨大影响下，家中是否生育了子女以及所生育子女的数量，都被赋予了特殊的中国传统文化含义。在中国传统社会中，儒家历来将孝视为人伦之公理，并将“孝”作为社会个体修身、齐家、治国、平天下的起点，从而把“孝”和“忠君”“爱国”相联系。为此，历朝历代都把“孝”作为维护社会伦理关系和政治统治的一种重要手段，以“孝”作为调节亲子关系的道德规范，也被扩展为具有普遍社会意义的行为准则和社会教化的基本内容之一。一方面，这是自然选择的结果。当父母年老之后，子女的劳作形成家庭主要的经济来源，子女承担赡养老人的义务，为老人提供主要的养老保障；另一方面，由于社会经济发展限制，老人只能寄希望于子女，通过生养子女来为自己养老送终。这种以抚养子女换取子女的赡养方式，在某种程度上就是将子女视为养老工具或养老投资，如此也就形成了养老社会学的研究中通常所说的“代际支持养老模式”。

在文化传承的过程中，子女作为整个过程中极为重要的一环，一旦其发生断裂或不足，都必将导致整套价值体系的断层或崩塌。然而，失独事件的意外发生不仅打破了父母原本宁静的生活世界，还裹挟着碎裂的文化意义使他们泥足深陷。剧烈的变故让失独人群不得不面对断裂的意义框架与失常的情感结构[①]，从而对以往连续意义下的自我认知与认同产生动摇与怀疑，这种失去是无可挽回的绝望境地，彻底地改写了他们未来的命运。

一 “孝”文化主导下的社会文化传统

“孝”，即是在人类血缘亲情的基础上产生的道德观念和行为规范。[②]“孝”被认为是中华文化中重要的美德之一，也是儒家家庭伦理的核心，且很多故事皆以“孝顺”为主图，《二十四孝》是这些故事中最为知名的其中之一。据史学者裴达礼（Hugh D. R. Baker）所言，对家庭的尊重的观念，是各种信仰的华人间唯一的共通点。我国现存最早的汉字文献资料殷商甲骨卜辞之中已有“孝”字，这反映中华民族极为重视孝的观念。《说文解字》解释的“孝”字，即释义为“善事父母者。从老省，从子，子承老也。”简单地说，“孝”字表达的就是老人与子女的关系。《诗经》中有这么一段话：“父兮生我，母兮鞠我，拊我蓄我，长我育我，顾我复我，出入腹我。欲报之德，昊天罔极。”数千年来，对于“孝”的释义虽然形式不一，但最终殊途同归，意涵相同。这主要源于其根植于相同的经

① 雷蒙德·威廉斯：《文化分析》，赵国新译，《外国文学》2000 年第 5 期。

② 陈功：《社会变迁中的养老和孝观念的研究》，中国社会出版社 2009 年版，第 52 页。

济基础之上的生育观念和以家庭为核心形成的代际支持养老观念。生育观念又是往往因独特的地缘生育文化造成。生育文化包含着人们在生育这个问题上所持有的一整套观念、信仰、风俗及行为方式等。[①] 因此，中国以“孝”字当头的生育文化，同中国独特的“家”文化密切相关，并镶嵌于“家”文化和村落文化之中。

（一）滞后于经济发展水平的生育观念

生育文化建立在一定的经济基础之上，也是人们生育观念形成的决定性因素，决定着人们的生育行为。[②] 因此，生育观念其实是某一时期社会发展的真实写照，是特定经济基础下的产物。然而，我国社会中普遍存在的生育观念并不是在当前经济基础上形成的，同经济发展水平相比，生育观念存在明显的滞后性。目前所延续的传统的生育观念，其形成是基于传统社会的生活环境与经济状况，添丁意味着家中劳动力的增加，也意味着家族血脉的延续，正如老话所讲“不孝有三，无后为大”，这种生育观念与当时的社会经济的发展及生产力水平相适应，早已在人们的观念中根深蒂固。从这个意义上看，养儿防老等观念不仅具有经济的含义，也有文化的意涵。为了对子女在家庭中的特殊文化意涵进行较好的阐述，有必要将问题转向对人们在生育的动机和目的、生育子女性别组合上的观念、生育的年龄与间隔以及生育子女数量上的观念的论述，进而从人们行动中把握子女的传统文化意涵。

从我国传统生育观念的经济基础来看，传统社会普遍是以家庭为生产单位，是自给自足的封建自然小农经济。这种小农经济主要有三大特点：极强的分散性、封闭性，以自给自足为主。经营规模较小，以家庭为单位进行生产，人口流动性极低，且生产方式单一，在自给自足的约束下，使得经济发展程度对人口数量具有极大的依赖性，一般而言，人口越多，尤其是男性青壮年劳动力越多，家庭的经济状况越好，从国家角度而言，男性青壮年劳动力的数量决定了国家的经济实力、军事力量、政治权力等。同时，由于医疗技术的落后，以及战乱、自然灾害等的影响，导致新生儿

① 李银河：《生育与村落文化》，中国社会科学出版社 1994 年版，第 2 页。

② 陈文联、黄娟：《从“生育节制”看五四时期的妇女解放》，《南华大学学报》2005 年第 6 期。

的死亡率较高。因而，在这种情况下，人口的数量就显得极其重要，也就形成相应的生育观念，“多子多福”逐渐成为人们的普遍共识，而其中的“子”尤指“男子”，男性对于家庭和社会而言具有更为迫切的需求，也就相应形成了“重男轻女”的传统生育观念。此外，数千年来，人们始终相信只有通过男性子嗣的传递，死后方能回归祖先宗祠，这实际上可以认为就是对这种中国文化的信仰，并牢牢地镶嵌于文化内核之中。

正所谓“人多力量大”。这种生育观念在经济水平已有大幅提升的今天，也还普遍存在于大部分地区，正是受这种生育观念的影响，国务院2002年规定禁止非医学需要鉴定胎儿性别，虽然如此，很多地区仍普遍倾向于早婚早育，多生男孩传宗接代，尤其是偏远的农村、山区。然而如今社会的发展已与过去大不相同，过去注重多生多育，而今讲究优生优育，对于很多家庭来说，现在物资丰富，生养孩子不仅要吃饱穿暖，更要吃好穿好，还要玩好学好，比起生，养育的成本则相当高；而以前物质极度缺乏的年代，生养孩子的成本反而较低，“要添一个小孩，‘只需锅里多渗一瓢水，桌上多摆一双筷’就行了”[①]，而子女成年后对于家庭、家族的贡献则远大于养育成本，人丁兴旺，尤其是男丁兴旺，不仅意味着高生产能力，良好的经济收入，也意味着祖上积德，才有现世的福报，庞大的家族，代表着家族雄厚的资本和实力，所占据的资源、地区势力等都不容小觑，由此也就逐渐形成中国传统的大家族制度。因此，有学者认为，中国传统生育文化在农业经济土壤中生长发育，中国传统生育文化的价值观源于血缘宗法制度，[②] 而宗法、家族制度又对生育文化的形成和发展起到制度上的保障作用。[③]

（二）以家庭为核心的“代际支持”养老观念

古人云：“百善孝为先”。在中国几千年的历史发展过程中，“家本位”作为一种以血缘亲情为纽带的家庭和家族，以父系为主导原则，经过儒家思想的长期与强化，已经形成了以家族和家庭成员之间的尊卑与长幼有序的身份规定、行为规范，并把家法族规普遍至全社会共有，成为中

① 赵之琳、谢淑君：《中国人口史》，人民出版社1988年版，第556页。

② 马芒：《中国传统生育文化的生成背景探析》，《人口与计划生育》2004年第1期。

③ 潘贵玉：《中华生育文化导论》，中国人口出版社2001年版，第94页。

国社会传统中稳固的核心思想体系。在它的影响下，孝敬父母长辈一直被视为中华民族的传统美德。正如《礼记》中所说“孝子之养也，乐其心，不违其志。”这要求孝子应当孝敬和赡养父母，这种孝敬和赡养不仅要使父母心情愉悦舒畅，而且也不能做违逆父母意愿之事。因此，每一个中国人都受到传统文化的熏陶，推崇孝养；家庭被视为养老责任的最主要的承担者。更具体地说，家庭中的子女承担着赡养老人的绝大部分责任。

中国的传统封建社会，经历上千年的发展，形成了系统、完善的礼俗秩序。这种礼俗秩序通过血缘来确定关系的亲属远近，并形成了人们普遍认同的伦理关系，透过这一系列关系来控制人们的各种行动。在传统的封建社会中讲究“上下有义，贵贱有分，长幼有等，贫富有度……”所有人都必须严格遵守且不得逾越，除此之外，“男尊女卑”也是传统社会所形成的共识，从而导致“重男轻女”的观念逐渐形成并延续至今。这时候的“养儿防老”即是特指父母希望能生育儿子为自己养老送终，通常将生育女儿视为一种不幸。男性成为家庭中的决策者和财产的合法继承人，当然也就承担着赡养老人的责任，而女性成年出嫁后，则被视为“嫁出去的人，泼出去的水”。即便是在当前中国农村，传统生育文化仍然发挥着巨大的影响力。其形成的行为约束力来自人们的内心深处，是一种约定俗成的潜规则。由于传统生育文化习俗认为儿子在人们心中的地位非常重要，有了儿子才算有了家族的香火，才有了给自己养老送终的人，家族血脉才能传承下去，即使在百年之后，仍然可以得到后代的祭祀。20世纪80年代后，我国实行的独生子女政策使得更多人为之恐慌，迫切希望自己第一胎便生个儿子，而对于思想较为保守农村，则允许生二胎，即是说如果第一胎是女儿就可以生育二胎。这一定程度上也是政策上对于人们“重男轻女”的一种妥协。然而随着人类文明的发展、社会生产力水平的不断提高，人们可能暂时认同“养儿防老”的观点，只是对于孩子的性别的看法却发生了改变。

一般而言，代际支持养老是指以抚养子女换取子女的赡养方式。这种模式在人类形成之初便出现并沿承至今。然而，关于代际理论的研究做得较好的则是西方国家从经济交换的视角，提出多种养老模式，以解释代际支持的动机和规则。正如霍曼斯等人提出的交换理论，他们更倾向于把人视为“经济人”，认为家庭内部子女与父母之间的物质性支持是一种交换行为，无论是父母为子女提供帮助，还是子女赡养父母，都是为了实现自身利益的最大化，所有的交换都是以双方拥有的资源、提供回报的意愿和能力为基础的。许多研究发现，在某些奉行崇老文化的国家和民族中，人们视孝敬老人为自己国家和民族价值观的象征。中国的代际养老模式就是典型的范例，由于受传统儒家文化的深刻影响，孝观念赋予了赡养老人最高的道德意义[①]。

显然，中国家庭的代际支持主要由反映在与经济发展水平相适应的“责任伦理”中的社会习俗和文化传统来支持和保障的，儒家的“孝道”文化就充分体现了这一点。然而，孝道文化得以立足的根基在于家庭后代的繁衍和传承，即是说，子女才是这一文化体系得以维系的前提和基础。

二 “孝”文化主导下“失独”的文化意涵

子女是家庭关系中最重要的连接纽带，“一个完整的三角家庭结构，必然包含着两种社会关系，即夫妻关系与亲子关系，夫妻关系以亲子关系为前提，亲子关系也以夫妻关系为必要条件。”[②] 这两种关系在家庭中缺一不可，它们连接三点，构成一个牢固的三角结构关系，共同维持着家庭的稳定。然而，由于各种内外部因素的作用，社会中产生了一种特殊的家庭结构——独生子女家庭。在中国，在以“孝”文化主导的社会互动环境下，这种特殊家庭结构被赋予了诸多文化意涵。

（一）“独生”：无可替代的三角家庭结构

婚姻家庭的本质在于传宗接代，在于种族的延续和文化的传承。“家庭传承”是以婚姻和血缘关系为基础的一种社会生活组织形式，传承功能是家庭的一项最基本的功能。[③] 1949 年 9 月，费孝通先生在其著名的《生育制度》一书中阐述以“社会结构中的基本三角”为模式的婚姻家庭结构论时重申了这一观点。婚姻家庭中不仅有夫妻关系，还有亲子关系，

① 张文娟、李树茁：《子女的代际支持行为对农村老年人生活满意度的影响研究》，《人口研究》2005 年第 5 期。

② 费孝通：《乡土中国·生育制度》，北京大学出版社 1998 年版，第 159 页。

③ 同上。

没有亲子支撑夫妻关系，是不长久的。[①] 费孝通先生认为，孩子调适着父母之间的关系，亲子关系维持着夫妻关系的稳定。由父母和子女构建的基本三角才是稳定的家庭结构，由父母和独生子女构建的三角关系在维持父母之间、父母与子女间关系方面所发挥的作用更是不可替代的。

“作为一种基本的社会制度，婚姻与家庭的组合，是一种基本的感情生活的模式。子女不但给夫妻创造了一个共同的将来，而且把这种空洞的将来具体地呈现出来，并为夫妻创造了一个共同的希望、共同的工作和共同的前途。”[②] “血缘 + 供养 + 继承”以及由此产生的一系列权利义务关系，构成了家庭的核心要义。伴随着家庭的一切社会设置，都是围绕着子女这个中心旋转的。[③] “一个稳定的家庭结构应该是由父母和孩子构建的基本三角，婚姻契约包含了夫妻和亲子两种相关联的社会关系。它们作为家庭结构的三边，是不能短缺和独立的。”通常情况下，一个没有子代的家庭往往是很不稳定的，其家庭成员之间的关系极容易崩溃。没有亲子关系的家庭内部关系仅剩下单一的线性关系部分，即只存在夫妻这一关系，也是一种非常不稳定的简单的横向家庭关系。

在三角家庭结构中，亲子关系在很大程度上对整个家庭稳定起着决定性的作用。然而独生子女家庭的存在更为形象具体地展现了这种三角家庭结构。在独生子女家庭中，子女的唯一性使得家庭无论家族的延续还是文化的传承都别无选择。在中国，由于国家计划生育政策的干预，短时期内产生了大量的独生子女家庭。独生子女家庭在本质上是具有高风险的，独生子女意外死亡，就意味着整个家庭处于崩溃的边缘。这既是家庭结构的风险，也是计划生育基本国策的风险。[④] 子女作为夫妻之间联结的最重要的纽带，深刻影响着夫妻间生活的中心、重心，随着独生子女的离去，夫妻间的联结纽带瞬间断裂，生活的中心和重心发生转移，从孩子分散到其他地方，如工作、爱好等，导致夫妻双方关注的重点的重合度剧减，共同话题减少，从而影响夫妻关系。中共湖北省委政策研究室的调查显示，随

---

① 潘允康：《试论费孝通的家庭社会学思想和理论——纪念费孝通先生诞辰 100 周年》，《天津社会科学》2010 年第 2 期。

② 费孝通：《乡土中国·生育制度》，北京大学出版社 1998 年版，第 159 页。

③ 郑杭生：《社会学概论新修》，中国人民大学出版社 2003 年版，第 171 页。

④ 费孝通：《乡土中国·生育制度》，北京大学出版社 1998 年版，第 159 页。

着独生子女的离开，夫妻双方对彼此的依赖和服从在程度上明显降低，有近三成的夫妻因此原因而离婚，独生子女在家庭中实际上起到关系黏合剂的作用，当黏合程度降低，家庭的破裂也就难以避免，在这种状况下，失独家庭的离婚率相对较高，且呈现出逐渐增高的趋势。[1]

据此可知，独生子女作为家庭的重心，在三角家庭结构中发挥着至关重要的作用，尤其是在调节家庭成员间的关系方面。对于独生子女家庭来说，孩子不仅仅是三角家庭的重心和希望，还承担着延续家族血脉的责任，是整个家族的期望，关系着家族的未来与命运。

（二）“失独”：文化裹挟下的特殊意涵

正如上文所述，三角结构的独生子女家庭从其结构模式上来看，本身就存在一定的先天缺陷。三角结构更准确地来说，是倒金字塔型结构，一般而言，这种结构在三个支点都存在的前提下，是最稳定、牢固的结构，然而当作为其中一个支点的独生子女，因为意外离去而消失，只剩夫妻双方两个支点，导致亲子关系的两条边没有着落点，不仅意味着独生子女父母的生活失去重心，情感无处安放，也就意味着家庭结构极有可能面临全面解体。在独生子女家庭中，“男尊女卑”“重男轻女”的观念已经逐渐淡化，不论子女性别如何，都被视作家庭、家族血脉的传承者，虽然这种状况受到来自政府政策等的客观影响，但单一个“独”字就足以说明，独生子女成为倒金字塔型家庭结构中唯一的传承者，既是财产上的也是亲缘血脉上的。然而，独生子女的离去，代表着这种唯一性的传承者的消失，家庭甚至家族的传承与延续成为空谈，传承主体的缺失，导致倒金字塔型家庭血脉延续的中断，在某些特殊的家族，甚至意味着整个家族香火的中断，传承进程的终止，这种对家族未来的影响，无形之中给失独父母带来巨大的心理压力，使他们在日常生活中变得敏感，在家庭中也难以维持原有的行为方式，给家庭带来不稳定的风险，甚至也影响了日常的与外界的交往与互动。这样的结果源于在以“孝”文化主导下的社会文化环境下，家庭中独生子女的早亡因此被赋予某些特殊的文化意涵。

通常，处在同一环境中的人共同建构并恪守着相同的观念和意识。独

---

① 中共湖北省委政策研究室：《“真空”老人需要真情关爱——一封群众来信引起的调查》，http：//hbrb. cnhubei. com/html/wlorb/20100916/hbrb1178395. html.

生子女的意外死亡，意味着家族维系无从谈起，代际支持无所依存。失独人群表面上面对的是失独的痛苦，从深层次来看，他们面对的是广大恪守传统伦理价值、简单善恶观念和儒家文化体系的全社会系统，以个体面对社会，其压力可想而知。在此背景下对失独事件的判断与评价平添了诸多的文化性，具体表现为以下三点：

一是伦理价值的迅速消解。在讲究“养儿防老”的价值导向下，失独意味着孤老[①]，辛辛苦苦养儿育女，年迈时却无人可依、老无所养，不只是情感上无所寄托的辛酸，也是现实生活中对未来的无奈和绝望。在中国传统封建社会中，历来遵循的伦理关系准则是以“家本位”为基础的，个体身份的确立最初即是建立在伦理关系体系之中的，而这种伦理关系体系又是建立在个体家庭关系及家庭角色基础之上，同时也是个体在社会生活中其他关系建立并衍生的基础。徐俊也强调了生育对于个体及家族的重要性，生育在中国农民的生命逻辑中是一桩最基本、也最重要的人生使命，是基于村落文化、家族文化和生育文化指令的一种自觉的欲望，是一种终极意义的价值需求。[②] 更具体来讲，这种价值需求既有生存意义上的，又包含生活所需。生存需求主要包括劳动力需求、养老需求等；生活需求主要包括继嗣需求、精神需求、面子需求等。然而，极为残酷的失独事件，不仅使失独父母的生存需求和生活需求难以得到满足，而且这种事件一旦发生就无法挽回，没有给失独父母一点缓冲的机会，对于失独父母来说，父母身份的丧失，角色扮演的中断，同时也破坏了原有的伦理关系规则，也使失独父母与家族中其他成员间的联结破裂，导致其原有的核心文化身份瞬间消失。

生育对社会乃至人类发展的重要性不言而喻，正是通过不断地生育人类才能维持正常的繁衍，在此基础上，社会才能不断地发展进步。而在中国这样一个较为传统的社会中，尤为重视传统文化和纲常伦理，那生育对于个体、家庭，乃至家族而言更是尤为重要，是延续家族血脉、壮大家族的关键，因而，“多子多福”的思想在国人心中根深蒂固，甚至逐渐成为

---

① 徐晓军：《失独父母边缘化的路径、类型与社会风险——基于个体与群体关系的视角》，《华中师范大学学报》（人文社会科学版）2014 年第 6 期。

② 徐俊：《中国人生育观念研究：回顾与展望》，《人口与发展》2008 年第 6 期。

坚守的信条。在中国延续上千年的“家本位”伦理规则的主导下，在家族中延续血脉，在三角家庭中承担代际孝养，成为独生子女不可推卸且必须承担起的重任，因而在这种文化观念下，独生子女的早逝对父母来说无异于晴天霹雳，这也是为什么大部分人都难以接受仅生育一个子女，这种“独”使父母和家族面临的风险是巨大的。一旦失去独生子女，不仅仅是一名家庭成员的逝去，稳定的倒金字塔型家庭结构的破裂，家庭成员间的亲密关系出现裂缝，更深刻的影响，是失独父母在当前社会文化背景下，被赋予的具有贬损意味的“污名”，甚至会产生对他们自身价值的否定，面对这种精神折磨，失独父母对未来的日子逐渐丧失希望，进一步导致失独父母的人生信仰和生活寄托全盘崩塌，对生活失去期待和信心。幸福快乐总是相似的，而不幸却各不相同，每位失独父母都有着与他人完全不同的痛苦经历，但是他们所受的伤痛以及悲剧的命运却是一样的，并且文化创伤通过这种集体性的建构赋予了失独事件更多的悲情色彩。

二是传统观念的负面投射。佛家经典《涅槃经·矫陈品》讲道：“善恶之报，如影随形；三世因果，循环不失。”《吕祖说三世因果经》也详细说明了人的命是自己造就的，并阐明如何为自己造好命，就需要积德行善，世间万事万物有因必有果，过去、现在、未来都是处于不断轮回、因果循环之中的，行凶作恶必有报应。按照果报的时间可分为现报、生报和后报，不论是做善事还是坏事，必有报应，即是“善恶到头终有报，只争来早与来迟”。中国传统社会历来信奉这种“善有善报，恶有恶报”的因果循环说，因此，独生子女的离去往往被认为是父辈以前做坏事的报应，是失独父母不行善举的恶报，因果报应是上天对他们的惩罚。可以看出，这种佛教的因果报应带有强烈的神秘色彩。除了这种佛教观念的负面影响，传统封建的思想也束缚了人们的观念。在传统农业社会中，由于社会经济发展水平较低，同时社会保障也基本处于空白状态，如何养老就成为困扰人们的问题之一，在这种只能依靠亲属的时期，子女越多就代表着所能依靠的力量越大，多一个子女就意味着多一份养老的保障，从家族发展来讲，人口越多则家族实力、势力就越强，在地区的资源和力量就越大，就更加有话语权，因此，多子多福、子孙满堂一直为人们所追求。从传统的儒家思想出发，在这种孝文化的主导下，繁衍子嗣以保家族香火之延续是最基本的孝行，若无子嗣则被视为不孝，正如孟子曰：“不孝有三，无后为大”，婚姻关系的缔结，其最初的目的就是“在于繁衍子姓、承接宗祧，生子越多，他面子上越发光荣好看”[①]，从这一角度而言，若无子嗣绵延，致使香火中断，则会被视为是有损家族颜面之人，是不孝之子。基于这种传宗接代的思想观念，生育子女的数量逐渐成为判别家族兴旺与否的标准之一，并且这种生育观念俨然成为广大民众心中一种在道德层面的规范，普遍的心理为“以添丁为乐事，多子为美谈”[②]。由此可见，在特定背景下形成的传宗接代的生育观念，在中国的宗法社会中，对普通民众的影响深远，在人们心中根深蒂固，成为伦理上和道德上的普遍共识。

三是文化体系的消极暗喻。古语有云：“不孝有三，无后为大”，充分体现了子女后代在家庭代际与家族传承中的重要地位，而失独却让家族延续的根基荡然无存，子女夭亡和血脉中断让他们必须直面断子绝孙和无人送终的现实[③]。独生子女的离去对于父母来说犹如晴天霹雳，让父母在情感上难以承受，深受打击，而且很多父母将子女的离去视作自身的责任，这种错位的归因往往让父母难以像以前一样正常生活，愧疚、自责成了生活的日常。而且从认知和定位的角度来看，失独容易导致父母难以正确定位自己，通常带有明显偏差，因此在外在舆论作用和内在认知偏差的情况下，失独父母普遍被视作带有“污名”之人，这种特定背景下的“文化污名”不仅仅是文化上的负面隐喻，还会导致文化创伤的再生产。失独带给父母的伤痛不是一时的，而是具有持续性，而且现实的不幸与悲痛总是会与过往的幸福与快乐形成强烈对比：一方面，失独父母所生活的环境，都是曾经熟悉的事物，诸如房间、衣物、街道、学校等，往往能轻易引起过往点点滴滴与孩子有关的回忆，过去越是幸福现在就越是悲伤；另一方面，在传统文化与观念的影响下，“断子绝孙”的标签使失独父母背负着深深的罪恶感，并且因果报应论说时常使失独父母受到“道德追责”，“无后”成为他们的“污名”[④]，并在现实生活中反复带给失独父母

---

① 三无：《避妊我观》，《妇女杂志》1929 年第 6 卷第 12 号。

② 伍连德：《人口与物产》，《生活周刊》1926 年第 2 卷第 7 号。

③ 方曙光：《社会排斥理论视域下我国失独老人的社会隔离研究》，《江苏大学学报》（社会科学版）2015 年第 3 期。

④ 慈勤英、周冬霞：《失独家庭政策“去特殊化”探讨——基于媒介失独家庭社会形象建构的反思》，《中国人口科学》2015 年第 2 期。

伤害。对于失独父母来说，失独事件的发生不仅从显性层面给他们的日常生活带来深刻的影响，而且从隐性层面来看，传统文化给他们身份带来的影响更为严重。一方面，在传统文化语境中，失独往往导致人们产生某种情感上的偏见，从而暗示着失独者在自我认知上出现偏差，否定、贬损自我内在价值；另一方面，随着失独事件的发生，失独父母原有的社会身份也瞬间消失，同时，相伴随的文化身份也逐渐瓦解，然而在我国当前社会中，社会伦理体系已经相对固化，失独父母消失和瓦解的身份使他们对自我形象的定位直线下降，并对自己现在新的身份产生怀疑，心理上通常伴有较为严重的自卑问题，这种心理障碍又进一步加剧了失独父母的边缘感受。实际上，从“失独者”的命名来看，已经在一定程度上表现出所投射在失独人群身上的文化意涵，不难发现，相比失独事件本身带给失独父母的伤痛，这种文化上的负面隐喻所带来的消极影响产生的范围更广、程度更深，带给父母的创伤已经远超失独事件本身。

第二节　失独——生活异变的开始

失独事件对于独生子女父母而言，是一切生活巨变的起点。独生子女父母在失去孩子的那一刻，其所处的生活情境发生了剧烈变动，经历了自我领域和社会领域的双重异变。所引起的悲伤情绪经过累积和聚合会进一步导致失独者心理异化，使失独者在主动疏离与被动排斥的“双重驱力”下重新寻求角色认同，确立主身份定位。

一　自我领域

对于独生子女父母而言，孩子的死亡会导致父母伦理价值的迅速消解，重创父母对自我和世界的认知，挑战父母存在的价值与信念，父母原来对世界的假设观点变得脱序、混乱[①]，生活意义和生命价值皆会发生重大变化，这种原始认知的异变首先使失独父母与原有的社会类属断裂，进而封闭自身为失独者这一主身份，并将这一身份特征最大化，在这个过程

① 李秀：《失独者悲伤调适及本土化干预研究》，南京中医药大学博士学位论文，2014 年。

中，失独父母容易产生对角色身份的失位忧虑。

（一）原有社会类属的断裂

社会的发展赋予了个体不同的社会角色，使个体分属于不同的社会类属，不同社会类属的交互、博弈和重组构成了社会的基本结构。在当前的中国社会中，社会结构由传统的金字塔结构已演变成一场马拉松式的竞争结构，将部分弱势群体甩到了社会结构的边缘甚至隔离，社会的不同部分几乎处在完全不同的世界里。[①] 个体在社会的剧烈变动进程里，被脱离了原有社会类属（社会范畴），实际上就与整个社会失去了联系，即所谓的社会断裂。就失独父母而言，由于独生子女的离去，原有文化场域中抚养、教育、赡养、情感交互等功能突然断裂，传统伦理价值的延续失去希望。失独瞬间的情感空洞，使失独父母体味到自身与正常父母的差异性，使他们不能也不愿意参与原有社会类属的互动，主动与其社会关系中断，呈现出与社会结构的断裂之中，表现为自我孤立或者地域逃离的行为方式。他们大多换了手机号码，换了家里座机号，甚至换了住处，几乎切断了与所有认识的人的联系，失独瞬间的情感结构崩溃使他们惧怕接触原来生活里的一切人。对他们而言，“没了孩子，就没了脊梁骨”。

> 没有办法，我和朋友、同事都没有联系。我们年纪都差不多，以前一聊就是孩子，这下你让我和他们聊什么，没有共同话题了呀，一听到孩子的话题都会受刺激。（20150915CCY）
>
> 以前那些朋友同事没什么联系了，他们要是通知我去参加他们孩子结婚、生子之类的喜事，我只有托人将礼金带去，人不会去，怕别人觉得我不吉利、触霉头。去了我也感觉别人都要照顾到我。他们要是谈儿子、孙子，我哪能控制住自己呢？都不知道怎么开口！要是我的儿子还在，我也是抱孙子的人了！（20160912HCW）
>
> 自从侄子走后，我哥和嫂子他们俩就彻底垮了，天天闷在家里，唉声叹气，很少和别人往来。我们这些沾亲带故的亲人也都必须有一点忌讳，在他们面前都不能提孩子，我们的孩子也不能随便去看望他们一下。（20150920DD）

---

① 孙立平：《我们在开始面对一个断裂的社会？》，《战略与管理》2002年第2期。

个体的社会类属由相关的不同关系网络构成，对于失独父母而言，失去孩子使他们的个体关系网络呈现日益边缘与萎缩的特点，并逐渐与原有的社会类属断裂。个体的社会关系网络一般由朋友关系、亲属关系、同学关系、邻里关系、同事关系等构成。在正常情况下，个体通过与社会网络的广泛互动，从中获取自己所需的沟通与情感交流，并不断扩充自己的社交圈，并在与亲密关系的密切互动为基础去增强自信，形成安全感。[①] 但对于失独者来说，失去独生子女就意味着情感结构的空洞，情感互动的欲望逐渐封闭起来，在原有的社会类属中建立的亲密关系网络急剧萎缩。同时，作为子女的监护人，父母围绕子女所参与的一切社交的次级关系网络，在原有的社会类属中具有较广的范围和较密的频率，并深受其文化场域的影响。但是，独生子女的离去，使次级关系网络的交互点瞬间消失，脱离了文化场域的影响，导致失独父母与原有的社会类属无必要的交集，进一步地强化了其整体关系网络趋向萎缩甚至断裂的境地。长此以往，失去孩子的情感空洞和社交空洞，使失独父母与原有的社会类属基本断裂。

（二）自我选择主身份的最大化

伴随着与原有社会类属的断裂，失独父母同时也相应地封闭自己的社会生活。正常的社会个体通过持续性的社会交往，以获得社会支持，确定社会类属，实现自我价值。但是，通过对失独父母日常社会交往情况的调查，可以发现他们的社会交往活动极少，面对日常的社会交往他们的第一反应就是回避，参与的主动性和积极性极低，部分“失独者”会因“失独”而逃避社会、拒绝与人交往，甚至回避亲人朋友，他们害怕看到别人或同情或异样的眼光，出现逆社会化的行为。[②] “不敢看别人的脸，只看别人的下半截”[③]，“最怕邻居提到孩子，每每碰到他们询问，我就说孩子出国了”。[④] 在独生子女离去后，失独父母更倾向于将自己封闭起来，

---

① 徐晓军：《内核——外围：传统乡土社会关系结构的变动——以鄂东乡村艾滋病人社会关系重构为例》，《社会学研究》2009 年第 1 期。

② 侯秀丽、王保庆：《我国失独现状的分析与思考》，《湖南师范大学社会科学学报》2014 年第 3 期。

③ 李佳蔚：《失独母亲笛妈：这几年的眼泪，一缸水都装不下》，载《中国周刊》2013 年 5 月 8 日。

④ 王梦婕、张咄咄：《失独家庭现状调查：身心受重创 病榻间相依为命》，《中国青年报》2013 年 1 月 22 日。

在他们看来，面对任何人都会感受到“失独”的痛苦和压力，只有待在家里，才是最安全，可以独自慢慢舔舐伤口的地方。在大多数的独生子女家庭中，子女就是父母日常生活和社会交往的焦点，而在失去子女的父母的生活中，仿佛再没有任何可值得专注精力去做的事情，与他们的交往也失去了谈话的资本，失去唯一子女的父母如同背上了一道“社交伤疤”[①]，无时无刻不在提醒着失独父母他们失独的事实，他们与正常父母是不一样的，这种极为明显的差异性让失独父母对生活、对社会充满怨恨和敌意，不想也不愿相信任何人，只想将自己封闭起来，活在自己的世界里，难以再进行正常的社会交往。因而，在这种选择下，失独父母对曾经原有的社会关系网特别敏感，从内心表现出强烈的排斥意愿，将原有的社会关系划分为不安全地带，甚至于很多父母因此搬离原来的居住区，寻找新的地方封闭自己。

原来我们并没有生活在这儿，那个地方实在是住不下去了，都是老街坊老邻居，孩子在的时候感觉一切都挺平常的，可孩子走了才发现，怎么街里街坊的见面就爱谈论孩子呢，一见面就问孩子结婚没啊，在哪儿工作啊，有孙子了吧之类的，我压根就没有办法回答，那种感觉真的很难受啊，后来我都不敢出门了，孩子就是我的命啊，他走了我自己真不知道该怎么面对这一切，不知道如何才能解脱。(20141202FJL)

搬走了，也真是没办法，以前是跟孩子他爷爷奶奶住在一起的，孩子走了，大家心理都不是个滋味，住在一起我不知道该怎么面对他爷爷奶奶，没有了后啊，老人家年纪大了，我们也不想走，可有什么法，感觉别人看我们家的眼光都不一样了，我也不敢看人家，索性搬走吧，到陌生的地方度过余生，就是单纯地活着，哪还有什么快乐，什么希望，就想让老天赶紧把我收走吧。(20150703SDF)

孩子不在了，我总不能一直躲在家里吧，我是真不敢出去，都是熟人怎么和别人打招呼，我连买菜都不敢去，去一次买好几天的回

① 王宁、刘珍：《失去独生子女家庭的社会互动与组织参与——基于情感能量视角的分析》，《华中师范大学研究生学报》2012 年第 4 期。

来，能不出去我就不出去，真的也想像别人（其他失独家庭）那样干脆搬走算了，离开这个伤心地，我真不知道该怎么生活下去了，女儿怎么就抛下我们夫妻俩自己先去了呢。（20150706HNP）

变动中的社会持续性地赋予个体角色，使个体在生活的变化中寻找自我价值，实现角色定位。当失独事件发生之后，伴随瞬间的情感崩溃的，还有原有意义框架的断裂，生活的原始认知和自我的身份认知，在失去独生子女的那一瞬间异变，使失独父母逐渐脱离了原有的社会类属。但持续的社会生活，需要他们基于自我认知和社会比较，在日常生活中形成新的社会认同，确立新的社会身份。失独父母身份的再认同，在本质上就是他们对新的社会角色、新社会地位的“再社会化”过程，也是新社会角色和新社会地位的“自我接纳”过程。这种个体的自我认同和社会认同，在通过社会定义的社会结构建构，和通过自我定义的自我建构，双向互构的过程中不断发展和变化，其根本目的在于重新建立他们的自我认同感，[①] 重新确立自己的身份特征。对于失独父母而言，“失独”就像一个伤痛符号，既会成为其自身不堪回首的痛苦回忆，又会为交往对象设置交流禁区，[②] 使他们不得不一再的排斥正常的社会交往，封闭自己。因此，失独事件发生后，失独父母在整合自我的过程中，失去独生子女的伤痛记忆无限扩大，使自我认同和社会认同都围绕着这一社交伤疤衍生。“失独”成为他们确立身份的唯一选择，也是主要选择。失独者在确立自己的身份特征后，被不断提醒自己的伤痛记忆，使这一身份得到不断地强化。随着失独父母不断地封闭自己，“失独”成为了他们的主身份特征，且这一主身份特征被不断最大化，在日常交往中逐渐掩盖了其他身份特征。

（三）角色身份的失位忧虑

现代家庭不仅仅是抚育和赡养的场所，也是情感支出和获得的纽带。独生子女的死亡对于三口之家的打击无疑是致命的，不仅代表着对父母经

---

① 方曙光：《断裂、社会支持与社区融合：失独老人社会生活的重建》，《云南师范大学学报》（哲学社会科学版）2013 年第 9 期。

② 王宁、刘珍：《失去独生子女家庭的社会互动与组织参与——基于情感能量视角的分析》，《华中师范大学研究生学报》2012 年第 4 期。

济赡养的缺位，同时也意味着对父母情感反哺的中断。对于失独者而言，在失去独生子女的那一刻，断裂的意义框架和失常的情感结构使失独者的原始认知发生了改变，极易产生非理性的认知：如任意推断可能发生的事情、乱给自己他人贴标签、过度引申、曲解、夸大或缩小，以及非黑即白等绝对化思考倾向，也极易出现情绪推理和个人化的认知曲解等。[①] 失独父母并不能对自己有清晰的认知。作为父母这一角色的失位，在受到中国传统宿命论和报应论的影响下，使得失独者由于自卑和忧虑，容易出现严重的反向行为，情感倒错等。

儿子走的那天，出门时他跟我说再见，我心里就突然觉得一沉，就是那种说不出来的感觉，但我什么都也没跟他说。现在想想我就恨我自己，为什么死的不是我呢！（20160921HS）

只怪自己前世做了太多的"恶"，让我这白发人送黑发人，后半生也只能自己照顾自己了。现在老伴有中风后遗症，我也有高血压和痛风，我们都已经半个身子在土里了。（网友：晨晨妈）

他（指自己的爱人）跟我说，我们上辈子估计是做了太多坏事，把自己的孩子害死了。所以我们这辈子要好好修行，给死去的孩子修，给我们自己修，不修今生，只修来世吧。（网友无念）

失去独生子女后，失独父母面临着情感反哺和精神慰藉的中断，使失独父母所承受的是亲子情感交流的闭塞与中断，他们感到自己的情感不断失去控制。父母角色的失位所导致的情感中断，使他们产生深深的忧虑，不断地怪罪自己，并长期处于消极状态，产生被遗忘和被抛弃的心理，丧失了情感交流慰藉的可能。与此同时，失去独生子女，也意味着赡养无望。没有孩子，就老无所依，这种角色失位的无望随着年龄的增长，日益演化成恐惧和绝望。

那次老伴生病了，在医院里急救，我要陪着他，一会儿要去交

---

① 李秀：《失独者悲伤调适及本土化干预研究》，南京中医药大学博士学位论文，2014 年。

费，交费呢又要排很长的队；一会儿又要去换个针头、拿个棉签。那边医生就不停地喊：“陪护呢？陪护呢？”

我害怕去医院给他开药，每次去一回，我就要哭一回。他不生病还好一点，一生病，靠我一个人把他弄到医院到处检查。我就一双手，又要弄轮椅，关键是还搬不动他。排队也排不到头，就只能把他放在那里坐着，我一个人跑进跑出，交钱、开药，全部都是我一个人，连个帮忙的人都没有。像我们这种人，没有了孩子，就什么也没有了，哪里还有脸找人帮忙啊！（20160906DF）

一静下来就会想很多，乱七八糟地想。但不管怎么样，我们最终都要想到自己以后老了、不能动了怎么办？这是一个非常现实的问题。

没有了孩子就是没有了依靠、没有了老了以后的拐杖。谁来搀着我们走到人生的最后关头呢？想想到了临终，床边可能连个人都没有，更没有人会来关心我们。孩子刚走的那几年，天天都是在很痛苦中过的，度日如年，完全没有了希望，对未来觉得很迷茫。我们经常想，终究会有一天我们提不动重东西了，走不动了，有谁会来帮我们吗？没有。一想到这里，就觉得完全没有活下去的意义了。（20160824LAY）

失独者失去孩子，就意味着自己作为父母角色的扮演失败，心理上就会使自我身份的认同降低，会陷入恐惧和自卑。他们内心已经有了对自我身份的一个认知：我跟他们是不一样的，我没有了孩子，从而产生了对身份担忧的恐惧。① 中国传统观念里，“养儿防老”是父母抚育下一代的期望，具有维系家庭繁衍的重要意义。独生子女的死亡使这一传统伦理价值在家族内部即刻瓦解，“孤独地老去”成为失独父母们绝望的未来。这不仅仅意味着经济赡养的无靠，更意味着情感反哺的缺位。对于多子女家庭来说，老人的赡养问题是可选择的、可以解决的“活结”，就像是一道选择题，甚至于是多项选择题。而对于失独家庭来说，经济的赡养问题却是无备选项，具有无法弥补的缺陷的“死结”，就像是一道判断题。从这个

---

① 阿兰·德波顿：《身份的焦虑》，陈广兴、南治国译，上海译文出版社2007年版，第6页。

意义上讲，失独就意味着未来赡养主体的缺失，也就是从独生子女死亡的那一刻起，就已经决定了失独父母的“生死”。经济赡养的无靠，情感上的孤独，使失独父母的身份失位忧虑与日俱增，并随着时间的流逝渐渐演变为无助的绝望。

二　社会领域

中国传统观念主张“因果报应”，而自古的文化体系，宣扬“不孝有三，无后为大”①。对于失独父母而言，失去独生子女使自身的原始认知被打破后，面对的更严重的伤害是社会领域的人情式微与资源断裂，这使失独者更加深刻地感受到失独所带来的经济、声望与权力地位的下降。社交上的话语资本的丧失，亲属眼里的“无后”，社会视野中的“特殊标签”，失独父母面临的是他者所赋予的消极定义。

（一）话语资本的丧失

对于独生子女家庭而言，“失独”意味着“丧子”。“丧子符号”对失独者日常的社会交往来说是一种巨大而明显的伤疤，既会引起他们痛苦的回忆，又会造成他们交往对象的不自在，② 使他们在日常的社会交往中“失语”。“丧子符号”像一道创伤记忆，不断地在日常的交往中暗示失独父母的“伤痛”，为了逃避这种持续的精神压力和伤害，失独者主动选择失语。除此之外，对于独生子女家庭而言，子女是日常交流的中心，失去孩子，使失独父母同时也失去了谈论关于孩子的一切的资本，而“失独之殇”无法言传，即使倾诉，也无人能懂。面对这种在主流圈中的话语丧失，失独者往往选择逃避，断绝原来的社会支持网络，并试图在一个陌生的环境里重新开始生活。他们回避有关孩子的一切话题，强迫自己忘记“孩子不在了”的事实，而是以“孩子出国念书”之类的借口聊以自慰，通过“幻想”来麻痹自己，苟且度日。

---

① 虽然此句有学者认为其本意为尽后代的责任，但在日常生活中一般按字面意思理解为“无后代、后继者”，尤其是失独者基本都是这种理解。因此，本文放弃争议，取失独者日常生活中的实践理解之义。

② 王宁、刘珍：《失去独生子女家庭的社会互动与组织参与——基于情感能量视角的分析》，《华中师范大学研究生学报》2012 年第 4 期。

一到过节，我们就把手机关机了，不愿意去和家里人聚会。孩子不在了，就不愿意多出去走动联系，侄儿们平时来看我们，我们表面上装的挺高兴的，但是看见他们就想起自己的孩子，心里疼啊。过节也不想和兄弟姐妹们聚，他们都有自己的家庭，儿孙满堂，幸福得很，我们，哎……就不去凑那个热闹了。(20150913WS)

我现在和以前的朋友和同事没什么联系了，以前大家在一起经常聚会，但话题总离不开孩子，谁家孩子该上大学了，谁家孩子找了个什么样的媳妇，家长里短的都是扯这些东西，因为大家年纪都差不多的，女人的话题哪能离开家庭，但是现在我孩子没了，这下你让我聊什么，没有共同话题了呀，听听都会受刺激。他们在我面前也不敢说这些，大家在一起就很尴尬，一看到我来了就得回避这个话题，他们别扭，我心里也难受，干脆就不聚了嘛，他们聚他们的，我不去。(20150816DF)

小区里的邻居都不怎么联系了，他们要是通知我谁孩子结婚啊、谁家孩子满月酒、谁家葬礼这些红白喜事我都不去，让别人把礼金送去，我不愿意出门，也不愿意让别人觉得我可怜，我去了感觉别人都要照顾我。他们一谈孩子、孙子啊，我肯定控制不住，我都不知道怎么开口。我儿子要是还在，我也是抱孙子了的人啊？(20150914LAY)

符号互动论认为，当自我概念或身份能够在新的情境中得到肯定时，人们将体验到积极的情感；反之，自我概念或身份不能得到证明时，将会体验到消极的情感。[①] 失独群体在相当长的时间和通常的地域范围内体验到的基本上都是消极情感。孩子不在了，作为曾经亲戚、朋友、同事间的共同话题缺失了，从某种程度上可谓是失独者曾经的“话语资本”，“话语资本”的丧失使得失独者在熟人社会中集体失语了。失独者基于对“他者”的解读采取了“自我”的行动：断绝与“他者”的联系，躲避世俗人伦[②]。而原有社交圈的“话语”大多成为日常社交的必要，在社交场

① 侯秀丽、王保庆：《我国失独现状的分析与思考》，《湖南师范大学社会科学学报》2014年第3期。

② 徐琦：《绝望、迷失、重塑：失独者生命意义的主体建构》，华东理工大学硕士学位论文，2013年。

景中不断出现，不断提醒他们失去唯一的孩子这一现实。因此，话语资本的丧失，话语体系的无解，作为社会交往的断裂的起点，使失独父母与主流群体的正常生活越来越远，并逐渐建立起其不可跨越的“隔离带”。

（二）亲属定义——无后、绝户

马克思、恩格斯认为，“每日都在重新生产自己生命的人们，也同时在生产另外一些人，即人类的繁衍。夫妻之间的关系，父母与子女间的关系，也就是我们的家庭。”[①] 家庭是人类生命延续的基本单元，生育也自然而然地成为人类组建家庭的首要动因。这也使家庭的生育功能，常常被视为家庭各种功能中的首要功能。而作为“家”的观念，在中国传统的文化体系中，繁衍一直是家庭传承的必然意义。在中国的文化语境中，特别是在中国农村，这种观念更是根深蒂固。对于独生子女家庭而言，失独事件一旦发生，受传统观念的消极投射和文化体系的负面隐喻，“报应”“无后”成为一道无法逾越的天然鸿沟，横亘在失独者和主流群体之间。

> 甚至背着行李四处逃离，流浪了三年不敢回家，“农村的舆论让你受不了”，“绝户”的嘲笑让人心死。叶儿黄说，女儿的事是她和老庞之间的禁忌，不能提。（2012YEH）
>
> 我最害怕边上的人提孩子，害怕听到关于小孩子的一切。我知道，绝大多数人是没有恶意的，但那一次无意中听到一句“小辈断子绝孙，就是老辈没积德”的时候，我仿佛五雷轰顶，怨恨自己平时没有多做善事。（2012 网友：南飞燕）
>
> 我儿子在那次交通事故中走了以后，我一个人在外面流浪了整整三年。农村里的社会舆论太让人受不了，说你们家绝户了，农村最怕绝户。……只要发生矛盾，人家就骂你“死无葬身之地”，我们必须趁现在有能力，先把自己的葬身之地搞好。哎！说实话，在埋葬儿子的时候，也给自己搞了个墓地，就差把自己埋了。（20151205WY）

在一定程度上说，独生子女的死亡，影响到的绝非是仅仅只有核心的

---

① 杨宏伟、汪闻涛：《失独家庭的缺失和重构》，《热点问题研究》2012 年第 11 期。

家庭成员，而是近乎所有近的、远的亲属在内的联合家庭的众多成员，[①] 严重的甚至会影响到整个家族体系的正常传承。“不孝有三，无后为大”，在一般人的理解中，其最大的“不孝”就是“无后”，因为它意味着宗族、血脉延续的中断。[②] 失独父母，是计划生育时代的衍生品，他们大多因年龄等原因无法进行再生育，因此，生育传承随着失独事件的发生而彻底失去意义。对他们而言，独生子女的死亡意味着断子绝孙，血脉继嗣的中断，对他们的亲属而言，传承的意义无法实现，有可能导致整个家族血脉和延续的中断。“无后”的不孝，不仅仅是失独者自身所承受的亲属压力，或是宗族血脉传承的压力，而是几千年的中国文化体系所主张的“因果报应”的压力，这是失独父母永远无法承受的。这导致他们的心理压力持续性增大，只能回避原有的社交联系，甚至亲属联系，封闭自我，切断回归正常生活的可能性。

（三）社会的“特殊”标签化

中国是个“家”本位的国家，重视家庭的观念具有悠久的历史。传统的家庭家族文化根深蒂固，植根于每个中国人的心灵深处。失独事件发生后，就社会层面而言，失独者就成为非正常的一类人。在对失独现象描述的众多新闻报道中，标题的关键词多是那些“抑郁症”“无依无靠”“恐慌后悔”“身心受到重创”“抱团取暖”那些带有严重负面情绪的概念，直接呈现的也多是他们物质上面临的严重的养老困境、精神层面的情感创伤。他们的养老困境多被描述为“不怕死但怕老怕病”“在病榻上相依为命”等窘境，所提出的解决办法多是“寺院式养老”“寺院度晚年”等。新闻媒体以其特定的人文关怀和叙事逻辑，将失独家庭“苦难化”，在广大民众意识里成功构建了失独家庭苦难的受助形象。[③]

在他们（邻居）眼里，我是不正常的，像我们这样没有子女的，

① 侯秀丽、王保庆：《我国失独现状的分析与思考》，《湖南师范大学社会科学学报》2014年第3期。

② 张必春、陈伟东：《变迁与调适：失独父母家庭稳定性的维护逻辑——基于家庭动力学视角的思考》，《华中师范大学学报》（人文社会科学版）2013年第3期。

③ 慈勤英、周冬霞：《失独家庭政策“去特殊化”探讨——基于媒介失独家庭社会形象建构的反思》，《中国人口科学》2015年第2期。

说出去也丢人。都用那样的眼光看你，我是受不了。我是失去了孩子，我心里也不好受，但是我又没杀人，没放火，别用那种眼光看着我啊。(20151203DE)

你没有孩子啊，大家都同情你，跟我说话的时候，都有意不提自己的孩子，跟孩子一起，遇到我，也远远地躲开。可越是这样，我心里越痛啊。我一想到我没有了子女也没什么亲戚，以后续墓的钱都没有人交，那到时候我的尸骨怎么办？是不是就是会重新挖出来，想想这真的是一个很悲伤很凄凉的问题。(20150815CCY)

在社会视野中，失去独生子女就意味着不一样，需要被“特殊对待”，差别化对待使失独父母被动地贴上“标签”。标签理论认为：当个体被强势群体贴上“某种”标签后，周围的人们就会用区别的方式对待他们，于是形成了不利于他们的社会情境，使得被贴上标签的个体不得不在恶劣的社会情境中扮演这种角色，承受着巨大的心理压力和挫折感，由此导致他们被迫脱离正常的生活场景。新闻媒体在传播过程中对失独家庭苦难渲染的推波助澜，客观上塑造了社会对失独家庭清晰的刻板印象，强化了失独家庭“极度困苦”“受助扶持”的特殊弱势群体形象。从这个意义上讲，这种“特殊”与“一般”的区分，本身就是一种“标签”。①

对失独的“道德追责”，以善恶轮回的“因果报应说”，是更为严重的“标签”。对于失独父母，社会文化并不是宽容的。对社会而言，他们是“灾难者”。这种不宽容标签式的社会排斥，带给失独父母二次伤害。这种状况使失独父母的地位、财富和声望集体性丧失，从而缺乏与社会互动的凭证，社会互惠的资本，社会交往的可能性，将失独者的生活逼入了绝境。在社会的被动排斥、失独者自我的主动排斥、公众负面的标签化的共同影响下，失独群体社会交往的主动性、走出失独困境的勇气，也受到不同程度地削弱，进而使用他们获取亲友的社会支持也日益减少。② 这些都加速了失独父母逃避正常社会交往的程度，他们不参与正常社会活动，

① 慈勤英、周冬霞：《失独家庭政策“去特殊化”探讨——基于媒介失独家庭社会形象建构的反思》，《中国人口科学》2015 年第 2 期。

② 方曙光：《断裂、社会支持与社区融合：失独老人社会生活的重建》，《云南师范大学学报》（哲学社会科学版）2013 年第 9 期。

不与人交流，甚至“背井离乡”“避世逃难”，他们的生活基本进去了无望的境地。

以后，还谈什么以后呀，我们是没希望了，就走一步算一步了，还能有什么，只有年纪越大，越来越强烈的恐惧。(20150415CWD)

对于独生子女父母而言，失独事件发生的一瞬间，不仅仅是情感支撑的瞬间崩溃，还是点燃了生活异变的导火索。在失独父母的个人领域，传统伦理价值的迅速消解，使失独父母产生身份角色的失位忧虑，失去孩子，使他们原有的社会类属断裂，在失独的“创伤记忆”的影响下，他们封闭自己为失独者，并使这个主身份最大化。在社会领域，作为“父母”的话语资本的丧失，作为“失独者”的失语，使个体无法进行正常的社会交往，而受中国传统观念和文化体系的影响，对于亲属而言，失独者“无后”，对于社会而言，他们是“特殊”的，这一标签化更将失独者逼入绝境。有学者认为，“独生子女家庭是所有计划生育家庭中风险最大的，一旦遭遇非正常事件，导致独生子女夭折或者严重的伤病残，风险家庭就成为了残破家庭和困难家庭，成为生活异变的开始。”① 对于失独父母而言，失去独生子女不仅仅是自我和社会改变的起点，是经济、政治、文化、社会生活等多维度共同由中心、主流变为外围、边缘的过程，是一种生活情境剧烈变动的现象。

第三节　失独者生活情境变动的特点

发展中的社会所赋予个体的是持续的变动，个人或是群体的角色地位、生活环境、类属性质、文化氛围、经济条件、阶层等级或政治结构都在社会的催动力下，发生累积或突发性的变动。伴随着这种生活情境中的变动，个体的生物属性和心理特征也会随之变化，原有的社会类属被打破，需要在生活情境中确立新的社会认同和角色认同，以实现个体价值。

---

① 《中国计生政策迈向人本，独生子女家庭五大风险》，新华网：http：//news. xinhuanet. com/politics/2006.

对于失独父母而言，失去独生子女的那一刻，自我领域和社会领域的异变就已经开始，生活情境迸发激烈的变动。这种变动不仅仅是失独父母瞬间的情感支撑的崩溃，更多的是在中国的文化语境下的效应。中国具有几千年的历史，传统文化底蕴通过王朝更迭的渲染早已深入人心，对于失独父母，传统文化的洗礼并非宽容。社会普遍共享的以家为本位的传统观念，认为个体身份的定位首先是来自于家庭伦理关系。这种“家本位”的伦理价值提倡“养儿防老”，将父母与子女的关系定位于抚育和赡养关系。“失独”了就意味着“孤老终身”。与此同时，中国人的家族伦理观念非常浓厚，“失独”就意味着“无后”，家族血脉继嗣的延续这项家族繁衍的基本任务就无法完成。另外，中国人一直有根深蒂固的“当世不测是前世的报应、是祖祖辈辈积累的报应”等“因果轮回”方面的信仰，“失独”往往还与“恶”的“报应”关联在一起。

如果说一般意义上的情境变动，是身份的重新确认，是个体获得新的安全感的过程。那么对于失独者而言，这一变动衍生在中国的文化语境中，严格意义上是一种文化身份的变动，不仅仅是失去了自己唯一的子女，他们还要面对伦理价值上的崩溃、传统观念的消极投射以及文化体系的负面隐喻，是一种突发性的、不可见的、双重建构的、剧烈的变动。

一　生活情境变动的突发性

失独事件是一个重大的应激性的突发生活事件，通常导致失独者心理上的极度痛苦和情绪紊乱，影响到他们的社会活动。[①] 对于失独者而言，失去独生子女是偶然的，是一瞬间的生活变迁，是生活情境中的某一要素产生非逆转性的突发性变化，这些父母不再生育、不能再生育或不愿意收养子女，一瞬间的变故就造成他们“孤老”的必然。

独生子女的偶然性死亡是突发的，这种突发性对独生子女父母无疑是致命，一瞬间的“变故”造成永恒的“失去”。由于独生子女的意外性死亡，情感支持瞬间崩溃，在生理和心理上都受了很大的打击，生活情境也瞬间发生了变动。而瞬间生活境遇的变动极易导致他们伦理价值的迅速消解，自我认知和社会认知顷刻崩溃。原有的社会类属的价值理念和规训随

① 马芒：《构建独生子女风险家庭的社会支持网络》，《中国发展观察》2011 年第 5 期。

着这一变故的发生不再适用，甚至直接断裂，他们需要重新确立新的社会角色认同，但是突发性失独的发生是一瞬间，他们并没有任何的思想准备，在这种情感伦理的瞬间空洞下，失独父母逃离社会、封闭自我，甚至矛盾、焦虑、敏感、抑郁等。

二 生活情境变动的不可见性

对于他人来讲，若非熟悉的亲属关系，失独事件通常是不可见的，这种不可见性主要体现在两个方面，一是失去独生子女这一事件，在正常社交中，如果不被告知，是肉眼无法辨识的，它并不是表面意向的改变，是一种无法辨识的社会类属的变更，属于不可见的情境变动；二是失独是一种“政策性的结果”，20 世纪 80 年代的计划生育相对于农村父母，对城镇父母的约束性更强。而城镇区别于农村，是一个非熟人社会的场景，在日常的社会交往中，城镇居民间的“私人”信息并非像农村一样具有共享性，因此，失独对于大部分的城镇居民的日常交互而言都是“不可见”的。

原有社会类属的断裂，原有社会认知和自我认知的崩溃，都需要重新确立社会认同。此时表面意向的“不可见”是一种相对保护机制，但这种“压抑”地保护越发导致失独父母的“封闭”，越发使失独父母意识到自己的“差异性”。再加上受伦理理念和文化传统的渲染，他们极为关注于自己的特定属性，这种主要地位的观点容易受到错误共识的影响，强调特殊性使他们与其他人的分隔。因此，遭遇不可见的情境变动后，失独父母倾向于认同自己存在差异性，自我公开自己“失独”的身份。长期威胁个人的独特性或相似性可能会迫使对个人自我认知的核心进行修改，然而，一旦一个稳定的独特性自我认知形成，就很难动摇，个体的自我图式对矛盾的信息具有抵抗性，同时，与处于相似情境的群体保持联系会加强个体认知的独特性，即具有心理异化的人进入到与他情境相似的组织反而使自身独特的认知加强[①]。失独事件发生之后，从原有类属的断裂，到新的角色身份的认同，他们的类属性质已经发生了改变。出于对自己角色失

① Frable, D. E. S. 1993. “Being and Feeling Unique: Statistical Deviance and Psychological Marginality”. *Journal of Personality*, 61 (1), pp. 85 – 110.

位的忧虑，对社会文化传统的压力，当失独父母一旦意识到自己的社会类属的变更，出于对“失独”伤痛和压力的逃避，他们大多封闭自己，将“失独者”这一身份封闭地扩大化，以致演变成自己的主身份，并不断最大化的发展，从而走向了边缘化。

三　生活情境变动的双重建构

失独事件发生的瞬间意味着失独者的身份需要被打破重建，但这一身份在中国语境中更具有文化身份的意涵。父母的文化身份具有重要的意义，因此文化身份的打破重建就必然面临一定的文化困境。我们的调查发现，绝大部分失独者认为自己处于一种孤立无助的生存状态，他们的社会交往对象、社会支持来源也仅仅局限于家庭内部、夫妻之间。这种状态导致了失独者与他人、与所生活的社区呈现断裂性、相排斥性的特点，之前与独生子女生活的行为模式与记忆也会长久地保留，而这种内在的心理记忆持续强化了他们的自我重新认同。① 因此，他们的身份认同呈现一种非简单化的建构过程。

身份确认是根植于个体内在的，它是个体获得安全感的前提，也是维系和固化安全感的必要条件。② 在中国传统的文化语境中，父母是伦理关系的角色方，而伦理关系体系作为个体构建家庭关系和扮演家庭角色的载体，也是其他关系体系得以衍生、组建的基础，因此，其中生成的文化身份对个人而言意义非凡。而独生子女父母的文化身份，因为只对应唯一的子女，这个文化身份的意义更加重要。当失去唯一的子女，在这一生活情境变动中，文化身份的唯一性也相应失去，是一无法挽回的境遇。失去了唯一的孩子，影响的不仅仅是失独父母的日常生活，还有中国文化语境中的文化身份。失独父母面对的是“父母”角色身份的失位，是核心家庭伦理关系的崩坏，更是与核心家庭相连的一切亲属关系和社会关系的断裂。失独在中国的文化语境中内含着特别的情感定义，蕴含着对自我价值的贬损和内在的不认同感。同时，这种文化身份的失位，伦理关系体系下

---

① 方曙光：《断裂、社会支持与社区融合：失独老人社会生活的重建》，《云南师范大学学报》（哲学社会科学版）2013 年第 9 期。

② 莱恩·T. 塞格尔斯：《“文化身份”的重要性：文学研究中的新视角》，收入乐黛云、张辉著：《文化传递与文学形象》，北京大学出版社 1999 年版，第 328 页。

的身份缺失导致个体的自我形象变得单薄，对身份确认产生困惑，造成文化身份的游离。

在生活境遇下，失独父母渴望重拾自我和社会认同，但是传统观念的消极投射和文化体系的负面隐喻，给他们的身份定位造成了诸多困境。中国是一个重视传统文化与人伦的国家，这不仅是一种普遍的社会观念，甚至可以说已经成为国人的宗教信仰。[①] 一旦失去唯一的独生子女，失独父母面对的是情感反哺的中断和经济赡养的空缺，是自我身份认同的忧虑和恐惧。而社会领域也给失独父母巨大的精神压力和心理创伤，关于孩子的一切在原有社交网络中集体“失语”，而受传统观念的影响，失独是亲属眼中的“无后”，在社会视野下又是“特殊的”。在这种境遇中，失独者切断原有的社会类属，封闭自己，回归正常的社会认同已基本不可能实现。

面对这种困境，失独者只能选择自己“失独”的这一互动身份，并将这一身份最大化，而这一互动身份的演变，受失独父母自我建构和社会赋予的双重驱动力。在自我领域，由于情境变动的影响，个人原本建立的角色规范被打破，与其他人相比，则处于一种劣势地位，这则会导致相对剥夺感的产生。相对剥夺理论认为：当个体主要通过与他人的比较来评价其地位和处境时，弱势群体成员往往更容易体验到基本权利被剥夺的感觉，这种被剥夺感不仅会使他们丧失掉现实生活中的很多机会，而且还会对他们的心理发展带来损害。[②] 社会学家朗西曼（Runciman）最先对它进行操作性定义。在他看来，只有满足下面的4个条件，社会个体才会产生“X”这种被相对剥夺的感觉：一是该个体自身没有“X”；二是该个体发现周围其他人拥有“X”；三是该个体期望拥有“X”；四是并且这种期望是合理且可行的。因此，如果其他人拥有我们想要但是自身却没有的事物时，就会产生相对剥夺感。[③] 因此，可以说，“失独”互动身份的建构在一定程度上是自我建构的结果，很大程度上依赖于失独家庭的“自我保

① 李银河：《一爷之孙》，上海文化出版社2001年版。

② Mummendey, A., Kessler, T., Klink, A. & R. Mielke. 1999. “Strategies to cope with negative social identity: Predictions by social identity theory and relative deprivation theory”. *Journal of Personality and Social Psychology*, 76, pp. 229 – 249.

③ Runciman, W. G. 1966. *Relative Deprivation and Social Justice.* London: Routledge.

护机制”。

在社会领域，失独父母面对的是被“标签”的境遇，贝克尔（Becker）提出社会标签理论，即社会反应论，认为社会中存在的违法行为，或者说越轨行为，事实上是一种人为建构，并不是一种客观存在，是由于常人给这种产生不同寻常行为的人加注了标签，即“越轨者”，于是，在行动过程中，“越轨者”有意或无意地接受了这一标签，并逐渐产生了更多的越轨行为，加强自身越轨者的形象，[①] 这一现象产生的逻辑是标签会对当事人产生暗示作用，对越轨行为有强化作用，从另一角度来说，处于“被标签”的社会结构中，人是不能置身事外的，受到这种结构的影响，会将标签内化，最终，按照标签的内涵进行社会行动，成为了名副其实的越轨者。失去独生子女后，在中国文化语境中，失独者面临的是“报应”“无后”“灾难者”等标签，这种标签不断提醒失独父母的创伤记忆，并带来极大的精神压力，失独父母只能选择“失独者”这一互动身份，因此这一互动身份建构又具有他人赋予的意味。

然而在中国的文化情境中，失独情境的变动所带来的并不仅仅是互动身份的变化，而是这一互动身份最大化，并演化为主身份的趋势。克尔克霍夫和麦考密克提出了影响心理边缘异化的两个因素：一是群体间的认同；二来自于群体间障碍的可渗透性。也就是说，当次群体的成员认同并试图融入主导群体时，不同个体所遇到的障碍，在类型与程度实际上都是有差异的。对次群体成员来说，每个个体对主导群体的认同程度会随着融入障碍的渗透难度的提升而增加。当个体的认同程度很高，但融入障碍的不可渗透性很强时，个体事实上就很难融入主导群体，此时在这个条件下，该个体形成边缘人格的可能性最大。在相同的融入情境下，每个个体回应的模式不同，不仅仅源于个体主观定义上的认同差异，还可能来自于个体所遇到的融入障碍差异。[②] 失去独生子女，失独父母主观即认为自己与其他父母已经不一样，这种差异性有情感支撑的空洞和伦理价值迅速消解的影响。而在中国的传统观念和文化体系中，孩子是血脉传承的必要，

---

① 贝克尔·霍华德：《局外人：越轨的社会学研究》，张默雪译，南京大学出版社 2011 年版。

② Mann, J. W. 1958. “Group Relations and the Marginal Personality”. *Human Relations*, 11 (1), pp. 77 - 92.

失去唯一的孩子，是“因果报应”“断子绝孙”，俨然一道天然的鸿沟横亘于失独父母和主流群体之间，使失独父母没有群体渗透的资本和群体渗透的可能性，那么实现新的群体认同已经不可能，伤痛记忆和精神压力使失独父母只能最大化“失独者”这一互动身份，从而演化为主身份，走入边缘化的路径。

四 生活情境变动的剧烈性

变动的社会无时无刻不在赋予个体情境变动，这些变动有细微也有剧烈，那么在中国的文化语境下，独生子女是唯一的，失去独生子女对于失独父母而言是一个永远无法挽回的绝境。与其他弱势群体相比，失独群体的弱势是最弱的，处境也是最凄惨的。如果把不同弱势群体都比作一棵树的话，失独将这棵树连根拔起，失独群体受到的伤害和打击最大，所受的创伤是永远无法补救的①。因失独父母的情境变动是剧烈的，主要体现在原始认知的全面崩溃，社会支持的悉数断裂，和不可避免的社会冲突。

首先，失去独生子女的那一刻，即刻要面对的即是情感支撑的突然中断，唯一的孩子的死亡，意味着情感支出和反哺的角色方的失去，瞬间的情感空洞足以使失独父母矛盾、焦虑、敏感、不安。而在中国的文化语境中，失去唯一的子女，使伦理传承价值崩溃，意味着失独者要“孤独终老”；受传统观念的消极影响，意味着失独者是“因果报应”；受文化体系的负面隐喻，意味着失独者是“后继无人”“断子绝孙”。瞬间的情感创伤，加上无法缓解的文化压力，使失独者对自我的认知不清，原有的价值理念和认知标准也随之崩溃。

其次，失独者因年龄大等原因都无法再进行二次生育，失去独生子女后所面临的被标签化，这些都使他们的地位、财富和声望集体性丧失，造成社会支持网络的崩溃。通常在我们的社会生活中，个体通过相互之间的交往与互动，每个个体都形成了自己的社会支持网络，用以维持社会身份并且获得物质援助和服务、情感支持等个体社会生活所必要的相应资源。一般来说，个体所拥有的社会支持网络体系越强大，其应对来自环境的各

① 侯秀丽、王保庆：《我国失独现状的分析与思考》，《湖南师范大学社会科学学报》2014年第3期。

种挑战的能力就越强。[①] 对于失独父母而言，失去独生子女之后，外在话语资本丧失、自我建构和外在赋予的标签化的共同作用下，失独父母的互动资源表现出逐渐赤字和负惠的特点。

个体的社会生活安全感历来源于该个体具备自我完整性的体验和正面评价。通常情况下，每个个体都会为获取优质的互动资源，而努力去增强或扩大自己拥有的社会关系网络的密度与范围。作为理性的社会人，互动有参与者往往根据双方具备的条件与要素，综合计算互动过程的收益与成本，以确保稳定互动关系的建立。[②] 受中国文化语境的影响，由于失去家庭之“本”，失独父母对自我认知有极大的偏差，他们自我建构“被抛弃”“被放弃”的失独身份，并封闭自我，将这一互动身份最大化。因此，这种强迫性的自我认知偏差，使失独者在社会互动中无法为对方带来相对稳定的预期收益，由此形成了持续性的互动资源赤字。

同时，互动资源的一个重要原则便是“互惠”，意在交互双方能通过关系性交往而有所获益。受文化伦理影响，失独父母对自己有认知偏差，认为自己是与正常群体不一样的，是“受损的身份”，他们也因此产生自卑、自责、羞愧等负面心理，直接影响他们应对日常社交的能力，使他们消极地面对日常生活中的互动以及相互间的资源交换。失独者对身份缺陷和差异的持续、过度的强调，极容易形成他们对自我认知和评价的负面倾向，组建平等意义上互动关系的难度更大，导致其互动资源从“平等互惠”逐渐演变为“不平等的负惠”，进一步加重了社会支持的断裂。

再次，情境变动会引发情境冲突，而对于失独父母而言，这种冲突也是不可避免的。这一冲突集中体现在角色身份定位上，一方面是自我身份定位的心理冲突；另一方面是他人身份认同的冲突。在自我身份定位方面，在中国的文化语境中，“父母”有重要的文化意涵，不仅仅是抚育、赡养的角色方，也是传承继嗣的担当者，是“家”文化的重要组成部分。失去独生子女，意味着“父母”身份的失位，“家”还存在，但是“家”文化的意义已经不完整，文化情境的压力和情感空洞的创伤使失独父母渴

① 方曙光：《断裂、社会支持与社区融合：失独老人社会生活的重建》，《云南师范大学学报》（哲学社会科学版）2013 年第 9 期。

② 徐晓军、胡觅：《疾病状态与社会生活的“半融入”——乡村艾滋病人互动关系结构的演变逻辑》，《中南民族大学学报》（人文社会科学版）2013 年第 3 期。

望逃离，寻求新的社会认同。但是，失去唯一的独生子女，唯一性也是致命性，是永远无法弥补的缺憾，失独父母无处可逃，想要获得的身份定位也并不能实现。

在他人身份认同方面。达伦多夫认为，社会冲突的形成是以“准群体”转换为“显群体”为前提条件的，只有在显群体之中，才会形成利益对抗。通常情况下，“准群体”向“显群体”的转换需要具备三个条件：一是基本的技术条件，包括领导者、物质条件等；二是在政治上必须足够的自由度；三是准群体内部成员间有相互沟通的可能程序与正式程序。[①] 徐晓军依据个体融入目标和群体吸纳目标将失独父母分为独立型边缘、排斥型边缘、社会化型边缘和期待型边缘四种类型，而他认为边缘的程度与群体的接纳程度有关。[②] 对于失独父母而言，受文化语境的影响，他们受“因果报应”，所以才“断子绝孙”，对于亲属而言，他们“无后”，对于社会而言，他们是“受难者”，这种外在的标签形成了天然的屏障，使失独父母融入“显群体”几乎不可能实现，且在主流“显群体”的视野中永远是不一样的，永远是“准群体”的存在。这使饱受失独创伤，渴望寻求他人身份认同的失独父母无解，只能接受这种社会冲突，从而封闭自己。

失去唯一的独生子女，对失独父母而言，是生活异变的开始，是一种突发的、不可见的、双重建构的、激烈的情境变动。这一情境变动受中国伦理价值、传统观念和文化体系的影响，使失独父母切断原有的社会类属，选择“失独”这一互动身份，并在自我和社会的双重驱动力下，将这一身份最大化，从而演化为失独父母的主身份，促使失独父母走上了边缘化的道路。

① 侯钧生：《西方社会学理论教程》，南开大学出版社2010年版，第203页。

② 徐晓军：《失独父母边缘化的路径、类型与社会风险——基于个体与群体关系的视角》，《华中师范大学学报》（人文社会科学版）2014年第6期。

第三章 “遗忘就等于背叛”——失独者的心理边缘化

独生子女是父母情感支持的核心，亦是养老送终的依靠，在父母生命历程中扮演着十分重要的角色。独生子女在父母心中的角色地位越是重要，其离去对父母而言，在情感上就越难以割舍和遗忘，所带来的伤害和影响也就越是强烈。因此，独生子女的突然离世对父母来说无异于晴天霹雳、五雷轰顶，不仅会使他们陷入结构性的生存困境之中，造成“老无所依、老无所靠”的窘迫局面，还会给失独父母的内心带来巨大伤害，这一心理层面的创伤，永恒存在且无法磨灭。“孩子”终生不能忘却，伤口至死无法愈合，失独者始终沉浸于一种回忆与伤痛的生存状态中。湖北省失独家庭调查数据显示，大部分独生子女伤残死亡家庭都面临着较为严重的心理问题。在这个群体之中，76.9%的失独者患有不同程度的抑郁症，其中轻度抑郁症仅占45.4%，中度抑郁症者达到29.3%，严重抑郁症患者也有2.2%之多。[①] 由此可知，失独事件所引起的悲伤情绪，经过累积和聚合会进一步导致失独者出现心理异化，使失独者处于主动疏离与被动排斥的“双重驱力”的边缘化局面。在疏离与排斥的过程中，失独者会产生“空”与“漂”的边缘心理感受：一方面，没了孩子就没有了希望，空虚、空洞、空白，一切都是一种“空”的状态，感觉自己一无所有，活着没有意义；另一方面，失独者心无定所，无所依靠，生活变得漫无目的，过一天是一天，如同一个没有灵魂的躯壳，生活没有方向和盼头，处于一种“漂”的状态，属于心灵的流浪者。“家庭就是一艘船，孩

① 陈雯：《从“制度”到“能动性”：对死亡独生子女家庭扶助机制的思考》，《中共福建省委党校学报》2012年第2期。

子就是压船石，现在孩子没了，船就随便漂了。”一位失独者如是说。

唯一子女的死亡会重创父母对自我和社会的认知，挑战作为父母存在的价值与信念，父母对世界原来的假设观点变得脱序、混乱[①]，生活意义和生命价值皆会发生重大变化，这种原始认知的异变点燃了失独者心理边缘的导火索。同时，人情式微与资源断裂让失独者更加深刻地感受到失独所带来的经济、声望与权力地位的下降，经历着“双重排斥”的边缘体验。失独者逐渐脱离主流群体，走向有共同遭遇的“同命人”群体并长期沉浸其组织内，拒绝与“圈外人”交流，在失独“场域力”的长期“熏陶”下，最终导致失独者心理完全边缘化，形成了具有稳定状态的边缘人格。

第一节　心理边缘化的表现及特点

心理边缘化是边缘化研究的取向之一，它关注的是个人主观上的人格特征，即边缘人格。处于边缘人格的个体会呈现出不稳定的心理特征，常见的表现为矛盾、焦虑、敏感等。心理边缘是从个体主观上所具有的人格特征来判定边缘化的，一般所产生的是一种不稳定的心理状态，不管个体是否处于被排斥状态，只要主观内心产生了边缘人格，就是心理边缘。心理边缘产生的本质是“自我认同与社会认同的缺失和混乱”[②]，个体没有能力改变自己目前的处境时，就容易产生边缘人格。判定一个人是否处于心理边缘化，目前学术界没有统一的评判标准，只有少数学者研究过。那么，心理边缘化到底有哪些表现及特点？

一　心理边缘化的核心指标

心理边缘表现的是个体所具有的人格特征或心理属性，我们怎么样来衡量个体是否出现了这些人格特征和心理属性，也即个体是否出现了心理上的边缘性，需要对心理边缘这一概念进行操作化，寻找与心理边缘相对

① 李秀：《失独者悲伤调适及本土化干预研究》，南京中医药大学博士学位论文，2014 年。

② 徐晓军、安真真：《结构边缘与心理边缘：边缘化研究的路径》，《学习与实践》2015 年第 9 期。

应的经验指标。在以往的研究中，有不少的学者针对心理边缘或者边缘人格所具有的特征以及表现作了分析和描述，对我们现阶段的研究有很大的借鉴意义，我们可以参考前人的研究，在他们的基础上加以完善和创新，发展出一套能够更好对心理边缘这一概念进行测量和评估的指标。

（一）边缘人的核心指标

在边缘人的研究初期，有很多学者对边缘人格的特征进行描述。研究者们从对边缘人格的描述中，抽象和概括出边缘人格的特征和表现。这些描述主要包括：①边缘人常怀疑其在情境中的位置，对自己和朋友、熟人之间的关系不确定并且害怕被拒绝。他们渴望参与各种活动尝试各种事情但却总是因为害怕失败和被拒绝而停止；②他们在其他人面前容易陷入一种痛苦的自我意识中。他们感到自己不能胜任某件事或某个位置，并且认为别人一定会比自己做得好，在大多时候感到孤独、被隔绝，并且期望自己能够胜任并更加熟练，他们的冷漠和无能呈现在频繁的白日梦里；③他们的过度敏感表现在过度担忧未来。其典型症状是对任何新的风险都忧虑不安，并尝试寻找导致自己不快乐的原因，把生命当作一种不快乐的体验，认为不论自己做了什么，一切都会朝着糟糕的方向发展，很难感受到愉悦。

尽管斯通奎斯特的主要研究兴趣在于描述不同类型的边缘人，他也曾尝试对这些边缘个体作出一般性的描述。斯通奎斯特认为边缘人所具有的边缘人格特征包括：矛盾情绪、过度的自我意识、坐立不安、易怒、喜怒无常和缺乏自信等。在边缘人研究的基础上，克尔克霍夫认为心理边缘人往往持有一种特殊的人格特质即矛盾情绪、过度敏感的自我意识、坐立不安、喜怒无常、缺乏自信等等[①]，并列出了超过二十种不同的边缘人的心理特征，其主要特征分为四类：矛盾与疑虑；内向与冷漠；焦躁与抑郁；侵略与偏执。[②] 曼恩则运用量表测量了人格特征，提出了边缘化情况评估的三要素为缺乏安全感、过度敏感、自卑等。[③] 高德伯格认为边缘人有如

---

① Kerckhoff, A. C. &T. C. Mccormick. 1955. "Marginal Status and Marginal Personality". *Social Forces*, 134 (1), pp. 48 - 55.

② Kerckhoff, A. C. 1953. "An Investigation of Factors Operative in the Development of the Personality Characteristics of Marginality". University of Wisconsin.

③ Mann, J. W. 1958, "Group Relations and the Marginal Personality", *Human Relations*, 11 (1), pp. 77 - 92.

下典型的情感和态度：不安全感、矛盾心理、过度的自我意识和慢性神经紧张。[①] 另外，关于对帕克边缘人概念的修正，和其他的评论家一样，高德伯格强调边缘性的消极结果，如失调、不安全感、情绪不稳定等，最为重要的是，他提出并不是所有处于边缘情境中的个体都会发展为边缘人，即形成上述的消极性心理特征。[②] 哈克（Hacker）指出，边缘女性在拒绝或接受传统的女性角色、属性的过程中，她们可能会面临某些心理上的冲击：不稳定、冲突、自我厌恶、焦虑和怨恨。[③] 格兰特（Grant）和布里斯（Breese）在非裔美籍学生的边缘化研究中，总结出个体对边缘性情境的六种反应类型，在 Affected 反应类型中，个体会出现增强的敏感性、过度的自我意识、高度的种族意识、心神不宁、自卑；在 Defiant 反应类型中，个体呈现公开的敌意、挑衅行为、退学行为。[④]

综合以上学者对心理边缘化的表现与特点的描述，处于心理边缘的人总的来说可能呈现以下特征：矛盾与疑虑；内向与冷漠；内心焦躁与抑郁；侵略与偏执；缺乏安全感；过度敏感；内心自卑；过度的自我意识；慢性的神经紧张；失调；情绪不稳定；自我厌恶；焦虑与怨恨；公开的敌意；挑衅行为。这些心理边缘化的表现与特点，在一定程度上成为评估是否心理边缘化的指标。

（二）创伤后应激障碍的核心指标

心理创伤暴露后的个体致力于侵入性反刍，会使其认知聚焦于创伤事件的消极面，增加他们对于创伤性事件的消极评价，维系并增加已有的消极认知，从而引发焦躁不安、无助感的出现，最终会导致创伤后应激障碍一系列症状群的出现[⑤]，轻者郁郁寡欢、情绪消沉，重者严重影响正常的社会交往和互动甚至走向自杀。

---

① Antonovsky, A. 1956, “Toward a Refinement of the ‘Marginal Man’ Concept”. *Social Forces*, 35 (1), pp. 57 – 62.

② Goldberg, C. A. 2012. “Robert Park's Marginal Man: The Career of a Concept in American Sociology”. *Russian Review of Social Research*, 4 (2), pp. 199 – 217.

③ Hacker, H. M. 1951. “Women as a Minoritg Group”. *Social Forces*, 30 (1), pp. 60 – 69.

④ Grant, G. K. & J. R. Breese. 1997. “Marginality Theory and the African American Student”. *Sociology of Education*, 70 (3), pp. 192 – 205.

⑤ 周宵、伍新春、袁晓娇：《青少年的创伤暴露程度与创伤后应激障碍的关系——核心信念挑战、主观害怕程度和侵入性反刍的作用》，《心理学报》2015 年第 4 期。

创伤后应激障碍（Post - traumatic Stress Disorder，PTSD）是指个体经历、目睹或遭遇到一个或多个涉及自身或他人的实际死亡，或受到死亡的威胁，或严重的受伤，或躯体完整性威胁后，所导致的个体延迟出现和持续存在的精神障碍。[①] PTSD 一般在精神创伤性事件发生后数天至 6 个月内发病，病程至少持续 1 个月，也可能长达数月或数年，个别患者甚至终身不愈。而病程持续时间在一个月之内的称为急性应激障碍（Acute Stress Disorder，ASD），也可称为急性 PTSD，如果症状持续的时间超过 4 周，诊断为创伤后应激障碍的可能性就变得非常大。[②] 通常情况下，面对危机每个人都会出现不同程度的创伤后应激障碍，如汶川地震后灾区居民的焦躁不安、战争后士兵惊魂未定，以及遭遇车祸、重大疾病后心有余悸等。由于个体在抗逆力强度与创伤严重程度方面的差异，部分患者的创伤后应激障碍可随着时间的延长逐渐淡化直到自行消失，但有些较为严重的创伤性应激障碍如果缺乏正确的引导和科学的干预，不仅会对经历者身心健康带来严重的危害，同时也会对社会秩序的正常运行带来潜在的风险。

典型的 ASD 患者会出现表情呆滞，处于茫然状态，继而不动不语，呆若木鸡，对外界刺激无相应反应，呈木僵状态，历时数分钟或数小时恢复正常，或进入意识朦胧状态，可出现定向障碍，对周围事物不能清晰感知，自言自语，内容零乱，表情紧张、恐怖，动作杂乱、无目的，或躁动不安、冲动毁物。[③] ASD 的核心症状是分离性症状[④]，但 ASD 的出现并不能预示着 PTSD 一定发生[⑤]，因此，判断个体是否患有 PTSD 需要明确的判断指标。美国精神医学学会编著的《精神障碍诊断与统计手册》，对 PTSD 症状的诊断标准与分类做了详细的列示，将病人的情况与诊断标准

---

① 王正国、王庆松、谭庆荣：《创伤后应激障碍》，人民卫生出版社 2015 年版，第 158 页。

② 格尔德、哈里森、考恩：《牛津精神病学教科书》，刘协、李涛译，四川大学出版社 2010 年版，第 168—183 页。

③ 邓明昱：《急性应激障碍的临床研究新进展（DSM - 5 新标准）》，《中国健康心理学杂志》2016 年第 12 期。

④ Bryant，R. A. &A. G. Harvey. 1997. “Acute Stress Disorder：A Critical Review of Diagnostic Issues.” *Clinical Psychology Review*，17（7），pp. 757 - 773.

⑤ Creamer，M.，O'Donnell，M. L. & P. Pattison. 2004. “The Relationship Between Acute Stress Disorder and Posttraumatic Stress Disorder in Severely Injured Trauma Survivors.” *Behavior Research & Therapy*，42（3），pp. 315 - 328.

的符合项相对照进行选择，即可推断病人是否患有 PTSD。[①] PTSD 患者的症状分为核心症状、一般表现及特殊表现，其中典型的三类核心症状为重现、回避和警觉性增高；一般表现为心理反应、生理反应、认知歪曲、睡眠障碍、抑郁、焦虑、恐惧、激惹和愤怒等。[②] 同时，克里默（Creamer）等人认为只有警觉性增高和创伤性体验能明确预测 PTSD 的发生。[③]

综上可知，心理边缘就是一种现实存在的人格特性，往往表现在个体自身的行为方式和社会态度，而且心理上的边缘人格不会随社会情境而发生较快的变化[④]，是一种相对稳定的状态。个体心理边缘化的特征主要为：①神经紧张与过度敏感；②自卑与回避现实；③焦虑与不安全感；④内向与冷漠以及过度的自我意识；⑤情绪失调。通过将这些边缘人的人格特征与 PTSD 的核心症状、一般表现及特殊表现进行对比，可以明显发现二者具有高度的一致性。事实上，个体在特定的情境变动后，都会或多或少地伴随有 ASD 症状，而 PTSD 典型的重现、回避和警觉性增高的核心症状，正是个体所处的情境变动后，产生心理边缘化并发展到某一阶段的产物。

二 失独者心理边缘化的指标选定

失独后父母容易陷入自行封闭、精神濒临崩溃的状态。失去唯一的孩子，首先给父母带来的是情感上的创伤，失去子女的痛苦，是他们内心感到空虚、寂寞和没有了寄托。在这种情况下，失去孩子的父母变得极其脆弱和敏感，看到子女生前的旧物，别的父母与子女其乐融融，听到别人提起孩子的事等场景都会使他们触景生情，陷入无尽的悲痛之中。长期抑郁、自闭，害怕与人沟通，使失独者的神经变得脆弱而敏感，甚至正常的生活和工作都受到严重的影响。此类负面情绪的长期积累，使他们出现心

① 美国精神医学学会：《精神障碍诊断与统计手册》，张道龙译，北京大学出版社 2014 年版。

② 王学义：《创伤后应激障碍》，北京大学医学出版社 2012 年版，第 86—91 页。

③ Creamer, M., O'Donnell, M. L. & P. Pattison. 2004. “The Relationship Between Acute Stress Disorder and Posttraumatic Stress Disorder in Severely Injured Trauma Survivors”. *Behavior Research & Therapy*, 42 (3), pp. 315 - 328.

④ 徐晓军：《社会弱势群体的边缘化及其应对》，《西北师大学报》（社会科学版）2015 年第 6 期。

理上、生理上的病变。

失独不仅意味着父母心灵寄托的缺失，而且对父母的其他方面也造成毁灭性的打击。一方面，在我国现阶段以家庭养老为主的养老模式下，父母失去独生子女在很大程度上就意味着老无所依，即老人双方只要有一方生病或者出现变故，对这个家庭来讲都是巨大的打击；另一方面，失独致使父母情感上缺乏寄托，造成他们害怕谈及孩子，也害怕听别人谈自己的孩子，担心勾起痛苦的回忆，因而不愿过多与人交往，也不愿过多地参与社会活动，这使得他们逐渐与主流社会产生距离，与此同时，他们更倾向于同那些与他们经历相似的人群接触，不愿意回归到正常的生活轨迹中，逃避现实，直接导致原有人际交往关系的断裂，甚至难以继续正常的工作，伴随而来的是他们经济状况、社会地位等的下降。老无所依、关系网络的断裂、经济和社会地位下降等，一系列由失独伴随而来的后果，使失独者产生强烈的不安全感，逐渐对未来失去信心，甚至缺乏继续生活下去的勇气。

通过上述分析以及实地调研，可以发现心理创伤愈是严重的失独者，其边缘感往往愈加强烈，同时可以感受到父母在失独后，身上或多或少都具有延迟性或慢性创伤后应激障碍的痕迹。那么，我们应该根据哪些标准去判定他们是否产生心理边缘化了呢？由于心理边缘化的核心指标与PTSD的指标一致程度较高，因此，我们在判断失独者是否产生心理边缘化时，可以较为便捷地采用PTSD的核心指标进行评估，即一旦失独者出现的创伤再体验、回避和麻木类、警觉性增高、过度移情或其他不良适应症状，我们即可判定该失独者患有PTSD，且产生心理边缘化。这些症状具有外显性，我们可以通过对失独者诸如语言、行为等外部表征进行观察，做出较为明确的判断。

第二节 失独者心理边缘化的外显特征

鲍尔比（Bowlby）认为哀伤的过程伴随依恋的瓦解，依附是从出生婴儿与照顾者身上本能产生的，这种长期建立起来的亲密联结也会扩展至其生活中他重要的人，建立依恋关系。因此，任何亲密联结关系的瓦解终致依恋关系的瓦解，均会导致依恋双方程度不同的焦虑、愤怒、对抗、找寻行为，而哀伤是分离焦虑的一种。① 在中国“重子”的文化背景下，绝大部分的父母在失独之后都深陷于过度哀伤的情绪状态之中，并极易患有PTSD。

莫非（Murphy）经过研究也有同样的结论。他的研究发现，在子女死亡后的不同时间内，其父母符合创伤后应激障碍的症状均高于正常家庭父母两倍以上。在子女死亡五年内，12.5%的父亲符合创伤后应激障碍诊断标准，母亲的比例也高达27.7%，约13%的父母存在自杀意念②，除此以外失独者还具有移情与情感失控，以及焦虑、狂躁、抑郁等一些其他的不良适应症。因此，创伤再体验、警惕性增高、麻木回避、过度移情以及其他的不良适应症状的PTSD核心指标，即失独者心理边缘化的外显特征，为我们深入分析其边缘心理提供了工具和媒介。

一 创伤再体验症状

创伤再体验症状，又称闯入性症状，临床表现为当事人创伤性情境不由自主地涌现，脑中反复再现创伤性体验的现象。当事人痛苦地重复创伤事件的记忆，没有任何征兆，也不需要刺激，患有PTSD的个体可能会生动地看到创伤发生时的场景，就像创伤再次发生一样。③ 创伤记忆多次反复的闯入受创个体的脑海中，仿佛经历一次又一次的创伤事件，遇到与创伤事件相关或相似的情境时会出现明显的植物性神经功能紊乱症状和强烈的内心痛苦体验，给受创个体带来无尽的痛苦和折磨。受创个体由于过度受到惊吓和刺激，始终魂不守舍、害怕黑暗，夜里经常辗转反侧，闭上眼睛就感觉“悲剧”又要重演，无法正常入眠。有些受创个体在疲劳至极的情况下勉强进入睡眠状态，但由于创伤事件对受创个体意识的强烈影响，受创个体经常以潜意识的方式流露出对创伤性事件的恐惧和焦虑，比如创伤性事件经常以梦魇的形式再次发生，反复经历着同一个噩梦。这个症状一般是创伤者在接触创伤类似事件刺激物，或具有特殊象征意义的关联线索时，产生强烈而持久的心理痛苦和显著的生理反应的现象，其典型

① Stroebe, M., Schut, H. & W. Stroebe. 2005. “Attachment in Coping with Bereavement: A Theoretical Integration”. *Review of General Psychology*, 9 (1), pp. 48 - 66.

② 李秀：《失独者悲伤调适及本土化干预研究》，南京中医药大学博士学位论文，2014年。

③ 李璐寰、童辉杰：《创伤后应激障碍研究进展》，《社会心理科学》2008年第1期。

的症状就是闪回（flash back）。

失独对于独生子女父母来说如同五雷轰顶、晴天霹雳。很多失独父母在得知孩子去世的消息后，瞬间就瘫软甚至昏倒在地上。他们始终无法相信年富力强的孩子会突然离去，心理上无法承受"白发人送黑发人"的事实。从此，孩子逝世那一天就成了失独者永远的噩梦，睁眼闭眼都是孩子离世的场景：自己哭得撕心裂肺，哭天抢地，悲痛欲绝，整个世界都是黑色的，瞬间天塌地陷，世界末日。孩子下葬的画面始终像黑白电影片段一样，不经意间零零星星侵入脑海或者在大脑中"闪回"，仿佛去世的不是孩子而是自己，感觉自己被一次又一次的埋葬。正如一位网名为"笛儿的妈妈"的失独者所言"在埋葬孩子的时候，其实也是埋葬了我们自己，作为笛儿的妈妈我死了，可是作为一个失独者，我还活着，无可奈何地活着，绝望的活着"。反复的创伤再体验给失独者带来刀绞蚁噬般的痛楚，让失独者生不如死，痛不欲生。同时，失独者在生活中看到孩子生前使用过的物件便会触景生情，独自落泪，重复体验孩子去世的哀伤。可见，失独就像一块无法愈合的伤疤，永远的拓印在失独者的灵魂深处，任何与失独事件相关的具有象征意义的线索，都会引发失独者强烈的心理反应和生理反应，给失独者带来种种不适感。

> 那时医生说孩子不行了，心跳没了，呼吸没了，你该叫什么人就快叫什么人，来见最后一面，当时我就受不了，直接从楼梯上滚了下去，整个人傻了。起来后我就跪在地上求医生快点救救孩子，我一直拉着孩子的手，一直搓啊，捏啊。现在经常梦到孩子躺在救护车里，我一直在拉着孩子的手，希望他能醒过来，那个时候真是叫天天不应，叫地地不灵，什么都不晓得了，只知道哭。（20130712HGZ）
>
> 那个时候每次你走在熟悉的街道上，你就会想起，想起以前所有的一切，想起和孩子一起，带着她走在街道上的那种感觉，心里就是特别特别痛苦，特别特别地疼，那么熟悉的环境，每天都在重复着以前的景象，我实在受不了，我几乎是逃离那个地方。（20120611DEM）

面对重大的应激源事件，个体往往不能通过自身的力量调节以恢复到正常状态。尤其是失独这样剧烈的创伤事件，失独者自身通常会不由自主地陷入伤痛回忆之中，即创伤侵入性症状或病理性重复体验或闪回，有些甚至自己根本不想走出伤痛，这些都是PTSD症状中极为常见的，这种情况下就必须要有外界的干预，通过专业人员对其进行治疗，才能逐渐调节。生活中一切可能与创伤事件相关的事物和情境，如与失独事件发生时相似的场景、天气，事件的纪念日，常去的旧地等，都极可能引起个体对创伤事件的再现，甚至侵入患者的梦中，这种类似的体验都使个体产生极大的、痛苦的心理和生理反应。除了上述反应，有些患者还可能出现严重的触景生情反应，表现为突出的行为障碍，或由于认知的偏差，感到事件有可能再次来临而产生惊恐发作。①

二　麻木回避类症状

麻木回避类症状也被称为保护性症状，是PTSD的核心症状。回避和情感麻木是受创个体为了应对危机而启用的自身防卫性机制，其实质是一种为了避免再次受伤而做出的规避刺激物或者麻痹情感的危机适应行为，但持续性地回避与创伤性事件有关的刺激也造成了受创个体边缘化的生活方式和孤僻心理，阻碍受创个体与其他群体的正常交流。有学者认为“对创伤记忆的回避可以暂时缓解痛苦，但是却强化了回避性行为”，受创个体“情感上的麻木并非创伤体验导致，而是PTSD患者对负面情感刺激做出的过度的回避反应所致”②。可见，回避创伤和情感麻木是一把双刃剑，在减轻直接性创伤痛苦的同时，又进一步强化了刺激物的敏感度，无形中增加了脱敏的难度而使受创个体形成对回避和麻木性的依赖，导致受创个体无法正视自己的伤痛。同时，有研究显示麻木回避类症状主要有以下六种行为特征：①努力回避有关创伤的思想、感受或谈话；②努力回避会促使回忆起创伤的地点、活动或人物；③不能回忆创伤事件的重要方面；④明显的很少参加有意义的活动或不再参加；⑤有脱离他人等很陌生

---

① 王正国、王庆松、谭庆荣：《创伤后应激障碍》，人民卫生出版社2015年版。

② 李璐寰、童辉杰：《创伤后应激障碍研究进展》，《社会心理科学》2008年第1期。

的感受；⑥情感范围有所限制。[①] 这六种行为特征也是失独者平常生活的真实写照，为了不触碰到“心理伤口”，失独者回避一切刺激物，通过建构故事或愿景来麻木自己。

现实生活中，失独者也是寻找各种常人无法理解的娱乐方式来回避失独事实，比如辞掉工作频繁地游玩、发了疯似地运动、拼了命地唱歌等。无论是旅游也好，运动也罢，失独者的活动和行为都会具有一种尽情宣泄和压抑释放的特点。玩就玩的天昏地暗，精疲力竭，哭就哭的痛痛快快，酣畅淋漓。失独者不管做什么事情都像“玩命”一样，消耗自己的过剩精力，通过身体上的疲劳感来挤占思维中的悲伤感，让自己能够倒头就睡而不去想那些“不开心的事情（失独）”。失独者整日的“疯狂”，看似已经走出失独的阴霾然而这只是无奈的麻醉，逃避伤痛的麻醉。此外，一些倾向安静的失独者则是通过逃离原生活环境，通过虚构故事以“自欺”的方式获得一种麻木的效果。“丧子符号”对失独者来说是一种日常社交伤疤，既会引起他们痛苦的回忆，又会造成交往对象的不自在，导致失独者主动退出以往的交往圈，逐渐被社会边缘化[②]。正是由于日常互动以及无意间符号性的暗示，导致失独者持续的体验“失独之殇”。为了逃避失独带来的内心伤痛以及外界带来的精神压力，失独者通常会以“搬家”或者“出家”的方式来逃离熟悉的生活环境，断绝原来的社会支持网络，并试图在一个陌生的环境里重新开始生活。在新环境中，失独者拒绝与邻里沟通，回避有关孩子的一切话题，强迫自己忘记“孩子不在了”的事实，而是以“孩子出国念书”之类的借口聊以自慰，通过“幻想”来麻痹自己，苟且度日。

玩的时候就把自己当成疯子一样，不去想事。到了家里没人的时候，就是伤心流泪，所以她（另一位失独者）说她睡不好，我们睡眠都不好。人就是这样。但是这个（失独）事情不能给任何人说的。没有这个事情，他们（非失独者）是想不到的（这种痛苦），他们是

① 刘利敏、吴明霞：《创伤后应激障碍（PTSD）及其心理干预》，《濮阳职业技术学院学报》2009 年第 1 期。

② 王宁、刘珍：《失去独生子女家庭的社会互动与组织参与——基于情感能量视角的分析》，《华中师范大学研究生学报》2012 年第 4 期。

想不到的！我给你说我自杀过两次，吃了一大瓶安眠药。以前我身体还要好些，到庙里住了三个月。我简直不想活，她（自己）不死怎么办呢，不死就这样等，赖活在这里。今天到这里来，我就把自己内心生气说出来。我自从三年以后就走出来以后，我提都不提（失独）。(20150914CSJ)

这个事情我们心理很有恐惧感，你看我们这么阳光，实际上掩饰我们的恐惧。这个软弱的地方，我们不会跟任何人说的。阿姨最痛苦是什么时候，过节过年，夜半三更，那才是我们真实的感受，那是最痛苦的时候，只有天一亮，眼睛一睁开我们很阳光。(20150915CSH)

真的，受不了，有时候睡觉老是麻醉自己，现在就是麻醉自己，看上去很阳光，阴影永远是去不了的，再加上我们那个年代很好的工作，很好的工作就只能生一个，你不生一个，连饭碗都没有。只好听，乖乖的听，那个时候老实嘛，我是搞会计的，也不到外面搞点收入，退休以后就只有那么一点退休金嘛。现在落个人也没有人，钱也没有钱。我现在能动话就这样活，就是我要是动不了，我想过就是去岳麓山绳子一吊，就死了。(20150822CSJ)

相关学者的调查数据显示，想离开所在城市、城镇的失独者占46.9%，主动离开了工作岗位的失独者的比例高达70%。[①] 表示“不愿意出门”的失独者的比例达到了70.5%，继续保持和社区其他人交往的失独者仅占12.2%。[②] 此外，除了前面这些回避行为，失独者对各种重要活动的兴趣及其参与度也明显减少，逐渐与社会疏远甚至脱离，回避型人格障碍的特征非常明显。[③]

回避型人格障碍，在精神障碍中属于C类人格障碍，表现为个体社交抑制、社交能力不足以及对负性评价极度敏感的一种较普遍的心理行为

① 张必春、江立华：《丧失独生子女父母的三重困境及其扶助机制——以湖北省8市调查为例》，《人口与经济》2012年第5期。

② 方曙光：《断裂、社会支持与社区融合：失独老人社会生活的重建》，《云南师范大学学报》（哲学社会科学版）2013年第5期。

③ 美国精神医学学会：《精神障碍诊断与统计手册》，张道龙译，北京大学出版社2014年版。

模式。该类型个体往往表现出害怕被否定、被排斥，而回避那些需要较多人际接触的职业活动，因害怕被嘲笑而在亲密关系中表现小心谨慎、放不开，先入为主地认为在社交场合会被拒绝，不愿意与他人打交道等相似特征。①

> “我逢年过节不希望有任何人来陪我，尤其是过年，我只想见我们的同命人。”（20160518XJL）
>
> “劫日（节日）来临我就要崩溃了！”（20160922XJL）

当前时代背景下的独生子女，不再仅是作为一个个体而存在，而是承载着家庭的全部希望，而且也在家庭中承担父母与社会其他群体、成员间的联结纽带。从这一角度来看，独生子女的离去意味着父母失去了整个世界。看不到未来，看不到生活的希望，觉得活在这世上没有任何意义，成了大多数失独父母的共同感受，似乎世上的快乐都与他们无缘，感受幸福的能力也逐渐弱化，换个角度而言，是他们在“经济、情感、人际和工作等领域中安全感”② 的全方位丧失，使大多数失独者只好以昼伏夜出的形式活在边缘化世界里，以期“边缘化能够给予他们许多收益”③。不难发现，逃避、回避是失独父母的一种生活策略，是为了防止自己重新体验创伤的一种自我隔离方式。

三 警觉性增高症状

警觉性增高症状，就是指在失独事件发生后，患有 PTSD 的失独者，在很少或没有受到挑衅的情况下产生易激惹行为，其典型症状就是失独者普遍存在的自我毁灭性的语言与行为，或是对他人、物体不计后果的言语或身体攻击行为。临床主要表现为难以入睡，或睡眠不深、容易发怒或冲动、难以集中注意力、警觉过高、过分的惊吓反应。美国创伤后应激障碍

---

① 美国精神医学学会：《精神障碍诊断与统计手册》，张道龙译，北京大学出版社 2014 年版。

② 徐晓军、彭扬帆：《失独父母安全感的丧失与重建》，《江汉大学学报》（社会科学版）2015 年第 4 期。

③ Ellemers, N. &J. Jetten. 2013. “The Many Ways to Be Marginal in a Group”. *Personality and Social Psychology Review*, 17 (1), pp. 3 - 21.

诊断标准（DSM－Ⅳ－TR）规定以上五项临床表现中存在两项或两项以上即为警觉性增高症状。警觉性增高是应对危机的一种正常现象，如同狮子听到风吹草动会竖起耳朵一样，是一种正常的应激行为。但凡事过犹不及，持续的警觉性增高会扰乱人们的正常生活，导致受创个体过于敏感、多疑、攻击性增强。

失独者在经历人生重大打击后，整个神经处于一种紧绷状态，精神压力极大，警觉性持续增高。正所谓“绷紧的弦易断”，持续高度警觉状态下的失独者白天精神恍惚，夜里无法安眠，整个人处于一种极度疲劳的状态但又无法入睡，透支着自己的身体。这种情况下，失独者几乎已经到了崩溃的边缘，一夜白头和提前衰老的现象频频出现。与此同时，失独者对于失独的相关刺激物也相当敏感。亲戚朋友言辞稍有不当，触碰到失独者的敏感“心弦”，便会引爆失独者的情绪“炸弹”。在实际调研过程中，我们也发现失独者高警觉性、敏感、无原因攻击冲动行为等特点。由于失独者敏感心理，无法再与其他正常群体和谐地交流工作，导致失独者“失独”之后又面临着“失业”的压力。失独即意味着“失去依靠的人”，“失业”则意味着“失去了经济收入”。这种无依无靠的状态致使失独者缺乏安全感，同时也加剧了恐惧感和焦虑感，从而让失独者的警觉性进一步增强，时刻把自己伪装的像个“刺猬”，装作很强大，不让别人靠近自己，而表象背后的伤痛与凄苦只有失独者自己最清楚。

上次社区要给补我的钱（失独补助），他们问“我死亡证有没有”。我说，“没有！请你不要和我说话了！我不想要！要我这里找证明，那里找证明，我不要！你们有（失独补助）就有，没有我也没办法。反正我已经死过一道了，这是我的重生”。（20150916CSJ）

我没有儿子，全世界都是黑色的，我就给你拼了。所以一遇到事情就像炸弹一样要爆炸，反正我什么希望都没有了，烂命一条，我就给你拼了，就不顾一切了，要么就悲伤到了极点，很低落，很低落。整个这个过程没出来之前，谁都不愿意接触，我家小孩死了差不多快六年，当社工踏上门，我老头就说干什么干什么要死啊，不要到我们家来。我不要和他们来往，她就仇恨。（20150915CSH）

没有白天黑夜了，想睡就睡，不想睡就坐起来发呆，整天晚上不睡觉的，睡也睡不着，睁着眼玩手机。现在什么做不得，脾气不好，容易跟别人吵架，没办法。以前家里开了个麻将馆，你叔叔也是，经常跟来打牌的人吵架，动不动就发火，到最后索性把麻将馆关了，不干了。（20150521YSW）

这种警觉性增高症状，集中表现为“边缘型人格障碍”。[①] 边缘型人格障碍是一种人际关系、自我形象和情感不稳定以及显著冲动的普遍心理行为模式，表现为潜在的自我损伤的冲动（比如物质滥用、暴食、无节制消费等），威胁型、自残型行为或重复自杀行为、自杀姿态等。而由显著心境反应所致的情感不稳定，则主要表现为强烈的发作性的烦躁，易激怒或是焦虑、慢性的空虚感、不恰当的强烈愤怒或难以控制发怒、短暂的与应激有关的偏执观念或严重的分离症状等。[②]

四 过度移情症状

发展心理学意义上的“移情”一词最早源于英国经济学家亚当·斯密的《道德情操论》，随后被斯宾塞引入到心理学研究领域[③]并且被广泛运用。目前不同学科根据自己的需要对“移情”有不同的理解。“移情具有两层含义，即主体对客体的情感投射和主体通过‘将心比心’实现对客体的认识理解”[④]。在心理学领域，前者更多倾向于精神分析学家弗洛伊德所理解的“移情”，即主体把对之前熟人的情感投射其他客体身上，是一种与他人互动过程中，被他人的情绪或外貌、行为等觉察而导致自己情绪唤醒的一种情感体验。后者则更接近于一种沟通交流的技巧，类似于同理心、同感以及人本主义的共情等，是心理治疗师获取服务对象心理信息，剖析心理问题的一种治疗方式。麦独孤和沙利文也有相同的观点，认为“移情是主体移入他人的情绪状态”。霍夫曼则认为，“移情是对他人

---

① 美国精神医学学会：《精神障碍诊断与统计手册》，张道龙译，北京大学出版社 2014 年版，第 280 页。

② 同上书，第 280—281 页。

③ 刘俊升、周颖：《移情的心理机制及其影响因素概述》，《心理科学》2008 年第 4 期。

④ 庞卓恒、王京春：《移情的发生机理、活动主体及其认识论含义》，《学海》2006 年第 2 期。

的一种设身处地的情绪反应”[①]。除了心理学，“移情”理论还发展到了美学以及文学领域，最早对“移情”做出系统阐释的正是德国美学家李普斯。在美学和文学领域，移情更多的充当一种修辞手法的作用，比如寄情与景、移情与物，是人对物的一种情感反应。虽然“移情”的概念在不同领域有所差异，但也不乏共通之处，都涉及到主体与客体之间情感的转换、移植、代替。这里所定义的“移情”是精神动力学理解的范畴即“案主把早年情感生活中对待某特定人的特殊感受或反应投射到其他客体身上，把其当作案主早年情感生活经验中的某特定人看待”[②]。

患有 PTSD 的失独者在日常生活中常常会有“移情”现象发生。由于对已逝孩子的过度思念与依恋，失独者大脑里充斥着自己孩子的音容笑貌和言行举止，总会情不自禁地把那些体态相貌类似人当作自己的孩子，并给予其父母的关爱。失独者通过“移情”可以把对孩子的感情和思念投射到与孩子相关的人或物上，使其充当子女的角色或子女的替代品来满足自己情感上的需要。一些失独者通过饲养宠物来达到移情的目的，宠物的名字往往就是自己孩子的小名，失独者把宠物看成孩子的化身，用心去照顾“孩子”，每次叫宠物的名字都是母亲对孩子的深深呼唤。网上也有关于失独者不惜一切代价寻找爱犬的相关报道，从失独者的视角出发，他们寻找的不是爱犬，而是他们的孩子。另外一些失独者会移情于一些具有自己孩子特征的他人，认为这就是自己的孩子，常常不自觉的尾随其行，注视其一言一行，仿佛孩子活生生的就在眼前，从窥测的过程中，失独者可以获得一丝丝的安慰。

> 孩子走后很长一段时间走不出来，后来养了小狗，名字也叫“MM”（孩子的小名），每天起来后就是给 MM 穿衣服，梳头，给它做饭吃，然后一起看电视。不管去哪里我都带着 MM，无聊的时候和他说说话，抱抱它。它的大眼睛看着我略微能开心一点，其实我也知道，每叫一次 MM 心里就难受一次，后来就习惯了。（20150607HGW）
>
> 我们这些人都想再要个孩子，可是没办法啊，山东有一个失独

---

① 王先霈：《中西移情理论之异同》，《沈阳工程学院学报》（社会科学版）2009 年第 1 期。

② Hollis, F. 1972. *Casework: A Psychosocial Theray*. 2d ed. New York: Randon House, p. 234.

者，看到一个很像她儿子的人，就认他做干儿子了，对他特别好，就跟亲儿子一样。刚开始那个人也还可以，对她还挺好，经常来看她。后来那个阿姨借给他几千块钱，那个人就消失了，就再也没来看过她。谁不想老了有个依靠，难啊！（20150515HGW）

移情可以缓解失独者的对孩子的思念，缓解可能产生的 PTSD 症状，帮助失独者找到新的情感寄托，但是过度移情容易导致失独者沉浸其中不可自拔，看见谁都像是自己的孩子，出现心绪紊乱，行为异常等特征，有时候甚至会被贴“疯子”的标签。有些无德之人甚至利用失独者的过度移情对其产生的信任骗取不义之财，对失独者造成了心灵的“二次伤害”。

五 其他不良适应症状

调查中还发现失独者存在着包括自卑感、丧失感、孤独感，并带有自残、自杀倾向等多种非理性认知在内的重性抑郁症，主要表现为：几乎每天都在害怕、恐惧等抑郁的心境中度过、对于所有聚会或活动的兴趣或乐趣都明显减少、常伴有失眠、经常性的精神运动性激越或迟滞、疲劳或精力不足、几乎每天都感到自己毫无价值、过分的或不适当地感到内疚、思考能力及注意力减退、犹豫不决、反复出现死亡的想法等。这些症状因带有临床意义的痛苦，极易对失独者的社交、职业或其他重要方面产生消极影响。① 严重干扰失独者的正常生活，给失独者带来了巨大的精神折磨，驱使患有 PTSD 的失独者进一步产生心理异变。

案子处理还没有结束，现在每天心情都很沉重！完全控制不了自己，对什么事都不关心了！就这样绝望地活着，还有什么快乐啊！（20160904XJL）

我们的心每天都在滴血。（网友“笑过的痛”）XJL 回复：是的，姐！我们每天心都在滴血，永远生活在黑暗与痛苦之中，哪里还有什

① 参见美国精神医学学会《精神障碍诊断与统计手册》，张道龙译，北京大学出版社 2014 年版。

么阳光啊！（20160929XJL）

我就整天就想这些事情，走不出来，好多人都安慰我，说尽量走出去和别人多交流，你去谈下别人家里孩子怎么样，别人家怎么样怎么样，那听着就像在挖我的心，听不得。根本就走不出去，就整天坐在家里想，我这个病（抑郁症）也越来越狠。身体越是不好，家里也是安静就更加想念孩子，身体好的时候还好，身体不好的时候特别特别想。（20150624WHM）

这种事估计到死才能忘记，死了就什么都不想了，你不死，活一天，小毛头（儿子）的印象都有这个是事情。我现在穿的衣服，还有这个鞋子都是儿子的，每时每刻都在想儿子。（20150622WHC）

除了上述的重性抑郁症之外，已有的研究也发现失独者还容易产生：任意推断、选择性概括、乱贴标签、过度引申、过度曲解、夸大或缩小、非黑即白等绝对化思考倾向，易出现情绪推理、个人化的认知曲解等。[①]受到这种抑郁情绪的影响，有的失独者甚至还会产生反向行为，例如在工作或生活中表现的过于活跃、张扬，而大部分则表现出情绪失控，过于悲伤，且反复无常，离群索居，深居简出。

综上所述，在失独事件伴随的巨大冲击下，失独者普遍处于悲伤状态，一旦失独者显现出上述特征，即可判断其患有 PTSD，即产生心理边缘化。弗洛伊德（Freud）认为，当旧有的联结由于逝者离世而消失时，如果心理从关系中被抽离释放出来的话，过度性精神投入（hypercathexis）的过程便会开始，生者的情感会随着投入重温与逝者有关的每一个记忆，并持续地发现逝者不再存在这一现实而产生波动与抽离，若遇到异常的外在或内在干扰，丧亲者会长期停留在某种与逝者矛盾或被内疚支配的关系下，生者的精力难以转移，就会形成延迟、夸大或病理性的悲伤。[②] 根据这一观点可知，失独者心理边缘化的根源在于其失独后停留于过度哀伤之中，且不能适度控制这种哀伤情绪，事实上，很多

① 李秀：《失独者悲伤调适及其本土化干预模式研究》，南京中医药大学博士学位论文，2014 年。

② 参见陈维樑、钟莠筠《哀伤心理咨询：理论与实务》，中国轻工业出版社 2006 年版。

失独者是具备自我调节哀伤的能力，并可以做到重新回归社会，然而目前，大部分失独者仍处于心理边缘状态，造成这一现象的真正原因是他们内心始终无法释怀，处于后悔和内疚的支配下，认为遗忘就等于背叛。

失独者并不是不想去追求开心快乐的生活，也并不是想做被社会抛弃的人。只是骨肉亲情生死离别的痛苦又有几人能真正理解？孩子是无法忘掉的，甚至是需要时刻铭记的，这样失独者至少知道以前曾经幸福过。边缘与忘却是一道残酷的选择题，而且只能有一个选择。要想融入社会就必须忘掉失独带来的悲伤，脱敏于生活中的刺激物；如果生活中始终是失去孩子的阴影，自卑心理会驱使失独者逃避现实环境，最终走向只能是边缘。看似是一道选择题，其实对于大多数失独父母来说是无法选择的，感情上的事情从来都是身不由己，不是说忘就能忘掉的。孩子是父母的心头肉，是父母的一切，遗忘就等于背叛，心里有愧于孩子。而这种负罪心理又进一步加深了心理异化程度，心理边缘感进一步加强。

第三节 失独者心理边缘的自我建构

人的本质是一切社会关系的总和。个体在其生命发展历程中与他人进行交往，并建立一定的社会关系，其中不乏与重要的他人建立亲密型情感关系。这种关系对个体的生存和发展具有重要意义，不仅可以满足个体生存过程中所需的安全感，同时也可以为个体在探索外部世界的发展过程中，提供所需的安全基础。个体间建立起的亲密型情感关系实际上就是“依恋”（attachment）。鲍尔比认为依恋的这种情感联结被打破时，个体会产生条件性焦虑甚至是期待性焦虑，当焦虑程度超出正常范围时，则会引发恐惧症；当短暂分离变成长期的丧失时，个体会形成绝望而陷入哀伤的状态，即使恢复平静，也不意味着他们回到正常的状态，[1] 丧失与不安

① Bowlby, J. 1973. *Separation: Anxiety and Anger* (Attachment and LossJHJ2). New York: Basic Books.

全感的双重打击，组合产生了最严重的混乱，[①] 法尔贝里（Fahlberg）认为这种联结的破裂，会使人格面临严重的危险[②]。

失独意味着父母建立起的最为亲密的依恋关系的中断，与子女的情感联结被打破，不仅导致其家庭结构改变，而且在中国传统文化的背景下，其家庭意涵也发生微妙的变化。在这一系列的转变中，失独者的边缘心理逐渐在强烈的自我意识中实现主动建构。

一 家庭意涵的中国式转变

家庭是“由一些亲密者组成、并能够提供社会支持的团体，其成员在遭遇躯体或情感危机时能向其寻求帮助”。[③] 从家庭的概念可知，家庭与其他组织相区别的本质在于它的结构和功能，并且结构和功能二者间是相互关联、相互影响的关系。从家庭的结构来看，独生子女家庭是一个倒金字塔型的家庭结构，这种由父母和子女组成的三角家庭与其他家庭结构相比较为稳定，在这种结构中，子女是父母间、父母与社会交往的重要联结纽带，因为子女的存在，夫妻间的关系更为稳固，父母与社会联系更加密切，由此可见，子女是三角家庭结构中最为核心的部分；从家庭的功能来看，家庭作为初级群体，是人际交往中关系最为密切的群体，其功能是其他群体所不能替代的，而三角家庭结构中核心的独生子女，作为“家庭中同父母进行代际价值交换的唯一对象、家庭中同父母进行亲子社会互动的唯一对象、父母老年社会保障所依赖的唯一对象”，其在家庭中的地位不可或缺[④]，独生子女在家庭中，不仅要承担代际孝养的责任，而且也是家庭血脉的传承者，是父母对生活和未来全部的希望，把这空洞的将来具体的表示了出来……孩子出生为夫妇双方创造了一件共同的工作，一个

---

① Wozniak, J. & W. Sack. 1993. “Developing Minds: Challenge and Continuity across the Life Span”. *Journal of the American Academy of Child & Adolescent Psychiatry*, 34 (2), pp. 255 - 256.

② Fahlberg, V. I. 1991. *A Child's Journey through Placement.* Indianapolis: Perspectives Press, p. 143.

③ Smilkstein, G. 1980. “The Cycle of Family Function: A Conceptual Model for Family Medicine”. *Journal of Family Practice*, 11 (2), pp. 223 - 232.

④ 董阳、陈晓旭：《失独群体的“协作维权”及其互动机制——基于“失独者之家”网络社区的虚拟民族志研究》，《中国非营利评论》2014 年第 2 期。

共同的希望，一片共同的前途[1]。

在中国的传统观念中，家庭是赡养长辈、抚育晚辈的基本单位，是人们完成代际交换、代际继承的基础。在中国传统文化的影响下，百善孝为先，而最大的孝就是要为家族传宗接代，同时，“养儿防老”的观念也已深入人心，费孝通先生提出“反馈模式”：甲代抚育乙代，乙代赡养甲代，乙代抚育丙代，丙代又赡养乙代，下一代对上一代都要反馈的模式。人的一生如果分为老壮幼三个时期，其中只有中间这一段时期人能靠自己的劳动养活自己，幼年和老年这两个时期在不同程度上都是要别人来养活的[2]。子女年幼之时，父母对子女有养育的义务，因而当父母年老之时，子女也应承担起赡养的责任，事实上，年迈的父母在情感层面对子女的依赖更甚。

风险社会学家贝克认为，我们现在正处于前所未有的风险社会，过去的政策、行为等可能会造成现在或未来无法预期的风险。计划生育实施以来，越来越多的独生子女家庭出现。在这样的家庭中，独生子女就是父母的“天”，是父母希望的寄托，依靠的存在，慰藉的源泉。在中国，很多父母都是为孩子而活的，孩子小的时候辛辛苦苦地将他们养大，为了孩子接受更好的教育，放弃工作而选择陪读，孩子毕业了又担心他们的工作和家庭，攒钱给孩子买房买车……父母一辈子都是在为孩子而操劳。从这个方面来理解，中国的独生子女家庭在本质上就是高风险家庭[3]。一旦独生的子女因为各种原因意外离去，就会对家庭的结构和功能产生极为严重的负面影响。在家庭结构方面是“家庭人口要素的异常减少、家庭模式要素的致命改变”。[4] 独生子女不在，三角家庭结构中孩子的那一端也就不存在，家庭结构就完全改变了，潜在的风险家庭也相应地变成了显性的失独家庭。家庭结构不再完整了，孩子缺位是永恒的痛苦。孩子夭折导致父母生活一下子没有了盼头，一下子变得“空荡荡”的，断子绝孙是人生难以承受之痛。在家庭功能方面则是“造成家庭凝聚力与问题解决能力的急剧下降、家庭传承系统的直接中断、家庭平衡系

① 费孝通：《乡土中国·生育制度》，北京大学出版社 1998 年版，第 369 页。

② 费孝通：《家庭结构变动中的老年赡养问题》，群言出版社 1999 年版，第 67 页。

③ 穆光宗：《独生子女家庭本质上是风险家庭》，《人口研究》2004 年第 1 期。

④ 同上。

统的紊乱”。[①] 特别是由于国家对失独群体的年龄界定主要指女方年龄已达到49周岁，对于这个年龄的人来说，“失独”不仅仅只是独生子女本身的丧失，而是暗含着该群体已失去再生育的能力。这类人群本质上已进入了中老年阶段，也即出生于新中国成立之后的中老年群体，“受其成长历程中独特的社会背景、社会事件的影响，他们在人口、社会、经济特征等方面均呈现出与新中国建立之前人口群体不同的特点”。[②]

独生子女的死亡会重创父母对自我和世界的认知，挑战父母存在的价值与信念，父母原来对世界的假设观点变得脱序、混乱[③]，生活意义和生命价值皆会发生重大变化，这种原始认知的异变点燃了失独者心理边缘的导火索。同时，人情式微与资源断裂让失独者更加深刻地感受到失独所带来的经济、声望与权力地位的下降，经历着“双重排斥”的边缘体验。失独者逐渐脱离主流群体，走向有共同遭遇的“同命人”群体并长期沉浸其组织内，拒绝与“圈外人”交流，在失独“场域力”的长期“熏陶”下，最终导致失独者心理完全边缘化，形成了具有稳定状态的边缘人格。

二 失独者心理边缘的自我建构途径

失独者的痛苦是无法言说，也是旁人无法体会和感同身受的。独生子女特殊就特殊在他们在家中都是唯一的，“唯一”意味着他们是家庭唯一的命根、唯一的希望、唯一的依靠。这种唯一性就是独生子女家庭最大的风险源，就是这类家庭天生的脆弱性所在。失独父母心理边缘的自我建构就根植于这种唯一性，从否认事实、内心异化、归因自责到主动回避、消极拒绝社会网络圈，最后“封闭”为边缘人格，与此同时，他们的心理状态也经历了从崩溃、悲伤、愧疚、害怕、恐惧到绝望的过程。

（一）崩溃：否认事实

独生子女是这个家庭中同父母进行代际价值交换、亲子互动的唯一对

---

① 张必春、陈伟东：《变迁与调适：失独父母家庭稳定性的维护逻辑——基于家庭动力学视角的思考》，《华中师范大学学报》（人文社会科学版）2013年第3期。

② 姚远、陈昫：《老龄问题群体分析视角理论框架构建研究》，《人口研究》2013年第2期。

③ 李秀：《失独者悲伤调适及其本土化干预模式研究》，南京中医药大学博士学位论文，2014年。

象，也是父母养老保障所依赖的唯一对象[①]，其在家庭中地位甚高，可以说是集众爱于一身，既是整个家庭开心快乐的源泉，也是父母持续奋斗的动力。霍夫曼等认为子女能给父母带来包括生命得以延续的安全感、与孩子关系密切的归属感和满足感、创造生命和养育子女的成就感等9种心理满足感，父母从子女身上可以获得情感、照料、经济等多方面的支持。然而子女逝去后，一切都化为乌有。从家庭结构视角出发，独生子女不仅仅承担着赡养父母的义务，还肩负着传承家族血脉的责任，是家庭三角结构中的支点，维系着整个家庭结构的稳定。正是因为独生子女的重要性和唯一性，父母对独生子女寄予太多的希望和厚爱，全心全意的呵护孩子成长。然而希望越大，希望破灭时的伤痛也就越难以承受。一旦独子不幸去世，父母将陷入崩溃的状态，生不如死。

独生子女去世时都正当青壮年，死亡貌似离他们还很遥远。但意外与明天哪个来得更快，谁也无法掌控。成年独生子女的逝世多数属于车祸、急症、灾害、自杀等非可控因素导致的不幸早夭。由于在意识层面并未做好面对的准备，那些突发事件式的悲剧就不知不觉地进入了无意识状态，并在那里不断地重复展开。[②] 很多失独父母今天还看见孩子朝气蓬勃，明天面对的就是一具尸体，情感一时难以接受失独的事实。失独父母通常都会保留着孩子生前所使用的物件，就像孩子还在自己身边一样。虽然失独者明明知道自己是在欺骗自己，但他们更宁愿相信自己的孩子出远门了，给自己幻想一个希望，一个“盼头”：孩子只是暂时睡着了，肯定会再回来的。但是失独父母越是否认事实，就越陷入对已逝子女的追思之中不可自拔。然而每一次回忆就是对失独之殇的重温。心理过程并不是始于个体意识，而是一种重复，一种长时间积累形成的并由大脑结构继承的功能的重复。[③]

当时我都不敢相信儿子走了，太难以置信了。他身体一直很好，

---

① 风笑天：《浅谈独生子女在家庭中的角色特点》，《学术评论》1991年第5期。

② 潘毅：《开创一种抗争的次文体：工厂里一位女工的尖叫、梦魇和叛离》，《社会学研究》1999年第5期。

③ 卡尔·古斯塔夫·荣格：《荣格文集：心理结构与心理动力学》（第4卷），关群德译，国际文化出版公司2011年版，第79页。

去世前他到他姑妈家去玩，然后他姑妈就打电话来说他头痛，呕吐，但是我们不知道是什么病。原来他身体一直很好的，然后我们就一起去看了。看了当时还可以了，他自己还到了她姑妈那里了，她姑妈家好远的，他自己去了。随后不行了，当时我们还以为他是中了暑。他一路走到我们厂里的医院，从那时候起，他就在那边打吊针，医生也不知道什么事，一直在打吊针，五点钟没有苏醒，然后医生说快点送到市里医院，就不行了，一直昏迷。在医院就一个晚上，第二天早上就去了。当时哭天哭地，真的不敢相信，我现在的病都是那个时候得了。(20150911CSL)

由于对子女的过于思念，失独父母经常性自言自语，拿着孩子的照片黯然伤神，独自流泪，倾诉思念之苦。日有所思，夜有所梦，过度思念导致失独者产生幻象和梦境。海德格尔（Heideggar）认为，“梦是现实存在的栖身之所，是希望，是实现现世存在地可能性”。[①] 因此，有些失独者宁愿沉浸在梦中，不愿醒来。在梦境中失独者可以感觉到孩子就在身边，从前的幸福生活历历在目。久而久之，持续的重复强化了失独者的伤痛意识，抑郁悲伤过度堆积，导致忧伤成为一种生活常态，失独者心理也变得异常。总之，这一阶段失独者精神崩溃、否认失独事实，心理承受着巨大痛苦，心理压力骤增，为心理边缘化埋下伏笔。

（二）愧疚：归因自责

失独群体普遍具有以下六种心理状态，分别是悲痛、自闭、绝望、后悔、补偿与恐惧。[②] 失独事件发生后，失独者就对该事件的起因、结果产生各种持续性的认知歪曲，导致个体产生自责，这种归因是失独者情绪稍有稳定后对失独事件的自我反思。此时，失独者通常会把孩子的离世是因为自己“命不好”“命该如此”，并且强化自我责任，把孩子去世的责任都揽到自己身上，认为自己没有照顾好孩子才会导致悲剧的发生。这种深深的自责感加剧了失独者内心的不安和愧疚，使失独者背上了沉重的心理

① 潘毅：《开创一种抗争的次文体：工厂里一位女工的尖叫、梦魇和叛离》，《社会学研究》1999 年第 5 期。

② 穆光宗、张团等：《计划生育无后家庭民生关怀体系研究——以辽宁省辽阳市调研为例》，《中国延安干部学院学报》2011 年第 5 期。

负担。"自我惩罚式"的归因和自责会进一步加速失独者心理边缘化的进程，加深了失独者的苦难处境。

> 晚上儿子说妈妈我走了，走到门口说妈妈再见，我脑子里突然感觉儿子是不是和我再见再也不回来了，但我也不能说出来，怕说出来不吉利。总是控制不住自己，总想打自己，他走的时候给我告别，其实我已经意识到了，但我没有把他拦下来。我恨自己，我为什么不死呢？我要死了我儿子就不会死。(20160710WSE)
>
> "失独者往往伴随着强烈的自责心理，这是我们在调查过程中最常听到的话语。他们认为是自己没有保护好自己的孩子，如果不那样、如果没有……"(专业社工 20160915HQ)

失独者的心理边缘化进程开始，边缘感受和边缘体验逐步增强。我们知道，在后现代理论的框架下，作为弱势群体的失独者，虽然在结构、权力主导的悲剧命运下，但他们并不会只是消极地服从和接受现实。[①] 事实也是如此，失独者在情感适应失独情境之后，也想尝试改变现状，打破目前孤独与空虚的情感困境，实现自我拯救，然而，在社会交往互动中，他们发现现状很难改变，并在反复的失独打击下内心逐渐向异化的方向发展。

(三) 悲伤：内心异化

丧失亲人的悲伤是每个人都无法逃避且必须经历的，但独生子女的意外离世，不同于老人的寿终正寝、乘鹤西去。同样是亲人的离开，老人的仙逝是一种人世轮回，终为土灰的归宿，是一个必然会降临的"节日"。亲人对此也是早有心理预期，所以内心虽然悲伤但也还在可承受范围之内。独生子女英年早逝则不同，正当青壮年，承担太多的责任和义务，突然离开，一切都始料未及。对于父母而言则是一种"撕心裂肺"的痛苦，不仅承担着"白发人送黑发人"的凄凉，还要面临着三角家庭结构坍塌、老无所依的现实困境。

---

① 魏银：《坍塌与抗争："失独者"真实生活图景透视——基于三个报道案例的内容分析》，《南京航空航天大学学报》(社科版) 2013 年第 1 期。

在这种伴随悲伤的现实困境中，失独者在巨大的压力下产生心理失衡并导致内心异化的出现，即失独者不甘心沦为“失独者”的地位，对失独身份不认同，心理不平衡。田野调查中发现，由于失去自己的孩子，失独者感觉上天极不公平，其他人的孩子都是平平安安，唯独自己的孩子去世了。在其他人都在享受含饴弄孙的天伦之乐的时候，自己却只能借助梦境来慰藉空虚的精神。通过自己与其他人境况比较之后，失独者往往会产生巨大的心理落差，曾经自己也是幸福快乐的“三口之家”，可如今却变得可望不可即，顿时感觉自己一无所有，相对剥夺感骤增。失独者对其他人的快乐生活会产生羡慕、嫉妒甚至愤恨的感觉，最终导致心理异化。甚至有失独者处于“道德追责”及善恶轮回的“因果报应”论说中，被外界认为是一个“有霉运”“没积德遭报应”的人，更是加剧了失独者的内心异化程度。

行为来自于人们心理世界的运动和互动。心理异化使失独者理性思考间歇性丧失，“他们无法用正常的思维来看待世界，脱离了日常生活的轨道”①。失独者的异常行为主要表现在：一是多向度的复杂性悲伤，在生理层面有睡眠问题，情绪层面可能有震惊、麻木或是忧郁，社会人际层面呈现退缩及角色改变，灵性层面有质问苍天、无法接受，在认知和思考上呈现交易的想法、较脆弱容易受到伤害，行为层面表现出无法静下来、激动、且经常造访墓地等。② 承受丧子之痛后，他们的神经变得异常敏感，一旦触碰内心的伤痛，情绪就容易激动，难以控制。他们常常会进行异常“联想”，尤其是失独母亲，联想孩子如果还在，会是什么样的。看不到未来的失独父母选择了自甘沉沦，沉沦在无尽的回忆里。而实质上，失独者深陷于回忆之中是为了忘记眼前的痛苦，对于现实环境的脱离是一种自我保护的表现；③ 二是普遍较重的社会戾气。失独者认为自己是听从国家的计划生育政策“只生一个好，政府来养老”，但现在孩子意外去世，自

---

① 徐琦：《绝望、迷失、重塑：失独者生命意义的主体建构——基于失独者生活叙事的解读》，华东理工大学硕士学位论文，2014年。

② 李秀：《失独者悲伤调适及其本土化干预模式研究》，南京中医药大学博士学位论文，2014年。

③ 徐琦：《绝望、迷失、重塑：失独者生命意义的主体建构——基于失独者生活叙事的解读》，华东理工大学硕士学位论文，2014年。

己面对的却是“养老不能靠政府”，感觉自己被政府骗了，成为计生政策的“牺牲品”。一方面自己唯一的孩子突然去世了，心理压力大，看着别人开心，心中就有“气”；另一方面失独政策还有待完善，失独者面临着“老无所依，死无所葬”的局面，活着还不如早点和孩子团聚。两个因素共同造就了失独者仇恨社会的心理，失独者也成为社会中的不稳定因素。

我老公的姐姐就这样说，你看那谁谁就走出来了，在街上和人家聊天笑得多好啊，听着我心里就特难受，出门人家都是用一种异样的眼光看着我，虽然有时候我低着头，用眼睛瞄一下就知道别人用异样的眼光看着我。(20150518YSW)

我只要看到和我孩子年龄相仿，个头差不多的人都会跑过去看看，看看是不是我的孩子，多么希望就是我的孩子，他并没有死，只是迷路了，我就想把他找回来，别人都说我疯了，我也知道自己不正常，但就是控制不住。(20150916GD)

每天看到孩子的照片我都特别难过，我觉得她并没有离开我，我觉得她就在我身边，一直看着我，怪我没有看好她才出了这样的事，我不敢看孩子的照片啊，总觉得孩子不在了，自己还苟且地活着，特别对不起孩子，后来就不敢看到孩子的照片，照片都收起来了，孩子的房间也不敢去了，去了就感觉出不来。(20150916KFX)

说起来你可能都不信，我们家以前都不开灯的，希希（阿姨的女儿）不在了，我从医院出来都不敢见太阳，我觉得太刺眼了。孩子不在了，我觉得自己就一下子从天堂掉到了地狱，我整个人都是黑暗的。白天我都要把窗帘拉起来，不让光照进来，晚上我都不开大灯的，都是有事的时候拿手电筒照一下。那段时间我根本都不出门，吃的都是孩子他爸他去买，他也难过，但受不了我这样，都不愿意待在家里，他经常加班，忙起来能麻痹自己吧。他还说要不我们再要一个孩子吧，我死活不同意。这是对孩子的背叛，我怕孩子在天之灵看到难过，认为爸爸妈妈不爱她了，我心里只有这一个女儿，谁都代替不了的！(20150817QY)

我就整天就想这些事情，走不出来，好多人都安慰我，说尽量走出去和别人多交流，你去谈下别人家里孩子怎么样，别人家怎么样怎么样，那听着就像在挖我的心，听不得。根本就走不出去，就整天坐在家里想，我这个病（抑郁症）也越来越狠。身体越是不好，家里也是安静就更加想念孩子，身体好的时候还好，身体不好的时候特别特别想。(20150624WHM)

一下子突然离开了我们，就像一场梦一样接受不了。我把自己关到屋里不愿意出去，看到女儿的相片，越看越难过，甚至有时候晚上睡到床上，就不由自主的自己眼泪就不停地在流，整个人都崩溃了。每当提起这个伤心事，我的心就像刀子在割，平常还总是笑着脸在外头对人，不能够让别人看出一点破绽，心里比刀子捅还难受些。(20150507WHL)

在中国传统的家庭观念中，孩子就是父母的全部重心，是父母的希望，失去孩子就等于失去了对未来的期望和人生意义。在这种价值观念下，失独导致父母的世界观、生活意义和生命价值都发生重大变化，这种基本认知的异变就成为失独者心理边缘建构的开始，失独者开始意识到自己与“正常人（家庭）”不同，行为异化，心灵漂泊，无所依靠。

人活着，但心已经死了，我把我自己封闭在房间里，哪都不想去，下楼都不想下，谁都不想看到，我好像觉得这个社会跟我无关了，就只有这个房间里能容纳我，因为我儿子所有的一切都在房间里，我总想着儿子能够回来，不管是灵魂回来还是人回来，总是有个盼头，总在幻想中过日子，有希望就能过一天。(20150814WHZ)

我们这群人跟其他人不一样，他们都有孩子，我们没有，走在大街上抬不起头的，自卑。没有孩子也不敢和其他人发生冲突，一有矛盾别人就骂我“断子绝孙”“不得好”，太难听了。(20150814YSC)

（四）害怕：主动回避

失独后，他们害怕与原社会关系网络继续维持互动，因为子女一直都是父母与亲戚、同事以及朋友之间谈论的主要话题之一，当失独事件的发生，就意味着围绕子女为中心话题的谈论难以继续维持，这种“话语资本”的缺失让失独父母难以再融入到熟人社会中，在社会交往中“失语”。失独者基于对“他者”的解读采取了“自我”的行动：断绝与“他者”的联系，躲避世俗人伦。[①] 而原有社交圈的“话语”大多成为日常社交的，不断提醒他们失去唯一的孩子这一现实。因此，很多失独者在害怕心理的作用下，逐渐“回避”原有的社会交往圈，主要表现为“患者长期或持续性地极力回避与创伤经历有关的事件或情境，拒绝参加有关的活动，回避创伤的地点或与创伤有关的人或事，有些患者甚至出现选择性遗忘，不能回忆起与创伤有关的事件细节。走向黑暗，真空状态，抗逆力。”[②] 他们要么选择搬家，要么“圈禁”自己，他们大量地减少了以往的社交活动，排斥“伤痕”符号，回避与他人有过多的接触，中断正常的人际关系网。他们变得沉默寡言，完全生活在自己的世界里，似乎自己塑起的封闭的空间，回避外界的干扰，排斥任何创伤记忆，才有安全感。

主动回避正常的社会交往，尤其是在佳节之时。对于失独父母来说，佳节就是“劫难”，过节就等于“过劫”。逢年过节时外界的喧嚣，会进一步刺激失独者的神经，加大心理的落差感。“每逢佳节倍思亲”，过节之时，失独者会比平常更思念天堂上的孩子，同时与外面节日热闹气氛相比，失独者内心会更显得凄凉冷清。所以，每次过节，失独者就像漂泊的流浪者一样，离开家到一个安静的地方静静的舔舐着自己的伤口，听着别人家传来的欢声笑语，他们的心里无比难过，选择“躲避”和亲朋好友相聚的机会，孤零零地暗自神伤。

> 孩子在的时候，每年过年我们都是一大家子在一起团聚，有说有笑，孩子走了以后，我们从来没有过过节了，每到大年三十，外面张灯结彩，喜气洋洋，别人家都开开心心地过年，我们老两口就躲在家里，电视也不敢开，不敢看见别人好幸福的样子，心里会难过，会想我们家孩子……过节时最难熬的，真的度日如年，我们俩就望着窗外发呆。(20140911WAY)
>
> 红白喜事交了份子也不去，去不了，一见面就是说我们孩子上了

① 徐琦：《绝望、迷失、重塑：失独者生命意义的主体建构——基于失独者生活叙事的解读》，华东理工大学硕士学位论文，2014 年。

② 青连斌：《“边缘化”带来的警示》，《人民论坛》2010 年第 S1 期。

大学了，去哪当兵了，什么单位工作，我能说什么？我能说我儿子死了？他们都有得说，我什么都没得说。我现在没有任何想法，反正是清早一睁眼还活着呢，活着就再过一天，合着眼睡觉，第二天还能醒来，还活着呢，活着就再来一天。（20160717LDK）

家里就空下来我们夫妻两个人，到了过年过节，尤其是到了春节，不是我们不喜欢过节，我们很喜欢过节，但是我们又非常怕过节，碰到春节的时候，我跟我老婆就躲避、逃避，我们不想听到外面的炮仗声，不想看别人夫妻两个人带个小孩子走亲戚，人家家里都有小辈啊，子女啊，我们两个就无语了，面对面没什么话说，总是在骗自己，总觉得孩子到国外去了，马上就回来了（20150820LLH）。

然而比躯体流浪相比，心灵的漂泊更让失独者寒心。失独者在这个阶段断裂社会关系，回避“熟人社会”，生活半径减小，渴望有尊严的活着，希望可以到一个陌生的地方有个新的开始。然而心灵没有依靠的港湾，无论逃到哪里都是过客。失独者没有一种归属感，进一步加深心理边缘感。

一到过节，我们就把手机关机了，不愿意去和家里人聚会。孩子不在了，就不愿意多出去走动联系，侄儿们平时来看我们，我们表面上装的挺高兴的，但是看见他们就想起自己的孩子，心里疼啊。过节也不想和兄弟姐妹们聚，他们都有自己的家庭，儿孙满堂，幸福得很，我们，哎……就不去凑那个热闹了。（20150913WS）

我们没到过年过节，只要一炸鞭，就逃，就跑。不在家里头，就往外走。我们现在已经养成这种习惯了，一到过年过节就开始计划今年要到哪，快点走，我们就这样逃避，其实还是一样在逃避，不敢面对。（20150815WHWSE）

失独事件对父母造成的伤害是不可逆转的，其恢复也是一个缓慢的过程。对很多父母来说，唯一的子女去世了，生活也就失去了意义和色彩，昔日忙碌奋斗都是一场空，如今只换得万念俱灰，肝肠寸断。以湖北省为例，城镇地区的失独父母中占70%的人都主动离开了工作岗位。[①] 他们大多换了手机号码，换了家里座机号，几乎切断了与所有认识的人的联系，惧怕接触原来生活里的一切人，"没了孩子，就没了脊梁骨""不敢看别人的脸，只看别人的下半截。"[②] 整天把自己关在家里，不愿和别人说话。"最怕邻居提到孩子，每每碰到他们询问，我就说孩子出国了"。[③] 甚至背着行李四处逃离，流浪了三年不敢回家，"农村的舆论让你受不了"，"绝户"的嘲笑让人心死。叶儿黄说，"女儿的事是她和老庞之间的禁忌，不能提。"也有调查显示，58%的丧失子女的父母表示，他们觉得自己活着都没有什么意义了，77%的丧失子女的父母表示，子女的死亡让自己甚至丧失了生命目标。[④]

由于心理上的"失独之痛"难以愈合，失独父母开始主动减少社会活动，情绪低落，无心工作。男性通常以烟酒来麻醉自己，减轻心灵上的痛楚。相对感性的女性则通过无尽的泪水来舒缓内心的哀伤。失独父母辞去工作后，长期沉浸在对子女的回忆之后，拒绝参与社会活动，去社会化的行为日益凸显。而周围的亲戚朋友对失独者有较高的角色期待，急切希望失独者能够尽快走出当下忧伤的生活状况，重新走上正常的生活秩序。由于缺乏共同感受机制，亲朋好友的善意劝说效果甚微甚至起到相反的效果，无意中增加了失独者的心理压力，让失独者感觉到自己突然之间变成了无依无靠的弱者，其他人都无法理解自己的痛苦。

原有社交网络"话语资本"丧失和"创伤符号记忆"，以及"不孝有三，无后为大"的子嗣传承文化和一些类似"断子绝孙是前世作孽遭报应"的流言蜚语，对失独者精神上是一种沉重的打击，造成失独者的"低人一等"的心理自卑感，感觉活着没有尊严，是一种"苟且偷生"的生存状态。由于熟悉的环境不断地重复着失独者失独的事实，对失独者心理产生了极大伤害，使失独者萌生逃离的意愿，选择回避正常社交，主动

---

① 张必春、江立华：《丧失独生子女父母的三重困境及其扶助机制——以湖北省8市调查为例》，《人口与经济》2012年第5期。

② 李佳蔚：《失独母亲笛妈：这几年的眼泪，一缸水都装不下》2013年5月8日，凤凰网，http：//news. ifeng. com/mainland/special/mama/content－3/detail_ 2013_ 05/08/25073066_ 0. shtml.

③ 王梦婕、张瞄瞄：《我们的晚年何处安放》，《中国青年报》2013年1月22日（03版）。

④ 马志国：《失独父母怎样心灵自救》，《中华养生保健》2014年第6期。

退出原有的社会交往圈，中断日常的社会交往，从而不断发展心理边缘的界线。长久的回避，导致失独者从回避主流群体到“拒绝”主流群体。

（五）恐惧：消极拒绝

“话语资本”的缺失且无法弥补，从符号互动论的观点来看，个体采取什么样的行动，取决于社会互动过程中所赋予事物的意义。在失独事件发生后，失独父母在新的身份和新的情境中常常体会到的是消极、负面的情感，积极健康情感体验的缺失严重影响失独父母的行动选择。对过去，有遗憾、有怀念、有自责、有悔恨；对现实，有悲伤、有痛苦、有宿命感、有阴郁、有焦虑、有逃避、有破罐子破摔、有自残自杀；对未来，则更多的是“恐惧”。[①]“家庭就是一艘船，孩子就是压船石，现在孩子没了，船就随便漂了。”失独父母心理上已经把自己定义为被社会抛弃的人。内心的煎熬、恐惧已经成为一种疾病，生活已经扭曲，与正常的轨道渐行渐远。这种恐惧一方面来源于失独者父母角色的失去；另一方面则来源于对未来养老的恐惧。面对人情式微，以及随着独生子女离去所面临的资源断裂，恐惧使他们拒绝任何正常的社会交往。

当失独者失去孩子后就意味着自己作为父母角色的扮演失败，心理上就会使自我身份的认同降低，会陷入恐惧和自卑。他们内心已经有了对自我身份的一个认知：我跟他们是不一样的，我没有了孩子。从而产生了对身份担忧的恐惧。恐惧我们处在无法与社会设定的成功典型形态保持一致的危险中，从而被夺去尊严和尊重，这种担忧的破坏力足以摧毁我们生活的松紧度[②]，拒绝正常的人情往来。

> 我现在和以前的朋友和同事没什么联系了，以前大家在一起经常聚会，但话题总离不开孩子，谁家孩子该上大学了，谁家孩子找了个什么样的媳妇，家长里短的都是扯这些东西，因为大家年纪都差不多的，女人的话题哪能离开家庭，但是现在我孩子没了，这下你让我聊什么，没有共同话题了呀，听听都会受刺激。他们在我面前也不敢说

① 侯秀丽、王保庆：《我国失独现状的分析与思考》，《湖南师范大学社会科学学报》2014年第3期。

② 阿兰·德波顿：《身份的焦虑》，陈广兴、南治国译，上海译文出版社2007年版，第6页。

这些，大家在一起就很尴尬，一看到我来了就得回避这个话题，他们别扭，我心里也难受，干脆就不聚了嘛，他们聚他们的，我不去。(20150816DF)

小区里的邻居都不怎么联系了，他们要是通知我谁孩子结婚啊、谁家孩子满月酒、谁家葬礼这些红白喜事我都不去，让别人把礼金送去，我不愿意出门，感觉到处都是可怜我的眼光，在外面，别人总觉得我是弱者，都处处照顾我、让着我，尽量在我面前小心说话，有时候看别人在那热热闹闹地谈论小孩孙子啊什么的，一看见我来了就不继续说了，现在孩子啊这些字眼我都特别敏感，老远都能听见，而且一听见我就难受，这种情绪控制不住啊，我儿子要是还在，应该也结婚，我也能抱上孙子了吧，命苦啊！(20150814LAY)

走在路上都害怕听到别人谈起孩子，看到别人都带着小孩带着孙子，我是又羡慕又伤心，为什么就偏偏我孩子不在了，还记得有一次听到别人说什么上辈子造孽断子绝孙，我一下子就懵在那了，后悔啊，早知道我就多做些善事，要是能换回我孩子，让我做什么都行，真的，让我做什么都行。(2012 网友“花开花落”)

医学家魏斯（S. Weiss）认为，个体在日常持续的社会交往过程中，通过社会交往产生的亲密关系、社会支持以及帮助他人等各种途径，可以使自身的价值得到社会的认可，从而获得他人帮助的机会。[①] 失独父母丧失子女，有不愿意进行社会交往，在日常生活中出现的很多问题都是无法回避的，如果失独父母双方都健在，两人还可以在生病的时候相互照应，相互扶持，但年纪大了，好多事情做起来都不太方便，只有一个人的情况可见更心酸。

我老头生病了，需要住院，我一个人，又要去交住院费，办理入院手续，排队的人特别多，我着急啊，等了一个多小时，老头就在走廊里坐着等我，也没人陪他，发着高烧，我真的分不开身，一个人好

---

① 侯秀丽、王保庆：《我国失独现状的分析与思考》，《湖南师范大学社会科学学报》2014年第3期。

难过，孩子在就好了，有人分担。(20150912WAM)

儿子以前还在的时候，平日里换个灯泡，接个保险丝什么的都是他做，现在他走了，有天晚上家里的灯泡坏了，我就黑灯瞎火地在家里坐了一晚上，我不会修，又不知道大晚上的能找谁，第二天才打电话请别人帮忙。(20150813ZSP)

孩子走了才发现这老夫妻俩要怎么过啊，以后要怎么办，老伴一身病，一犯病我都弄不动他，每次去医院我都得哭，一会上去看病，一会又得下来缴费，又得搬动他过去检查，一会又要去给他排队，真没人能帮我，连个倾诉的人都没有，跑前跑后都是我一个人，他现在还有我，看病有人来来回回给他跑，帮着他，以后我病了能依靠谁啊，他这样的身体我能指望他么，也不知道他还能指望我多久。(20150913YGF)

有一次我腿骨折住院，同病房的是一位 43 岁患者，有 4 个孩子每天来看，那个热闹。我自己呢？没人打热水，就喝买好的冷矿泉水。没人打饭，就吃八宝粥，一直到出院。别人病了有儿女围着，我好羡慕！(20150912SHY)

没有了子女，养老问题、医疗问题这两座大山足以将他们压垮。“无人养老、无人送终”，这是失独者对于未来的普遍焦虑。失独父母随着年事渐长，身体逐渐衰弱，需要旁人照料。“未来”是他们最为恐惧的词，那种恐惧就像一颗定时炸弹，一被触碰，就会引发情绪失控。面对这种恐惧，他们宁愿选择拒绝任何的社会网络圈。

现在还可以，偶尔头疼脑热的我自己还可以，能走得动，买得了药，要是以后腿脚不利索了怎么办，说真的，要是一下子死了我都不怕，就是别让我有病，真要是躺在床上了，谁能来照顾我啊，如果我真的病了，我就自己寻个果断，不想让自己更痛苦。

现在我们还能动，自己能照顾了自己，但我们终归要老啊，想想自己以后老了怎么办？走不动了怎么办？我们没有了孩子，就是没有了依靠，孩子是父母的拐杖和小棉袄，没有了拐杖和小棉袄，我们怎么平稳的度过晚年，临终时身边都没个人，没有人会来关怀照顾我们……

现在住个养老院都得子女签字同意，我们没孩子，没人给我们签字，养老院就不要，你说我们老了真的无依无靠，养老的人也没有，养老的地方也不要，我们老了就只能等死了，哎！

我现在就想我死后，墓虽然我都选好了，但是按规定只有二十年的期限，那二十年之后怎么办，我孩子比我走的早，自他走后，好多年我都不爱走那些亲戚了，哪还有什么人给我去缴费了，那会不会再给我挖出来……不敢想啊，倒也真不是我想得多，不想怎么办，要不干脆烧成灰请人给我扔到大海里吧，也省得这些麻烦……

我都和老伴商量过了，我们只要有一个人生病了，我们就相约一起自杀，没孩子没人管啊，我们不能抛弃另一个，一个人更可怜，还不如一起有个照应。就算死也要找个热闹点的地方，不然我们死了就没人发现，就像楼上的那个老太太，死了一个多月了才被发现，尸体都臭了。我们不要这样，选个人多热闹的地方就去了。(20150516ZS)

对失独父母而言，父母身份角色的失去，未来保障的不确定，都是他们面临的无法逃避的恐惧，这不仅仅是社会资源的断裂，更是与之伴随的经济、权利和社会地位的大幅下降，因此他们只能选择拒绝原有依附的社会网，拒绝与主流群体的社交羁绊，由此边缘界线的纵深发展，逐渐成为心理边缘建构的"边缘带"。而与这一拒绝相伴生的是他们对自我的"封闭"。

（六）绝望：自我封闭

"绝望"是父母失去独生子女这一重大打击中的最切实的感受，且对于失独父母而言，他们已经不能适应主流群体的正常的交往与互动。在建立心理边缘的"边缘带"之后，他们选择自我"封闭"，从仅封闭自己发展到封闭为"失独者"这一边缘身份。

随着失去独生子女的时间越长，无法弥补的伤痕就越深刻。原有美好的"家"也成为不断提醒创伤记忆的场所，家里的每一个角落都充满往日温馨的记忆，家实际上提供给失独父母一个可以沉浸在过去美好回忆的空间，这个熟悉的地方对失独父母来说，既充满幸福也带来无尽的悲伤，这种空间的反射极易使失独父母难以走出回忆，走出过去，从而无法面对未来，因此，对于很多失独家庭而言，搬家成为他们的选择，这种逃离虽不情愿但却无奈。法国巴尔扎克说：“丧失未来的幸福，比丧失已有的幸福更痛苦。”失独后，这些失独父母在埋葬了孩子的同时，也埋葬了自己，为了保护滴血的心不再受刺激，他们闭门在家，断掉一切联系，失独的创伤非但没有得到外界的干预和治疗，反而愈来愈重，他们每天都在思念、悲伤、绝望、哭泣中度日。

我已经不在以前那个小区住了，原来的小区是单位分的房子，都是一些同事住在一起，大家抬头不见低头见的，我就不愿意继续住了。小区里有个花园，孩子小的时候常带他在那玩，那个滑梯是他最喜欢的，现在根本就不能再见，见一次抹一次眼泪，总能想起他小的时候的故事，有时候想着想着就是一下午，想的时候是感觉自己又回到那种幸福的时刻，但是一旦清醒过来，锥心的痛啊，内心的苦谁知道呢，刀割一般的难受啊，后来我压根不敢再看到那个滑梯，怎么能不看到啊，我们只能逃，逃离这里熟悉的一切，只想着到陌生的地方，希望能好一点，但其实心里都清楚，假装忘记，都是在骗自己。(20150817QY)

出事之后（指孩子不在）就没再回去过，我怕啊，一怕触景生情，孩子就是在家里不在的，我回去就总感觉他还在，每天疑神疑鬼的，家里人不让我回去。还有就是他们（家里的其他人）觉得不吉利，风水不好，那都是瞎说，他们怕连累自己，哎，苦了我孩子啊……（20150816WBN）

今天我从这里回去后，买个菜碰到他们一大群人，他们就说买菜了回来了，我就站了一下。要是平常他们闹哄哄的，我连站都不想站。现在人的沟通技巧有些时候让人难以接受，我先生也死了，我得了癌症，单位里同事也很关心，但是他们聊天方式让我哭笑不得。他们说你还出去干嘛，在家里多休息休息了，还有的说你又出去啊，还有的说你要出去走一走哩，别老憋在家里，都憋坏了。这个世界上所有人没有对错，只是看的角度不同。每个人的生活方式不一样，他们就爱热闹，爱凑在一起。而且在一起就会有是非。一凑到一起就会讲

这个人怎么怎么不好，没有孩子，我一听就晕，所以现在我也不想搭理他们，人多了就有是非。(20150914CSC)

基本上没什么可说，人家都是谈论孩子长孩子短的，听着不舒服，还不如不听。我现在走在路上都不怎么抬头，不想碰到熟人，一般都是早上出去买一天的菜，一整天都待在家里。(20150615YSW)

“失独”的标签成为失独者在进行社会交往时难以回避的伤疤，这个标签所意味的既是父母在子女离去后的悲痛，也是交往过程中敏感且不容他人触碰的，是交流禁区。在子女离去后，失独者会随着自身身份的变动，逐渐进入与其所属社会类别相同的群体中，在与他者进行比较的过程中重新进行自我界定，并据此形成新的社会认同。大部分的失独父母在失独后的一段时间内，会主动开始寻找同命人，因为日常的社会交往难以满足他们的情感需求，往往别人的幸福生活还会带给他们巨大的心理冲击，因而他们普遍倾向于与同命人聚在一起，相互疗伤相互慰藉，抱团取暖，只为了能在伤痛中继续生存下去，而只有同命人在一起，失独者才会觉得是安全的，不会担心受到嘲笑，不用害怕被排斥，相同的命运下的情感能量，让他们从封闭自我逐渐进入失独的群体。

孩子刚走的时候，我感觉自己眼泪都哭干了，经常晚上瞪着眼睛看着天花板，睡不着，看着看着眼泪就又流出来了，在家人朋友面前我又得装着像没事一样，不想让他们担心我，也不想让他们看到我的脆弱，只有到了晚上，独自躺在床上，才敢想着我的孩子，才敢哭，把心中的苦闷怨恨发泄出来，后来在这（失独者之家）觉得，真是好，不用再掩饰自己，大家都有同样的伤，能互相理解彼此的痛，在这里互相倾诉才觉得自己好受一点。(2012 网友“云一样”)

很多失独者都像“云一样”，一开始他们借助网络、朋友介绍等方式进入“失独者之家”，其行动是自发的、个体化的，都希望能在这个组织中重新感受到生活的温暖。从个体的角度来看，相似的人生命运让他们抑郁焦虑，让他们走在一起形成了“失独者之家”；而从群体的角度来看，这种生活境遇让失独者的群体认同逐渐趋向一致，他们可以在这个群体中毫无顾忌地倾诉自己焦虑，排解抑郁的情绪，并获得足够的理解和关怀。

> 没有经历过丧子之痛的人是无法理解我们的，无法感受我们的心情，失独者之家把经历过相同痛苦的人聚在一起，让每个人重获亲情的感受，我们之间才能相互理解，我们都是同命人，事实上，就连我们的亲人我们最好的朋友，都无法真正感受到这种痛，只有同命人才能走进同命人的心里。(2013 网友“天韵”)

心理边缘的建构过程同时也是文化场域建构的过程。法国社会学家布迪厄曾用场域和惯习的关系来论述这一过程。布迪厄认为惯习是历史的产物，是一种结构化了的文化语法，它来自于以前经验的久而久之的不断积累，在社会化过程中习得，因此，惯习是历史的延续，是历史的生动再现，是内化在意识之中的结构。场域是存在于各种位置之间的客观的关系网络，场域的结构限制着能动者。二者的关系在于：一方面，“场域”塑造着“惯习”，使“惯习”遵循着“场域”的规则进行行动，“惯习”也就成了“场域”中固有的属性；另一方面，“惯习”有助于把“场域”建设成一个满足主体需要、具有建构性、能动性的意义的世界，也就是一个被赋予了感觉和价值、值得行动者去奋斗的世界。①

类似于“失独者之家”的组织，让更多的同命人走在一起，帮助他们摆脱原有社会关系网络的束缚。相似的命运，同样的失独体验，让聚在一起的同命人找到了在生活中可以情感的寄托和灵魂的皈依，在这种群体中，基于共同的失独感受，让他们分担同一种伤痛。失独者通常将和自己相同命运的人视为“同命人”，这种称呼既是基于现实的表述，他们有同样失独的经历和命运，又是一种对彼此关系的现实的建构，可以有效缩短彼此之间的距离，即使前一秒曾是陌生人，也因为“同命人”而成为“家人”，在这种社会文化场域中，失独者间彼此的联结因为“同命人”的称呼进一步深化，同时也增强了彼此间的认同，以及对失独群体的认同。在这种强文化场域中，依靠强集体认同感，失独者

---

① 参见刘少杰《后现代西方社会学理论》，社会科学文献出版社 2002 年版。

自我的心理建构也发生转变，从倾向于封闭自我，逐渐演化为强化自己“失独”的边缘身份，时刻将自己贴上失独的标签，并像外界展示这一标签，以期在维权之路上获取更多的支持。基于此，失独自组织的功能逐渐从情感慰藉转向权利的维护，这种功能的转变不是某一个个体的决定，也不是突然间的转变，而是在长期的失独者抱团取暖的过程中，相互影响下逐渐形成的，“是否参与并不取决于他们自身特定的态度，而取决于其身处的社会网络”①，从而致使维权行动慢慢嵌入到具体的社会关系网络中。

> 起初我是完全不知道维权这一说的，所以当看到有人提出维权，我有点不明白，现在关于失独者的维权还尚处于起步阶段，很多失独者都缺乏维权的意识，就像最初的我一样，大家只是在这里互相安慰互相取暖，并没有维权意识。(2013 网友“花开花落”)

随着失独的伤痛在失独自组织中慢慢得到安抚，失独自组织的功能也逐渐从“抱团取暖”转向“抱团维权”，而且在不断地发展过程中，维权也逐渐理性化。1985 年全国有 30 多个失独 QQ 群，也有很多志愿者群等等。他们要有尊严地灭绝，不被遗弃，使劲发声，才能得到关注。唯有国家这个大家庭可以哭诉，可以说理，于是走上了维权之路。在这里边缘化是自我需要，是一种保护，由此失独者的边缘人格完全形成。

> 当初让我们只生一个，我们为了国家繁荣富强只生一个，并努力奋斗奉献自己的一生，现在唯一的孩子走了，我们成了无依无靠的人，而且每天我们还要面对巨大的精神压力，却没有了精神寄托，只能与老伴相互扶持，相互依靠，死了没关系，现在我们就怕生病，没人能照顾，没人能依靠，我们付出一生，国家却也没有给我们帮助，不知道在这个社会中我们还能依靠谁，能相信谁，政府难道不应该管我们的后半生吗？我们一辈子都奉献给国家了，政府应该让我们老有

① Passy, F. & M. Giugni. 2001. “Social Networks and Individual Perceptions: Explaining Differential Participation in Social Movements”. *Sociological Forum*, 16 (1), pp. 123 - 153.

所依啊。(2013 网友“淡定”)

对于失独父母而言，他们的心理边缘是一个逐渐演化的过程，在形成过程中，失独者的内心情感世界经历了悲伤、害怕、恐惧和绝望，因此，他们在这些情绪中不断进行自我建构，从内心异化、主动回避、消极拒绝，最终走向自我封闭的心理边缘。在失去独生子女之初，他们更多地感受到的是与正常父母的差异。失去唯一的孩子使他们绝望，并进而行动异化，心理边缘由此开始。随着社会互动的持续，他们感受到原有社交网络所带来的“伤痕”，这使他们排斥这种伤痕记忆，回避原有的交往圈，开始建立边缘界线。而随着时间的演化，父母身份的失败、养老保障的无望，使他们充满恐惧，只能拒绝主流群体的正常社会交往，由此产生心理边缘带。伴随这一拒绝过程的对自我的封闭，“同命人”的出现，使他们“同命”相怜，在这种文化场域力下，他们从封闭自我走向封闭自己为“失独者”的边缘群体，并带着这一标签，走上了维权之路，失独者的心理边缘完全形成。

第四节　失独者心理边缘化的进程与特点

失独者不同于肢体残疾而导致边缘的人群，外显形象和正常群体无异，并没有给人直接的视觉冲击和弱势感。因此，外界往往难以发现失独者的伤痛，同时，失独者更倾向于隐藏、掩饰自己的伤痛，独自在角落体味失独的辛酸。这种隐形的“失独之殇”塑造了失独者独特的心理感受和社会感觉，使失独者在潜意识里有了“他群”和“我群”之分，即在生活世界里，失独者始终感觉到自己与其他人不一样，并逐步从“核心”走向“边缘”。

失独者认为自己经历的是一种内在的伤害，精神上的残疾，此生无法治愈。没有相同经历的人体会不到自己的痛苦，不希望其他人在自己面前提起“孩子”的话题。但与之关系疏远的正常群体从外表上无法判断失独者的经历，不会把失独者当作“另类人”看待，与之交流也不会刻意地回避孩子方面的话题。这就造成了失独者与正常群体话语沟通层面出现了一个关于孩子的“禁区”。正常群体在失独者面前提及孩子极容易造成失独者情绪失控，形成了失独者的“二次伤害”。熟悉情况的亲朋好友与失独者互动就会刻意回避有关孩子的话题，通常以安慰、劝说为主。但由于失独者遭受失去唯一子女的巨大打击，致使失独者理性认知模式发生偏移，非理性力量驱动心理思维活动，形成了边缘心理即边缘情境或边缘地位影响下的边缘人格。失独者主观认为邻里好友的安慰都是一种怜悯和同情，而自己不需要这种同情和安慰，客体情感输入与主体情感排斥建构了单向性的沟通机制。失独者与正常群体之间沟通障碍又进一步拉大了失独者与正常群体的心理距离，这也正是很多失独者在努力尝试回归正常群体生活失败后，选择逃离熟悉环境重要原因。在陌生的环境里，失独者可以用谎言来掩饰自己失独的事实，假想孩子是暂时的出远门，但这种“掩饰式”的生活终究改变不了客观现实。失独者越是掩饰，内心就越在意，生活的重心全都放在对孩子的回忆上，对外部环境采取一种排斥态度，逐步疏远了主流群体。

一 失独：心理边缘化的起点

在回顾并分析“结构—心理”路径时，我们发现所谓的结构边缘，实质上是在情境变动的基础上，进一步深化而产生，即当个体依然停留在原生活情境中，即便处于结构边缘的位置，由于一直以来的适应性，一般不会进一步深化而产生心理边缘；只有当个体生活情境发生变动，在新的情境中并遭受到现有结构的排斥时，才有可能导致心理边缘的形成。可以明显发现，失独者的心理边缘化并没有遵循现有研究中的“结构—心理”路径，而是跳过结构边缘，在多种客观因素并存的背景下，不断通过主观的自我建构逐渐形成，但是，与“结构—心理”路径相同的是，失独者的心理边缘化并没有脱离情境变动这一起点，正是独生子女死亡的情境变动，才使失独父母逐渐走向心理边缘化。

中国父母对子女的爱普遍深厚，他们将自己的爱和希望都倾注于子女身上，在这种情况下发生的独生子女死亡，对父母而言意味着剧烈性的情境变动。原有三口之家的稳固的家庭结构，由于独生子女的死亡，导致家庭结构失衡，家庭模式发生致命性改变，进而导致诸如家庭动力系统失效、家庭传承系统中断、家庭平衡系统紊乱的家庭功能紊乱，并对家庭凝聚力造成巨大的冲击。[①] 事实上，由于失独这一情境变动会引发一系列诸如工作变动、社会交往变动等情境变动，家庭变动只是失独最为直接的后果之一，并且是发生最快，变动较为明显的一种。在这些以失独情境变动为起点，并相继发生的各类情境变动之下，失独者的内心逐渐向边缘方向发展。

不仅是失独情境变动的剧烈性，而且其内含的突发性，也容易使失独者产生边缘化的心理建构。失独者属于丧亲群体中较为特殊的一类，失独与其他丧亲事件有相似性，却又略有不同。丧亲者的身份形成于丧亲事件发生的瞬间，这种由依恋对象丧失所导致的亲密依恋关系的中断，因丧亲者的依恋情感难以立即转移，而极易使丧亲者陷入哀伤状态。失独与其他丧亲事件的不同之处在于，由于对个体正常生命过程的固定认知，大多数的其他丧亲事件是必将发生于丧亲者的生命历程之中的，即依恋对象的丧失，是在丧亲者的可预料范围之内，因此，丧亲者所形成的哀伤状态一般是在特定期限之内；而失独事件则不同，打破了固有的“黑发人送白发人”的传统，并且往往来得过于突然，犹如晴天霹雳，失独者短时间内难以接受从“完整家庭”到“失独家庭”的地位落差，一方面精神极度崩溃、内心悲伤欲绝，整日以泪洗面；另一方面重创失独者对自我和世界的认知，使失独父母质疑其生存意义，并难以适应失独父母的角色，心理压力骤增，活着就是一场梦魇，磨灭失独者努力生活的信念。

二　急性应激障碍：心理边缘化初步形成

刚刚失去独生子女是父母人生中最黑暗最煎熬的一段日子，失独者的生活虽然没有按下停止键，但是却按下了静音键。不带商量，不带迂回，就像打出去的子弹，飞快地穿越父母的内心，血在滴答滴答地流着，所有的喧嚣、忙碌、温馨、甜蜜，连同那种叫天伦之乐的美好和幸福，一并消失了，一切都变得空荡荡的，毫无生机，生活如同“行尸走肉”般。任何人在失去所爱或所依附之对象（主要指亲人）时所面临的情况，这境况既是一种状态，也是一个过程，其中包括了悲伤（grief）与哀悼

① 张必春、陈伟东：《变迁与调适：失独父母家庭稳定性的维护逻辑——基于家庭动力学视角的思考》，《华中师范大学学报》（人文社会科学版）2013 年第 3 期。

（mourning）的反应，被称为“哀伤”。[①] 失独者内心的痛苦与绝望主要以哀伤的形式呈现出来，并且这种哀伤会一直伴随失独者的生活。

哀伤历程中的第一个阶段即为震惊与逃避。[②] 失独后，大多数失独者会在哀伤中显现出急性应激障碍（ASD）的症状，且这种应激症状暴露出来的时间，一般为创伤事件（即失独）后的2天到4周内[③]。患有ASD的失独者，在日常生活中会表现出分离、再历、回避和过度警觉，其中分离包括麻木、意识涣散、人格解体、现实感丧失、分裂性遗忘；再历包括与创伤事件相关的想象、思考或悲痛的再次出现；回避指对创伤事件相关的思考、情感或地点等的回避；过度警觉指焦躁不安、失眠、易怒、高度警惕、注意力难以集中。[④] 与心理边缘的界定标准相比较，患有ASD的失独者已经明显表现出心理边缘的某些特征，只是在失独后的2天到4周内，失独者的症状相对而言较不稳定，因此，我们可以判断，失独者在失独后的哀伤中形成了ASD这种精神障碍，则可说明失独者的心理边缘化已经初步形成。

三　创伤后应激障碍：心理边缘化最终形成

根据前文分析，心理边缘和创伤后应激障碍（PTSD）的核心指标具有高度的一致性，因此，在判断个体是否形成心理边缘时，可以通过PTSD失独者的外显症状作为判断依据。当失独者明显呈现出创伤再体验、麻木回避类、警惕性增高、过度移情或其他不良适应症状，并持续一个月以上，可以判断失独者已经产生PTSD，并可进一步判断失独者的心理边缘化已经最终形成。

需要注意的是，心理边缘化初步形成是否就意味着失独者最终一定会进入完全心理边缘阶段，换一种说法，即失独者形成的ASD是否会进一

---

① 陈维樑、钟莠筠：《哀伤心理咨询：理论与实务》，中国轻工业出版社2006年版。

② 同上。

③ Bryant，R. A.，Harvey，A. G. & S. T. Dang. et al. 1998. “Treatment of Acute Stress Disorder：A Comparison of Cognitive - behavioral Therapy and Supportive Counseling”. *Journal of Consulting & Clinical Psychology*，66（5），pp. 862 - 866.

④ 杜建政、夏冰丽：《急性应激障碍（ASD）研究述评》，《心理科学进展》2009年第3期。

步发展形成 PTSD。因为 ASD 和 PTSD 在症状的表现上极为相似，所以在研究初期，很多学者用 ASD 来预测 PTSD 的出现。哈曼卡顿（Hamanaka）等研究在摩托车事故中被诊断为 ASD 的患者，一个月内有 42%—78% 的人被准确预测发展成为 PTSD。[①] 最初提出 ASD，其主要目的是为预测随后可能出现的 PTSD，基于“创伤症状若持续存在即可能成为持续的病理性创伤反应”的逻辑推断，但这一推论并非来源于实证研究的结果。[②] 有学者研究得出，ASD 仅预测了后来 PTSD 个体的 50%。[③] 还有很多学者通过实验证明，通过 ASD 来预测 PTSD 具有很大的局限性，但是非 ASD 受测者发展成 PTSD 的数量与 ASD 患者发展成 PTSD 的数量存在显著差异，ASD 患者更有可能形成 PTSD[④]。

通过分析可知，患有 ASD 的失独者不是一定会发展为 PTSD，但是，发展的概率是非常大的，如果失独者在出现 ASD 症状后，没有得到良好的自我调整或外界干预，就极为可能在失独的哀伤中，逐渐发展为 PTSD，最终导致失独者心理边缘化的最终形成。

患有 PTSD 的失独者，其边缘人格特征外显出来且较为稳定。失独者会在生活世界的交往中区分“他群”与“我群”，在心理层面上形成了一条不可逾越的鸿沟，自我标签主动为“另类人”，归属“同命人”群体，拒绝与“他群”深交，试图隐瞒自己失独者身份，但又有主动倾诉的欲望；由于心理失衡和共同感受机制的缺失导致失独者不能以一种客观的视角去看待非同命人，认为非同命人总是戴着一副“伪善”的面具，他们主动寻求边缘化，通过“积极边缘性”策略，运用特殊的边缘身份，并

---

① Harvey，A. G. & R. A. Bryant. 2002. “Acute Stress Disorder：A Synthesis and Critique”. *Psychological Bulletin*，128（6），pp. 886 - 902.

② 王倩、郑晓星、杨蕴萍：《急性应激障碍能否预测创伤后应激障碍》，《首都医科大学学报》2008 年第 5 期。

③ Fuglsang，A. K，Moergeli，H. &U. Schnyder. 2004. “Does Acute Stress Disorder Predict Post - traumatic Stress Disorder in Traffic Accident Victims? Analysis of a Self - report Inventory”. *Nordic Journal of Psychiatry*，58（3），pp. 223 - 229.

④ Kangas，M.，Henry，J. L. & R. A. Bryant. 2007. “Correlates of Acute Stress Disorder in Cancer Patients”. *Journal of Traumatic Stress*，20（3），pp. 325 - 334.

且将其重新定义为一种力量来源[①]；失独归因于自己“命不好”“没积德”等，但又不甘心屈从于“失独身份”等，失独者表现出一系列的边缘人格特征。失独者已经完全进入心理边缘阶段，通过自我建构各种策略性的自身防卫机制，最大的特征就是断绝与正常群体之间的关系往来，把自己放逐到“情感孤岛”之上，通过拉大与正常群体的社会距离，进入自我封闭的状态来获得所谓的奢侈的“安全感”。

① Unger, R. K. 1998. “Positive Marginality: Antecedents and Consequences”. *Journal of Adult Development*, 5 (3), pp. 163 – 170.

第四章 日益扩大的角色距离——失独者的结构边缘化

失去父母的孩子可以正常长大，但失去孩子的父母是怎么都过不去的。独生子女的意外死亡是失独者社会边缘化的逻辑起点，因失独引发的心理边缘后果同时也会引发失独者外在的结构性变化，从而使其陷入结构边缘化的困境。

就目前的研究来看，关于边缘化尚未有统一的界定，但一直以来，边缘范畴的应用多带有负面的色彩，研究者们多关注个体或群体在社会中的地位，将处在社会底层的特殊人群从其所属群体中区分出来，并赋以高低、好坏、优劣等价值判断，进而分化出主流（dominant）与边缘（marginal），结构上的边缘地位就此产生。一定程度上，这是将“边缘”简单类同于弱势或失范，而事实证明，二者并不能等量齐观。在结构上处于弱势而被视为边缘的个体或群体，其在心理上并不总是边缘的，至少在主观上并不一定认为自身是被边缘化的。通过进一步分析结构边缘与心理边缘二者关系我们发现，在心理上感知自己被边缘化的个体，即便最初他可能并未真正处于边缘地位上，也会因自身心理失衡而引发自身社会行动的改变，并最终导致结构上边缘化的形成。本章我们将重点关注失独者在经历心理边缘后的外在结构变化与结构边缘化地位的获得，并尝试以角色理论视角解释结构边缘化地位的形成机制。

第一节 失独者心理边缘后的外在结构性变化

作为社会关系网络中的人，个体在其生活中的社会网络如同蛛网，个体位于该网路的中心位置，正如费孝通先生所提出的“差序格局”理论，依据关系的亲疏程度形成了一个个不规则形状的关系圈层结构。因此，个体外在结构性的变化实际也就是社会关系的变化。我们的观察发现，随着时间推移，心理边缘后的失独者往往会由内向外扩大而形成一系列结构性的变化，主要表现为社会角色认同危机、社会地位下降、社会关怀减少、社会排斥增长、社会参与下降以及社会互动异化，并最终形成了失独者的结构边缘化处境，原有社会关系逐渐消解。

一　角色危机：日益模糊的角色认知

人，是一切社会关系的总和。人之所以为人的关键就在于其社会性，在于人的社会关系。角色源于人们对个人与社会关系的认识，社会中没有抽象的个人，只有承担着各种社会角色的具体的个人。[①] 戏剧大师莎士比亚曾将社会比作一个大舞台，许多不同身份和地位的人按照一定的功能或规范进行互动，生活于其中的人们既是演员，也是观众，辨识的关键在于人们对自我所扮演的角色的认知。美国社会学家米德（G. Mead）最早提出“角色”这一概念并应用于社会学中，认为生活着的人们或多或少地意识到自己在扮演着某些角色，社会生活中的各种现象都是人们按照一定的角色规范进行互动的结果，都可以用角色理论作为工具加以解释和说明。角色理论发展至今，国内外关于该理论的研究成果早已浩如烟海、不计其数。可即便如此，对于角色扮演的过程，已有研究仍未见详尽的阐释[②]。通常来说，角色的扮演主要分为三个阶段，即角色获得阶段、角色认知阶段和角色实践阶段，对角色扮演过程解释的不足，其实质是对社会成员获得角色到角色实践之间的角色认知解释的不足。

角色认知即是对角色的认识、领悟，是指社会成员获得角色后，对该角色规范和角色评价的信息不断进行加工，并充分考虑其所处社会情境，以决定选择怎样的方式进行表演。通常，角色规范是对某一角色扮演相对稳定的、普遍的规定，较少地考虑角色扮演者的个体差异因素，且不会随

---

① 秦启文、周永康：《角色学导论》，中国社会科学出版社 2011 年版，第 33 页。

② 正如特纳所说的那样，这种解释的不足在于“角色理论只是提供了对期望、自我、角色扮演能力与角色扮演，以及如何对这些分析单位之间的相互关系进行分类的一个方法，概念的运用只限于对不同的现象分类。”参见乔纳森·特纳《社会学理论的结构》（影印版），北京大学出版社 2004 年版。

个体的变化而发生改变，而只会随个体社会地位的不同而不同。与角色规范正好相反，角色评价是对某一角色较为具体地、有针对性的制约，尽可能关照角色扮演者的个体差异，往往会因为角色扮演者乃至角色评价者的不同而不同。角色规范和角色评价总是同时存在于角色扮演的过程中，并对角色的扮演产生制约。此外，当社会角色规范和社会角色评价信息作用于个体时，角色扮演者也会按照自身文化模式的价值取向，对角色规范和角色评价进行某种程度上的再次加工、改造、曲解甚至否定。因此，角色认知实质也就是角色建构，角色认知的结果，实际上是个体在心理上建构的一套社会反应模式①。

独生子女家庭实际上都是核心家庭。费孝通先生认为，在核心家庭中，孩子在家庭结构中扮演重要的角色，是家庭结构稳定的基础，② 孩子也是维系家庭完整的重要纽带。从角色扮演的理论视角来看，人们在扮演某一社会角色时，往往伴随着自我、社会或他人对这一角色的期望，当角色扮演者无法很好地领悟并达到这一角色期望时，社会成员的角色扮演处于一种低度的角色认同状态，继而陷入角色危机之中。独生子女的出生和死亡必然会使家庭夫妇所扮演的角色发生剧烈变化。与此同时，失独父母对自身角色的认知和态度不仅会影响其接下来所要继续扮演的角色，而且也会影响到他们的社会互动关系。

（一）“父母”角色的获得与失去

“父母”角色的变化既是家庭结构关系变化的体现，同时也是个体心理认知的结果。对于失独者来说，也即是从“有孩子的父母”到“没有孩子的父母”的家庭结构与心理认知的变化。而这种认知的变化所伴随的社会行动的改变又充分体现在失独者的生活日常之中。通常情况下，当孩子存在时，家庭夫妻所扮演的角色是“有孩子的父母”，所有与孩子相关的生活日常乃至相关社会活动他们都应该去参加，家庭的一切活动基本上也都是围绕孩子进行。而在漫长的人类发展过程中，人们对于“父母”早已形成了一套系统的角色规范和要求，若以孩子出生为起始点的话，自孩子降临的那一刻，人们便开始扮演“父母”的角色。对整个社会而言，

① 陈卫平：《角色认知的概念与功能初探》，《社会科学研究》1994 年第 1 期。

② 高可：《宏观视域下我国失独问题理论初探》，《中州大学学报》2013 年第 3 期。

一个有孩子的父母应当掌握和熟悉作为“父母”角色的一切规范和要求，并应当自觉地扮演一名合格的“父母”角色，这种要求都是理所当然的。从简单的一日三餐到婚姻事业，事关孩子的一切大小事务都应当是一个称职的“父母”应当考虑的事情。

> 我们家三代单传，以前我们从来没有想过有一天孩子会先离开，从小到大，一家人的希望都在孩子身上，不管是吃的、用的，都尽可能满足孩子，送孩子去县里最好的学校，就期待着有一天孩子能有出息了，能够找到一份好的工作，然后成家立业，生儿育女，等我们老了，还有人养老送终……这么多年来，我们一家三口也算过着和和美美的日子，我们两口子每个月也都有稳定的收入，一家人过得算是“小资”。(20150426DH)

独生子女是家庭唯一的寄托，父母别无选择地只能“将鸡蛋放在一个篮子里”。然而，无论是否意识到独生潜在的风险，现实都没有留给独生子女父母思考的空间，加之在传统的文化背景下，当然也很少有人愿意去想象自己孩子可能会发生意外的问题，因为这种想法与其说是一种风险防范意识，毋宁说是一种自我诅咒。没有人愿意去想，自然也就没有人会为此事先做好心理准备。毕竟从事件发生的概率而言，万分之五的失独发生率对每个具体的独生家庭来说都是个极小的发生概率，尽管存在发生在每个家庭的可能，但没有人能够预知谁将成为这低概率中的“不幸儿”，每个人都怀着侥幸的心理，希望这样的事情不会发生在自己身上。不过，侥幸并不会使悲剧发生的可能减小或者消失，反而会使失独者因缺乏心理准备而陷入极度的悲痛之中。

> 本来今年国庆女儿就要结婚了，她妈其实去年就开始悄悄给未来的孙子准备衣服了，都织了3、4套衣服放衣柜里了，可是一听说孩子出事的时候，整个人完全都懵掉了，接连十几天不吃不喝，天天以泪洗面，管你怎么劝就是不听，每天就把自己锁在房里谁也不见，最后搞到人都快不行了，打电话让120到家里来送到医院打了一个星期的吊针才慢慢恢复，唉……你们都还年轻，等你们成家有孩子了，你

们才会明白，“孩子没了，天就塌了”。（20150425JSS）

JSS 夫妇有一个漂亮的女儿，26 岁，省重点大学毕业后在一家国企上班。在旁人看来，他俩是一对合格父母的典范，无论是对女儿的教育还是生活，她和丈夫都拿捏有度、考虑周到，和女儿的关系也非常和谐，如今，女儿也找到自己心仪的对象，如果不出意外，她们的女儿也将拥有自己的家庭。然而就在婚期临近，当她们唯一的女儿陪同男友回老家筹备婚礼的事宜并准备返回城里时，男友因心中喜悦临行前与亲友多喝了几杯，带着几分醉意驱车上路，而随后一场突如其来的车祸让一切成了泡影，男友侥幸活了下来，而 JSS 的女儿却永远地离开了这个世界。对 JSS 夫妇而言，这场事故带走的不光是女儿的生命，更是直接剥夺了他们继续为人父母的可能，以女儿为中心构筑的诸如子孙绕膝般的未来愿景也随之破灭了。

（二）角色认知愈发模糊

丧子之痛给失独者造成了严重的心理创伤，他们会因为无法接受独生子女死亡的事实而产生畏难心理，本能地退回到自己最初始的位置，尽可能地缩小活动范围，减少自我曝光的可能，甚至将自己与外界隔离，否认事实的存在。许多失独者长期呆在房里不愿出门，不与他人交流，其实也是因为无法接受儿女死亡的事实，进而采取的一种自我封闭的自我保护机制。

事实上，随着子女不断成长，许多独生子女家庭的孩子与父母相处的时间已越来越少，尤其当子女进入大学或工作之后，子女便极少与父母一同出现在日常社会中了，这种现象即便在多子女家庭也是如此。如果将子女因上学、工作等原因而与父母在空间上的分离视为一种暂时性的身体缺位，那我们可以尝试将独生子女的死亡视为独生子女与父母在空间上的一种永久性的身体缺位。这种观点虽有不恰切之处，但却有助于我们理解因失独形成的无子女父母与原本就没有子女的父母之间的不同。在失独人群的日常中，由于失独身份的隐匿性，加之子女在日常生活中的普遍缺位，人们不可能以是否有子女陪伴来辨识是否有无子女。因此，将“身体缺位”的逻辑作为一种“互动策略”的现象其实非常普遍，尤其是当失独者在与不知实情的人互动时，如在被问到“你孩子是在哪工作?”“你孩子没在家吗?”等问题时，绝大多数失独者并不会直接告知实情，而是以子女在外地读书或工作为由，随即转移话题或以其他事由为托词迅速结束谈话。

> 人走了（去世）后，都变样了，（我）又成了一个无儿无女的人，真的很不甘心，好端端的一个人怎么说没就没了，可是不甘心又能怎么办。晚上经常睡不着，一闭上眼睛全是他（儿子）在眼前；要是听到有人敲门或是家里哪突然动了一下，还以为是儿子回来了，之后又什么都没（发生），又像做了个梦。经常希望这真的就是一个噩梦，一觉醒来啥都没发生……不是不明白，真的心痛，有孩子跟没孩子（指原来就没子女）的家庭就不一回事，没法（比）……(20150425XXL)

失去了独生子女的父母还是不是“有孩子的父母”?对失独者来说，答案是肯定的。因为与原本就没有子女的家庭相比，因独生子女死亡而形成的无子女家庭有其自身的独特性，即父母与子女之间的情感联系并不随子女的死亡而中断或消失，死亡只是子女现实存在的“缺位”，而在心理和精神层面却依然与父母紧密联系，以子女为中心建构的社会身份将伴随失独父母的一生。此外，现实中许多失独父母所给出的回答却又是模糊不清，有时候甚至是矛盾的，用他们的话说：有孩子的父母才叫父母，可是我们的孩子都没了；现在孩子虽然没了，可我们也还是父母，因为不可能忘记孩子。

显然，对家庭而言，一旦孩子出生，组成家庭的夫妻双方便开始扮演“父母”角色，对角色身份的内化和社会道德文化的规范形成一致的共识，个体履行作为父母的职责，并由此形成了以孩子为中心的社会活动特征。而当失独事件发生时，失独父母的身份获得，因失独者对该角色身份内化出现异常，社会对失独父母角色界定与失独者自身的内化模糊不清，由此使得个体在角色实践时出现偏差。从客观家庭结构看，失独即意味着家庭中子女的角色缺失，与之伴生的父母角色也随之消亡，形式上也即是意味着家庭又回归到最初没有孩子的状态。而作为失去孩子的父母，理想的状态应当是走出失独的阴影，让夫妻的生活也回归到最初没有孩子的时候。这也即是说，因独生子女死亡形成无子女家庭与原本就没有子女的无子女家庭并不存在根本性的区别。但事实上，作为一个具有丰富人类情感的失独者而言，哪怕失去的只是一件没有生命的心爱物件也会对其心理造成非常大的影响，更何况现在失去的是一个有生命的血亲骨肉。因此，失独家庭的父母角色的认知与原本就没有子女的无子女家庭的父母角色认知是存在根本性的区别，而且失独父母对自身角色的主观认知与客观现实之间的偏差，实质也是失独者逃避现实，不愿面对、无法接受子女死亡事实的一种结果。

二 价值否定：日益下降的社会地位

“价值”是从人们对待满足他的需要的外界物的关系中产生的，具有普遍意义的关系范畴[①]。从这一角度来看，人的价值则是价值的一种特殊存在形式，是人在进行社会实践过程中，对他人需求的满足，可以从两个方面理解：一是人的社会价值，价值主体为他人或社会，个体自身则为价值客体，是个体自身利用实践活动以满足他人需求，这种需求既可以是物质上的也可以是精神上的，与“奉献”的含义相近；二是人的个人价值，价值主体为个体自身，他人或社会以及个体同为价值客体，是个体自身通过他人或社会、自我的实践活动以使自身需求得到满足，这其中当个体既为价值主体又为价值客体时，期望通过自身的实践活动来满足需求，个体通过自我认识、自我反省和自我调节等多种手段，满足他人或社会无法提供的需求。简言之，人的价值是人们对自己、他人乃至社会需要的满足。由于自我价值的建构伴随着一个人的一生，失独者所处的环境决定了其自我价值的形成；加之社会中的个人往往集多重角色于一体，而不同的角色有着不同的角色规范和行为模式。因此，自我价值也时常被作为理解层次中“身份”的衡量面，即便自我价值在潜意识的深层之中并不明确，也可以通过对失独者生活状态的观察进行衡量。

（一）自我价值缺失

自我价值作为理解层次中“身份”的衡量面，社会角色又是社会地位外在的表现形式，当个体的角色发生变化时，其社会地位也逐渐

① 《马克思恩格斯全集》第19卷，人民出版社1963年版，第406页。

偏离。① 独生子女作为家庭中的核心，是维护家庭关系的重要纽带，也是父母生活奋斗的动力。在独生子女离去前，独生子女家庭或许是一个让人羡慕的三口之家，家庭收入稳定，由于不存在养育多个子女的重担，理论上多数独生子女父母其实只需稍加努力，便可为一家人的生活提供良好的物质保障。倒金字塔型的家庭结构虽然稳定，但是一旦作为其中支点之一的独生子女意外离去，这种家庭结构就会瞬间分崩离析，让失独父母承受生活巨变和情感创伤的双重剧烈打击。

> 虽然钱不多，日子过得磕磕绊绊的，但是虽然生活上经济有点勉强，人活的累了点，但是只要一家人好好地生活在一起，苦啊累啊的都是值得的，人累但心不累，有孩子有希望就有幸福，但现在呢，孩子走了，我还赚钱干嘛呢，还有什么意义呢，以前就想让孩子生活的好，现在我还图啥，现在有钱没钱对我来说都不重要了，什么都不重要了。（20150425FDR）

大部分的失独事件的发生都是突然性的，在父母毫无准备的前提下给他们致命般的重击。对于独生子女家庭而言，孩子是他们生活的全部重心，也是他们对未来的全部希望，这种唯一性的人生“盼头”的突然消失，让父母的人生瞬间只剩黑暗，没有希望、失去目标是失独父母共同的特点，他们很难接受失独的残酷打击，在失去孩子后也不知道自己继续生活在这世上的意义所在，否认自己的存在意义和人生价值，感性思维通常占据主导地位，这种情况下，他们总是会出现一些不合理或是冲动的想法，例如将孩子离去的责任全都归咎于自身，认为是由于自己没有尽到一个好父母的责任，才失去了孩子，将自己父母角色的扮演视作失败，甚至将所扮演的其他角色也视作是失败的，给自己强加上“失败者”的标签。

（二）低人一等地活着

从面子观的角度来看，失独者对自我价值的否定实质上也是对自我尊严和价值的否定。在中国的文化传统中，“面子”问题关乎个人尊严和价

---

① 徐晓军：《失独父母边缘化的路径、类型与社会风险——基于个体与群体关系的视角》，《华中师范大学学报》（人文社会科学版）2014 年第 6 期。

值，认为人要活得有尊严，让人看得起，[1]“面子”的大小也是个人地位高低的外显特征。如同笔者在《断裂、重构与新生：鄂东艾滋病人的村庄社会关系研究》中对艾滋病人社会关系变化的描述类似：

> 他们（艾滋病人）觉得很没有“面子”，“抬不起头”，自己瞧不起自己，觉得活着失去了尊严……这种“抬不起头”，自己瞧不起自己的思想主导了艾滋病人的生活，他们显得悲观和敏感。“总觉得别人在自己背后说坏话”，“什么地方也不愿意去，害怕别人嫌弃自己”……[2]

正是这种深深的自责，让失独父母对自我价值产生否定性看法，这种价值否定突出表现为工具性价值否定、符号性价值否定。对于工具性价值否定，重点在于工具性，一方面是失独导致失独者无法再继续工作，负面情绪与自我封闭选择，迫使大多数的失独者提前退出工作岗位，从社会资本的角度看，失独者可交换的资本剧减；另一方面，随着失独者所拥有的社会资本的减少，以及失独者对社会交往的回避，失独者对他人或社会需求的满足能力也随之减少。对于符号性价值否定，则主要是指失独者被贴上“失独”标签，以及这种标签上被赋予的“失德”“造孽”“霉运”等的文化意涵，失独者所经历的不幸，本应得到他人的理解，外界的关怀，但是却深陷道德污名之中，事实上，在中国传统文化的背景下，因果报应的论说在国人心中根深蒂固，失独者难免被道德绑架，独生子女的离去被认为是失独者不行善举或祖上作恶的报应，但是面对这种文化污名，失独者却无理、无力辩驳，更多的时候他们只能默默接受，独自承受子女离去的悲痛与文化污名下的精神折磨。

> 现在压根就不想和别人有什么交流，我心里也明白，对于我们这样的人，别人可能没有什么恶意，但是我就是不想看到别人异样的眼

---

① 翟华：《中国人的面子关》，《决策与信息》2007 年第 5 期。

② 徐晓军：《断裂、重构与新生：鄂东艾滋病人的村庄社会关系研究》，中国社会科学出版社 2010 年版，第 89 页。

光，哪怕有一点点的怜悯，那种感觉就好像我真是以前犯了什么错才导致现在弄丢了我唯一的宝贝，连个孩子都没看好，现在老了身边连个人都没有，这是报应吗，就是上辈子没做好事才现在失去了我最爱的孩子，但我不想让别人可怜我，也不想向别人倾诉我的心事，我的悲伤，别人都不能理解，他们没有失去过孩子，他们没有这样的感受，我更愿意自己躲在屋里发泄，但是又有什么用呢，孩子还是走了。(20130715XLD)

"没有了孩子就没有了活着的希望"，"工作赚钱都是为了孩子，孩子没了什么都没有意义了"，"孩子走了就意味着绝了后，人前抬不起头来，人后流不尽眼泪"，"总是感觉低人一等，再也直不起腰来了"，"感觉别人都在背后戳我的脊梁骨，上辈子造孽啊"……这些想法在失独者中极为普遍，让失独者总觉得自己与其他人不一样，是社会中的"怪人"、"另类"，因而在正常的社会交往中，失独者总是带有被歧视、被排斥的猜忌，并且这种猜忌在日常交往中被不断放大，从而人为地制造出了失独者与非失独者之间难以跨越的、不切实际的交往鸿沟，使失独者难以对真实的人际关系和交往环境做出理性认知和判断，并且再难以对别人产生信任，以至于封闭自我，拒绝与外界交往、拒绝他人的关心与帮助，在这种恶性循环的状况下，失独者的人际关系网络逐渐转变为真正的断裂，最终陷入边缘的境地。总而言之，失独者边缘状况最终形成的根源在于根植于民众心中传统的文化价值体系。

三　人情式微：日益减少的社会关怀

人情是一种生存关系，是单个的人或家庭、局部光靠自己的力量不能生存，或者要生活得更好时而结成的一种社会关系。最初的人情具有群体性和连结性，相互的往来是人情建立的基础，也是人类群体性的表现。正如《礼记·曲礼》中所说："太上贵德，其次务施报。礼尚往来。往而不来，非礼也；来而不往，亦非礼也。"这种往来在生活中常常表现为人情往来、邻里互助、人情互惠等，以此保持人情关系的持续性和亲密性。一旦这种良好的人情关系建立，人情网络中的一员，不论谁遇到难处，其他成员都理应施以援助。

孩子走后，好多亲戚朋友都来安慰过我，我知道大家也是一番好心，可这种好心反而让我更难受，我们在一起还能聊什么，不聊孩子还有什么可聊的，可是聊孩子我就难受，不想讲话，他们也就不敢聊孩子，那大家一起还挺尴尬的，我也不想自己成天见人就倾诉就抱怨，老天虽然待我不公，但我也不想变成祥林嫂，可能没有人理我我还能更好一点吧，至少不用像现在这样憋着，憋在心里堵得慌，那种难受真的，即使是这样，日子不还得照样过下去，其实最害怕的就是别人同情我，过来劝导我，他们并不是真的能理解这种感受，说的那些道理我都懂，就是难以走出那个坎，我也不想每天都苦哈哈的，也不想让别人觉得我可怜。(20130806ZSP)

从访谈记录中我们可以看到，在 ZSP 遭遇不幸之初，此前所建立的人情关系网络便开始发挥作用，亲朋好友会主动给予关心和帮助。社会关怀的实质是人类情感的表达。情感作为一种心理体验，具有个体性与社会性的双重属性，就其社会性来说，它是以某种社会方式进行沟通和交流的。[①] 然而，作为不幸事件的遭遇者，失独父母由于正处于极度的悲伤之中，心里在意的是自己的不幸，什么人说了什么话，做了什么事都不重要，谁都不想见，也不想和任何人诉说，因为这种痛是任何其他伤痛都无法比拟的，也是任何其他的人都无法理解的。此外，尽管同情和慰藉作为生活中人们常用的一种人情关怀方式，但对于心理的失独父母而言，这不仅不能发挥积极效用，反而会让他们觉得自己有多么的悲惨，为了避免自己再受到伤害，失独者只能选择封闭自我、缩小活动范围，尽可能减少与他人的互动。

随着时间的流逝，失独者也渐渐接受和适应了失独后的生活状态。从情感能量的角度来看，由于失独事件发生后，失独者倾向于封闭自我，他们在社会交往中的态度和行为都发生了巨大的变化，在面对原有的社会互动网络失独者采取回避的应对方式，而面对同命人群体失独者普遍有极强的互动意愿，这种互动对象和互动水平的转变，直接影响到失独者以及其

---

① 王宁：《略论情感的社会方式——情感社会学研究笔记》，《社会学研究》2000 年第 4 期。

互动对象的情感能量的数量与性质，从而导致情感能量累积的水平大幅度降低；除此之外，随着独生子女的离去，原本子女所带给父母的积极的正面的情感能量随之消失，失独父母的情感需求再难以得到满足，同时产生的强烈的相对剥夺感，进而导致积极的情感能量急剧下降。就情感能量的水平来说，人们总是倾向于情感收益高的互动仪式，将寻找更高的情感能量作为交往与互动的准则。[①] 在失独后，失独者其他的社会身份都逐渐弱化，而“失独”成为父母最主要的身份，成为他们在社会中的首要标识，因而在失独者日常的社会互动中，由失独所引发的负面的情感能量占据主导，互动过程中人们从失独者那里获取的情感能量与付出的情感能量不对等，导致交往者主动降低付出的情感能量，并逐渐减少与失独者的互动意愿。由此可知，失独导致的负面消极的情感能量，进一步减少了失独者与外界的互动，逐渐使失独者形成更为封闭、敏感的边缘性人格，阻碍了失独者的心理恢复和社会融入，同时也削弱了亲戚、朋友乃至社会给予关怀的积极性。在失独者建构的失独世界里，极力逃避熟人社会的呈现，人情关系显得势单力薄，无立锥之地。

> JYH 家的儿子是 2008 年走的，刚开始的时候，她们家知道这事的亲戚都没敢前去探望，可是又怕她一个人关在家里会出事，关系好的朋友啊、邻居啊也偶尔还是会去安慰一下，可不管怎么说就是没用，有几次直接吃了闭门羹，好长一段时间谁都不见，然后就干脆谁都不理了，就是送点东西，她也直接给你回了，这个私下其实大家也都说理解，可是你说吧，理解归理解，像我之前和她关系要好的，经过几次之后我都不敢和她说什么了，有时候我们只好都尽量少和她接触，这样也免得她难受。而且，你说吧，其实每次一想到她们家这事，我这心里面也是怪难受，总觉得这种事吧，想着心理都寒战。(20150425ZZY)

此外，与艾滋病人、吸毒者等边缘人群不同，失独者并不会对他人带来直接明显的威胁，随着失独事件的公布，非失独者也不会因此对失独者

---

① 侯均生：《西方社会学理论》，南开大学出版社 2001 年版，第 451 页。

的身份产生明显的排斥，也没有明显的变化，反而是失独者会随着失独事件的公布而主动脱离与失独者的交往关系，在失独初期尤为显著。一些失独者排斥乃至拒绝他人的同情和帮助，认为他人的同情和帮助其实是对自身的怜悯和嘲讽。失独者选择自我封闭、远行，逃避熟悉人群，对他人的排斥和拒绝等应对策略使其原有社会关系断裂。当非失独者提供的理解和帮助遭到失独者的误解和拒绝，他们必然会选择减少或停止对失独者提供帮助。

因此，在日常生活中，因生怕自己的言行对失独者造成刺激而遭受不必要的误解，人们只能尽量避免甚至减少与失独者的往来；实在遇到无法避免的互动时，非失独者应当注意不能与失独者谈论有关家庭尤其是与子女相关的话题。这使得非失独者在与失独者的交往过程中时刻都得小心翼翼，这也是此类交往关系无法得以长久维持的原因。在他人看来，失独者一味地自我封闭和排斥不仅阻断了与外界互动的渠道，也伤了关怀者的心；加之失独者长期沉浸在失独的悲伤情境中，他们就像是"扶不起的阿斗"，已无药可救，最终来自外在社会的关怀力量也逐渐变得微弱了。

四 污名标签：日益恶化的社会融入

社会融入的关键在于社会认同的建构。社会认同是"个体认识到他（她）属于特定的社会群体，同时也认识到作为群体成员带给他的情感和价值意义"，[①] 包括对"自我特性的一致性认可、对周围社会的信任和归属、对有关权威和权力的遵从"。[②] 恰如吉登斯所说："个体生活中的变换总是需要心理重组，相反，在现代性的情境下，变化的自我作为联结个人改变和社会变迁反思过程的一部分，被探索和建构。"[③] 当个体所扮演的社会角色或地位发生变化时，个体社会融入实质上就是个体对其新的社会角色的接纳与认同，这种接纳和认同的建构包括自我和社会两个维度，同

① 张莹瑞、左斌：《社会认同理论及其发展》，《心理科学发展》2006 年第 3 期。

② 王春光：《新生代农村流动人口的社会认同与城乡融合的关系》，《社会学研究》2001 年第 3 期。

③ ［美］安东尼·吉登斯：《现代性与自我认同》，生活·读书·新知三联书店 1998 年版，第 35 页。

时，建构并非是孤立的、静止的，认同建构的过程不仅会受到个体之外的他人影响，而且也会随着所处社会情境的改变而发生变化。

面对身份与角色类别的变化，失独父母难以再维持正常的社会互动，这种状况下失独父母也难以实现社会融入，因而，失独父母认同的重构包括：一是失独父母充分发挥主观能动性，根据不同的情境进行特定的定义，在全新的情景中对自我认同进行重新建构；二是失独父母在与外界不断地互动中，也在通过互动的过程塑造他们的认同。这种自我认同的重构可以从两个层面进行解释，一方面从自我建构的层面来看，失独后父母会变得非常敏感，会明显感受到自己与正常父母的不同，为了不在互动中受到不可预知的伤害和刺激，失独父母会采取回避的行动策略，尽可能将自己封闭在自己的世界，减少与外界的交往和互动，同时，避免生活在以往与子女产生幸福回忆的地方，失独成为父母建构新的自我认同的开始；另一方面，从文化建构的角度来看，传统观念下因缘果报的论说给失独父母身上强加了文化层面的意义建构，使失独父母背负着道德污名，同时，总是环绕失独父母身边的抑郁情绪和悲伤氛围，建构了失独父母的压抑形象，进一步加剧了失独父母的污名。从这两个层面的分析来看，失独父母在独生子女离去后，自我认同和社会认同在正常的社会互动过程中逐渐遭到破坏，且未能及时建构新的积极意义上的认同，致使失独父母的日常生活被打乱，并不断遭受到生活上和精神上的冲击，严重的甚至可能引发高度的焦虑，威胁到本体性安全感。①

失独身份污名化背景下，失独父母难以建立起积极层面的自我认同和社会认同，因而严重阻碍了失独父母的社会融入。在中国传统文化的背景下，当有婚丧嫁娶之事时，宴请亲朋好友、邻里同事是一种传统，只要略有沾亲带故之人，有红白喜事的主家都要发出正式邀请，来参加宴请，同时，参加宴请的宾客也需要根据关系的亲疏远近呈上与关系相匹配的礼金，若是当日不能亲自到往，也需要托请他人将礼金送上，礼金的礼尚往来代表的则是社会交往中人与人之间关系的维持与循环。但是，失独事件的发生则打破了失独父母与他人之间的关系，因为失独父母身上带有特殊

---

①　安东尼·吉登斯：《社会的构成：结构化理论大纲》，李康、李猛译，生活·读书·新知三联书店 1998 年版，第 134 页。

的文化意涵，缺少参与这类场合的合理性。用失独者的话说：“孩子还在的时候，亲戚朋友不论大事小事，都会来请客吃饭，按照乡里的规矩，只要是以往有人情往来的人家，就算没收到正式邀请，只要知道都会想办法参加，如此既可以维持人情的往来，也算是对以往人情的回礼；[①] 而自从孩子走后，要么直接不知道，要么知道也不想去，最多也只会托人带钱就好。”这样的改变一方面与失独的污名身份因素有关，这种观点将失独者认为是“不祥之人”，“这种人”[②] 无论是在红白喜事中都是不被欢迎的，他们的到来会给主人家带来晦气；另一方面，因维持人情往来的价值和动力缺失，这种观点某种程度上是将人情往来的走动视为一种“投资”，而失独意味着“无后”，财富的积累或人情的维持和扩展因无人继承而被认为失去价值，只会随着失独者的死亡而消失。因此，对失独者来说，人情财礼的继续输出变为一笔无法再收回的亏本交易。不过无论是对失独者还是非失独者来说，要想中断这一人情往来关系却也并非易事。例如，当有亲戚朋友在置办酒席而没有邀请失独者或者没有收下失独者的礼金时，即便当事者是出于某种善意的考虑，失独者也很可能会因此觉得很没有面子，觉得是被人瞧不起，因而将之视为一种有损个人自尊的行为。

> 自从孩子走了，也就没什么快乐可言了，可能生活剩下的就都是伤心和痛苦了吧，就是老天看我前半生过得太幸福了，才狠心夺走了我的孩子，我的孩子也是命苦，投胎做的女儿，不然可能有更多的时间在这世上做她想做的事，去完成她的梦想，现在真的只想能让我的

---

① 乡间的人情往来历来都是按照“礼尚往来”的规则得以延续，这种往来不以个人为单位，而是以家庭为单位的，如在某些家庭中，即便子女已经结婚成家，但只要没有与父母分家，那在人情的往来中则只需要以父亲的名义随一份彩礼即可。通常，赠送彩礼的大小是与两家之间的关系的亲密程度直接关联，而作为回礼的彩礼大小则是由对方赠送彩礼的大小决定的，且绝对不能低于对方赠送的彩礼，绝大多数情况下二者大小是保持一致的，偶尔也有适当超出前者的情况。

② 在访谈中，失独者常以“我们这种人”自称，这种表达隐含着深层的现实意义，因为在特定的乡土文化情境中，每个人都被视为对当地的文化、乡土风俗的熟知者，知道什么样的人受欢迎，什么样的人不受欢迎。因此，沦为失独者的人即便他人不说，他们也会自觉地自我归类，主动退出不该参与的场合或仪式。

孩子回来，让我付出什么代价我都情愿，孩子没了，我的生活整个都不像样子了，也不想出门了，也不想跟别人讲话了，不想被别人可怜，他们根本就不能理解我的感受，与他们又能讲什么呢。(20130715CXS)

此外，“家本位”文化传统下，事关子女的一切是人们“唠家常”的话题主要来源。在人们的日常交往与互动中，子女是谈话所围绕的核心，虽然大部分时候是无心之举，但这种涉及子女的话题都会勾起失独父母的伤心往事，因而当有失独父母在场时，人们通常对子女相关的事避而不谈，然而这样难免产生尴尬，刻意的避而不谈也让失独父母心生悲痛，谈与不谈都不合适，失独父母只能选择回避这种类似场合。除了日常的互动外，各种节日对于失独父母来说也是一大劫难，尤其是具有家庭团圆意味的春节、中秋节等，往往让不完整的失独家庭陷入深深的悲伤之中，正如很多失独者常说的，“别人是过节，我们却是‘过劫’”。因此，当失独事件发生后，无论是失独者主动的自我封闭和逃避，还是非失独者有意或无意地回避或排斥失独者，客观上都使得失独者与非失独者之间的往来的减少，阻碍失独者社会融入的藩篱越发密集。

五　心理失衡：日益增长的社会排斥

在传统经济学理论中，“经济人”假设将个体的社会行动视为一种计算得失的、追求最大效益的理性选择，而这种完全理性的假设在现实生活中是很难做到的。作为社会人，在行动的过程中常常带有强烈的感情因素，并不可能做到完全理性，除了经济等因素，还同时受到个体认知、所处环境等多种因素的影响，因而个体的行动往往是理性和感性因素共同作用下的产物，有时候甚至感性因素占据上风。因此，可以说个体的行动并非总是理性下的选择，个人的情感因素或多或少会掺杂其中，因而个体的理性总是有限理性。这种计算得失的过程也经常会在与他人的对比中完成。

（一）相对剥夺感骤增

费斯廷格（Festinger）从社会比较理论的视角给出了另一种解释，认为社会中的个体不仅关心自己所得回报的绝对量，而且还希望了解自己所得回报的相对量，以确定是否公平①。与他人的比较并非总能获得积极的效果，人们经常会在比较中认知自己与他人之间所得回报的差距而产生某种消极心理。相对剥夺感就是人们通过与参照群体的比较而产生的一种自身利益被其他群体剥夺的内心感受②，这种相对剥夺感主要源于个体所期望得到的和实际得到的差距，是一种负面主观感受和不满、愤慨、怨恨情绪③，是一种个体自身需求得不到满足，自我期待得不到兑现的内在心理失衡状态。一般来说，利益受损者通常比较容易产生强烈的相对剥夺感、挫折感和不公平感。这种心理失衡状态在很大程度上反映了人们对现实处境的强烈不满以及改变现实处境的强烈愿望。这也正如我们从失独者话语中所体味到的那样，他们难以接受子女死亡的事实，生活中会有意无意地把自己残缺的家庭与那些完整的家庭对比，把自己所获得的补偿与他人获得的补偿对比，把自己现在的悲惨生活与自己过去的幸福生活对比，并从中获得一种强烈的消极体验。很多失独者也表示他们也知道这样不好，也想往好的方面想，但遭受如此残酷的打击，他们很难不受这种消极对比而产生的心理失衡问题的影响。

> 我们这些人，大多都是和新中国一同成长，在国家发展的关键时刻，为国家发展做出特殊贡献的人。国家说人太多了，需要控制人口，需要发展，我们相信了，不管是不是真的愿意，我们都只是生了一个孩子，不管怎样，从某种程度上都给国家发展带来了极大的“红利”。其实呀，独生子女家庭的父母就好像被派上战场的战士，幸运的人就完好无损地回来了，而我们这些人就像是在战争中负伤的战士，虽然保住了性命，可人却残疾了。烈士家属还可以获得国家的各种优抚补贴政策，可我们这些人呢，谁来关注我们，谁来给我们负责呢？中规中矩的人现在断子绝孙，有权有势的投机者却正享受天伦之乐。我们也不是说一定要国家赔我们多少钱才好，现在对我们这些

① 刘得明、龙立荣：《国外社会比较理论新进展及其启示——兼谈对公平理论研究的影响》，《华中科技大学学报》（社会科学版）2008 年第 5 期。

② 郭星华：《城市居民相对剥夺感的实证研究》，《中国人民大学学报》2001 年第 3 期。

③ 李汉林、李路路：《资源与交换——中国单位组织中的依赖性结构》，《社会学研究》1999 年第 4 期。

人来说，给再多的钱也什么用了，儿子也不可能再回来了，我们只是要国家能承认我们这类群体的存在，关注我们这些人的问题，那我们心理上也就舒服多了。怎么能够人为地制造不公平呢？你看现在，大家本来都是“同命人”，可是各地的补偿措施却很不一样，有的地方政策比较好，不仅给了一次性四、五万的赔偿，每月还有几百块的补贴。还别说除了各个地方差别很大了，就算是一个地方，甚至是在一个辖区的不同社区里都有好大的差别。(20150913HJ)

（二）障碍性心理问题凸显

与战争中士兵所受到的伤害一样，相较于生理上的残疾而言，战争所造成的“心理残疾”对士兵的伤害要大得多；对失独者来说，独生子女死亡形式上只是造成家庭三角结构崩塌，家庭功能受损，而因此引发的一系列心理问题对失独父母影响才是最严重的。HJ 便是在饱受丧子之痛后，心理慢慢发生变化，渴望外界关注却又害怕“身份”暴露，倾向于不对等的比较，以至于时常饱受各种消极心理体验的折磨。

因比较而产生的心理失衡问题也可以被定义为障碍性心理问题。根据心理学相关解释，障碍性心理问题的特征主要包括三个：一是个体长期处于悲伤情境（一般为 6 个月）；二是社会功能受损，表现为人际关系疏离，容易产生排斥、不合作甚至敌对、攻击行为；三是表现出非当地文化类型的特殊行为。从对失独者观察和访谈来看，不同失独者会在不同时间阶段经历着极为类似的心理状态，并且与以上描述的障碍性心理问题的三种特征出奇地吻合。譬如在失独初期，失独者因中年丧子，遭受“白发人送黑发人”的人间悲剧，一方面内心悲伤欲绝，自我封闭；另一方面又否认失独事实，难以适应失独父母的角色，心理压力骤增，“觉得活着就是一场梦魇”。

回头望去，你们所走过的路，你们不曾后悔，更无怨言。因为，你们是为了自己热爱的祖国贡献了自己所有的一切的。到如今，望着同龄人一个个都抱着孙子享受着人间的天伦之乐时，你们却两手空空，一无所有了。

想到曾经，自己也是对生命有着美好的追求，也是把满满的希望都寄于自己唯一的孩子。然而，让你们倍感痛心的是，当你们正满怀希望等待美好的一切的时候，所有的希望、愿望却在瞬间使然落空了。

——2012 年“5·5 维权”《致北京维权的“失独者”的一封信》节选

随着时间的推移，失独者的社会功能也受到极大损害，为了避免受到二次伤害，他们开始建构并选择一种适合自己的自我保护机制，主动从原有人际关系中退出，尽可能减少与他人的互动，拒绝或排斥他人给予的关怀和帮助，有时候甚至伴有敌对、攻击行为。当心理渐渐平复后，为了继续维持生存，失独者又不得不重新回归社会生活，但这种回归并非是对以往人际关系的简单修复和回归，而主要是以一种有别于传统组织类型的交往方式，即与自己有着相同遭遇的“同命人”交往互动，“抱团取暖”。

第二节　失独者结构边缘地位的获得

“与死亡俱来的一切，往往比死亡更骇人：呻吟与痉挛，变色的面目，亲友的哭泣，丧服与葬仪”。[①] 生、老、病、死本是人类无法变更的生存规律，没有谁能逃脱这无情的“生死铁律”。新生命的降临是一个家庭的喜事，而死亡留给生者的却总是无尽的悲痛和难舍。按照“铁律”，长者的死亡被看作“寿终正寝”，死亡留下的伤感也会随着时间的流逝而渐渐淡化，不会给个人、家庭留下太多的“后遗症”；而幼者的意外死亡则被视为“白发人送黑发人”的人间悲剧，往往会给丧亲者的身心造成了严重的伤害。因此，对于一个独生子女家庭来说，唯一子女的死亡会对该家庭带来毁灭性的打击，失独所造成的心理创伤便成了失独父母心中永远无法愈合的伤口。随着心理创伤所带来的内在的心理边缘和异化，失独者社会行动的改变引发其外在结构关系的变动，家庭关系、夫妻关系、经济收入、社会互动等相继陷于困境之中。

① ［英］弗兰西斯·培根：《论死亡》，《培根随笔》，蒲隆译，上海译文出版社 2010 年版。

一　"失依"：代际支持中断

代际支持养老是指以抚养子女换取子女的赡养方式。这种模式在人类形成之初便出现并沿袭至今，然而，关于代际理论的研究做得较好的则是西方国家从经济交换的视角，提出多种养老模式，以解释代际支持的动机和规则。正如霍曼斯等人提出的交换理论，他们更倾向于把人视为"经济人"，认为家庭内部子女与父母之间的物质性支持是一种交换行为，无论是父母为子女提供帮助，还是子女赡养父母，都是为了实现自身利益的最大化，所有的交换都是以双方拥有的资源、提供回报的意愿和能力为基础的。在奉行崇老文化的国家和民族中，人们都视孝敬老人为自己国家和民族价值观的象征。中国的代际养老模式就是典型的范例，由于受传统儒家文化的深刻影响，孝观念赋予了赡养老人最高的道德意义。中国家庭的代际支持主要由反映在与经济发展水平相适应的"责任伦理"中的社会习俗和文化传统来支持和保障的，儒家的"孝道"就充分体现了这一点。①

随着人们物质生活水平的提高，人们的精神生活水平也发生了巨大的改变，传统的大家庭模式不再受宠，加之计划生育政策的实施，成了普遍的"4－2－1"小家庭结构模式，作为独生子女，他们备受祖辈、父辈的宠爱，典型的"拿在手里怕掉了，含在嘴里怕化了"，在社会生活中有着非常明显的代际特征。独生子女家庭既是一种稳定的三角家庭，同时也是一种高风险家庭。一旦独生子女发生意外，亲子关系终止，家庭三角关系必然残缺，以父母对子女的抚养及帮助和子女对父母的赡养为主要形式的代际支持中断，主要表现为财富积累无人继承、赡养陪护无人照管。

（一）财富积累无人继承

家庭财富的积累目的在于使家庭生活水平更好，而在独生子女家庭中，子女是父母不断创造和累积财富的动力源泉。在父母看来，自己百年归天之后，若能为自己的子女留下一笔可观的财富，让自己的孩子不至于再同自己当初一般辛苦打拼。然而，由于独生子女的唯一不可替代性，孩

① 杨善华：《责任伦理与城市居民的家庭养老——以北京市老年人需求调查为例》，《北京大学学报》（哲学社会科学版）2004 年第 1 期。

子的突然离世必然会对其父母造成极大的心理创伤。原本令人羡慕的三口之家瞬间崩塌，亲子关系不复存在。失独父母在极度悲伤的情境下，不愿接受事实，否定自我价值，丧失奋斗目标，甚至觉得自己的存在也随着孩子的离开而失去意义。

2008 年，GLX 和 XXZ 的儿子 26 岁时因病去世，也正好是那年年初，正值楼市大跌，夫妻俩决定趁此机会给儿子买套房子留作新房。他们在二环一中端小区以 3700 元/平米的价格买了一套 96 平米的现房。为了能给儿子一个惊喜，夫妻俩并没有事先和孩子说，付款时才让儿子知道。然而好景不长，没过多久，孩子便因为突发疾病医治无效死亡。这让原本期待满满的夫妻俩悲痛欲绝，感觉上天在和自己开了个无法理解的玩笑，一个完整幸福的家庭在瞬间化为乌有。XXZ 说：

> 这个小区现在的房价已经涨到 7000 多一平了，像我们家的这个房子现在要是没有个百八十万是买不下来的，何况现在已经没有房源了。可是对我们这种人来说又还有什么用呢？就算挣了再多的钱又有什么意思，再大的房子都已经没有人享用了，孩子没了，我和叔叔两个人今年都 60 多了，身体又不好，就算是身体好也活不了多少年了。有时候我和叔叔两个人都还在想，孩子就这样走了，这些房子留给谁，经常一想到这些，两个人又忍不住哭得稀里哗啦的……（20150911XXZ）

（二）赡养陪护无人照管

在传统文化中，“赡养”与孝养、奉养、供养等概念近乎是一个意思。从已有研究来看，对“赡养”的界定主要包括三个方面，即养老、敬老和送老（送终）[①]，即是指子女向长辈或年长的人提供生活所需的行为。在中国传统观念中，素来认为养儿防老，除了传宗接代，也是为了在年迈后有照料的保障，然而随着独生子女的离去，导致失独父母年老后的赡养者缺位，从而造成很多失独父母陷入孤立无援的境地。在我国正规医院中，做手术需要直系亲属签字担保，入住养老院也需要子女等直系亲属

① 姚远：《养老：一种特定的传统文化》，《人口研究》1996 年第 6 期。

签字，即使失独父母有了签字或相关的证明担保，但是高昂的治疗费或入院费用却让失独父母望而却步，看到别的父母有子女的照料，更让失独父母心里失衡。

> 就是在儿子刚走的时候，可能那会情绪太激动了，就犯病了，整个人动都动不了，一开始没去医院，躺在家里养病，那时候就想儿子都不在了我还活着有什么意思，老天让我活我就活，不让我活，我就跟着儿子去得了，儿子走了身边就只剩他妈了，那会躺在床上，你不知道他妈一个人照顾我有多累，她根本弄不动我，就这样还撑了挺久的，后来实在不行只能叫救护车过来，可医院就来了一个人上来抬我，和他妈俩人也抬不动我，就又跑到楼下喊了两个保安上来，才把我抬上车，就这么点小事，都没办法啊，后来去了医院，日子就更难了，跑前跑后忙前忙后的就只有孩子他妈一个人，白天晚上的熬，吃喝拉撒也都是她照顾，我看着心疼啊，你不知道都瘦的脱相了，头发也白了不少，看着人也憔悴了、老了，可是还有什么办法，以前能依靠儿子，现在只能让孩他妈照顾我了，那之后我觉得真不能生病，我们都老了，折腾不起了，最大的希望就是一蹬腿就死，要是得在病床上躺个十天半个月的，另一半都受不了啊，现在就羡慕别人，病了有儿子女儿忙前忙后的，我们都没有了，只剩两个人互相依靠了。(20150911DSN)

大部分的父母在失独后都已经人过中年，身体的各项机能都处于衰退之中，并且随着年岁的不断增长，他们的自理能力不断衰退。只有少部分的失独父母在独生子女离去后尚且年轻，还可以相互依靠相互照顾，部分家庭条件较好的失独父母，可以通过购买服务来改善生活状况，但是对于大部分的失独父母而言，情况则不容乐观，尤其是发生婚变或者是丧偶的失独父母，生活境况更是艰难。与城市相比，农村地区失独父母的情况更为严峻，农村包括居住等的设施条件较差，经济收入较低，保障不健全，煤电、火灾等意外事故也对失独父母的生存构成威胁。

> 现在听不得那种失独老人的事，尤其是孤身一人的，听着就揪

心，之前我们小区里也有个家里失独的，老两口有一个儿子，好像都有二十多岁了，就是去年不知道怎么回事死了，他妈可能是受不了这种打击吧，料理完儿子后事就自杀了，家里就剩下男的一个人了，平时看亲戚朋友也不常来，真是挺惨的，听说他就天天在家里，就站在窗户那往外望，也不怎么出来，后来就听说他邻居闻着他家门口散发着臭味，好几天也没散，敲门也没人应，就报警了，结果大家都吓傻了，我当时还过去了，门开了屋里面恶臭，人死在里面了，横躺在客厅里，都腐烂了，后来法医鉴定说都去了一个多月了。(20150912YH)

由于独生子女的离去，家庭结构的破裂，失独父母的赡养者也因此处于缺位状态。失独父母的年龄日益增长，其健康状况每况愈下，很多失独者因无法承受丧子之痛，身体很快就会患上各种疾病，甚至偶有选择自杀的极端行为。有着同样命运的失独者的生活经历会极大地影响着其他失独者的认知和行动，一旦他们得知其他失独者的悲惨结局，便会有意无意地反观自身的现状，想象着自己未来可能也会以同样的结局收场。访谈过程中，YH 还向我们讲述了很多失独者的悲惨经历，每当说到失独老人最后生病却没有子女照料的悲惨时，她总是处于极度的恐惧中，但却又充满无奈，她曾说：“不去想都没办法，都是发生在自己身边的事，他们死在家里都没人知道，没想到辛苦一辈子，到老了连个收尸的人都没有。”

随着失独者慢慢步入老年，失独者的各种生理机能都处于退化的状态中，相应的生活中的自理能力也不断下降，这种时候子女的作用就凸显出来，而失独使他们不仅需要独自面对生活中的艰难，而且相对剥夺感急剧上升。这时，外界的帮助就显得尤为重要。然而在当前的社会形势下，社会保障仍处于需要不断完善、健全的阶段，普通完整家庭的老人赡养尚有困难，更难以保障失独家庭的老人赡养。当前社会中出现的赡养困境，其形成主要是由于老龄化的冲击下，我国还未形成健全的社会保障机制，以及较为成熟的社会养老体系，同时，社会力量的支持力度不足，就使得失独老人难以得到及时、有效的社会援助。

个人的社会支持网是由具有相当密切关系和一定信任程度的人所组成的，从一般意义上说，社会支持指人们从社会中所得到的、来自他人的各种帮助，社会支持网在规范个人的态度和行为时发挥着重要的影响，它也是个人的一种重要的社会资源。[1] 从社会支持的主体来看，社会支持网络体系可分为家庭支持、朋友支持、其他支持，这种分类强调个体对来自各种社会支持力量的理解和领悟。伴随着家庭结构的解体，失独者的其他社会支持网络体系也会因此受到影响，社会主体力量参与援助的积极性时常会因失独人群的误解和逃避而骤减。

二　“失婚”：夫妻关系受损

因失独所引起的家庭结构的地震远不止亲子关系的终止，失独父母之间的婚姻关系也会因亲子关系的断裂而变得极不稳定，这类现象在调查中有两类情况最为普遍：一类是失独父母将失独归因于对方的某些过失或不尽责，并将失独之痛迁怒于对方，最终导致婚姻关系破裂；另一类则主要指男性失独者，当独生子女死亡后，为了延续家族血脉等原因，他们重新组建新的婚姻家庭。显然，无论是哪一种情况，我们都可以清楚地看到失独家庭中亲子关系缺失对夫妻关系所造成的破坏。

（一）离婚：合理不合情

独生子女家庭是由父、母和子女构成的一种平衡系统，即“基本三角稳定的结构”，当失去独生子女就会破坏这种平衡，使家庭陷入一种单边关系。[2] 由于独生子女的离去，导致三角家庭结构中的其中一个支点消失，作为亲子关系的两条边缺少支撑，剥夺了失独者原本扮演的父亲和母亲的角色，这种冲击还影响到夫妻间的关系，甚至导致部分失独父母离婚，家庭结构彻底破裂。只有少数失独父母为了继续生活下去，努力重新寻求家庭中的第三支点，例如培养新的兴趣爱好、领养孩子等，希望能走出失独的伤心困境，然而只有少部分的父母自愿走出失独后的悲伤生活，大多数的失独父母仍是陷入边缘境地。在很多中国家庭中，亲子关系居于核心地位，而夫妻关系通常是占据次要地位的。例如当夫妻之间发生矛盾和冲突后，往往会因子女的缘故而相互妥协或达成某种协议，可见亲子关系的存在在家庭起到润滑、调剂和修复的作用。

对于失独父母来说，他们选择离婚的原因通常可归为两个方面：一是

---

① 张文宏、阮丹青：《城乡居民的社会支持网》，《社会学研究》1999 年第 3 期。

② 费孝通：《乡土中国·生育制度》，北京大学出版社 1998 年版。

因失独之殇而引发的夫妻感情破裂。夫妻之间常常会因为对失独事件责任认定而产生分歧，相互埋怨，许多失独父母自从孩子离开后便一直分居而住，夫妻关系受到严重的影响；二是独生子女去世后，为了能够维系家族血脉而选择再婚生育。一些尚能孕育的失独父母想方设法，认为只要能留下一儿半女，完全不在乎高龄孕育行为的风险和合法性，如试管婴儿、“代孕”等。当然，生理方面的特殊性使得这种婚姻变化也存在着性别上的差异，对于失独母亲来说，除了高龄孕育的风险让人却步之外，各种生理因素和经济条件等方面的限制也使得能够选择这种方式传宗接代并取得成功的人仅仅只是极少数。而对于失独父亲来说，当二者的婚姻关系已不可能通过再次孕育以维系时，他们其实还有另一种可行的选择，即结束现有婚姻关系，与尚有生育能力的女性重新组建家庭。从表面看，这种行为选择既是女性在婚姻关系中不平等的一种表现，同时也是男性“无情无义”的理性选择。但事实并非如此，因为我们无法解释为什么有的失独父亲选择了重组家庭，而有的人没有选择重组？还有为什么有的失独母亲又要做出一种对自身几乎没有好处的选择，主动提出离婚并鼓励对方重组家庭？这就是人类情感的复杂和伟大之处。

WLX 今年 48 岁，她的儿子 2008 年在学校突发疾病去世。最开始的那段时间，她和丈夫之间并没有发生什么异常。然而令她万万没有想到的是，二十几年的结发之情始终没能敌得过这失独之灾。丈夫和她商量过离婚的事，说他们家三代独苗，不能在他这一代断了香火。经过一番挣扎，双方最终还是协议离婚了，丈夫同意给了她一笔钱，让她自己去买套房养老，她离开了这个家。后来听说经人介绍，她的丈夫又和一位 32 岁的寡妇结婚了，女方没有节育，还可以生养。

> 我知道他这样做的原因，我也能够理解他为什么要这样做，可理解终归是理解，你说这几十年的夫妻怎么说离就离了呢？真的很让人伤心的。孩子没了，这下家也没了，接下来真不知道自己该去了哪？不知道自己该去干什么？现在我可真的是孤苦伶仃的一个人了。(20150425WLX)

显然，就事理上来说，失独父母离婚有其可以理解和看似合理的成分；而从情理层面看，所谓“一日夫妻百日恩”，“结发之情”怎能如此轻易割舍，说断就断。且不论再婚生育成功与否，对于一个已经饱受失独之痛的失独母亲而言，“离婚”势必会对她们造成更为严重的二次伤害。

大多数独生子女家庭在失独后其实都会面临婚姻关系解体的风险，对于相较年轻的失独父母而言，这种可能性更大。失独父母离异是失独家庭的一种风险体现，据相关调查表明，广州两成失独家庭离异[①]，甚至还有数据显示我国有近半失独家庭选择离婚[②]。根据调查结果可以发现，失独父母离婚并非罕见，而且通过了解，大部分的离婚要求都是最先由男性提出，对于男性而言，在独生子女离去后，有着对延续家族香火的渴望，这种传承子嗣的家族使命远在婚姻关系之上，导致很多家庭因此破裂，男性重新组建家庭，继而延续家族香火。正如叶文振指出的，由于夫妻之间的关系是建立在姻缘之上的，相比较建立在血缘关系上的亲子等其他家庭关系而言，其稳定性较小，因此很容易随着两人之间感情的磕绊、冲突和婚约的破裂、解除而终止，所以从建立基础上来讲夫妻关系的存在仅仅是暂时性的。[③] 失独父母大部分已人至中年，对于女性而言，已基本失去了再次生育的能力，而男性则不同，重新组建家庭后还有延续香火的机会，因而失独事件发生后，夫妻离婚的现象也就可以解释了，正如俗话所说“夫妻本是同林鸟，大难临头各自飞”。如果出于家族延续的考虑，“失独之后各自飞”的现象似乎也在情理之中了。

（二）二次情感创伤，扶养力量缺失

夫妻关系是家庭关系建构的关键组成部分，夫妻是一个整体，二者彼此依存。夫妻间除了外在的人身依附和财产关系外，更为重要的是内在的相互依恋和相濡以沫的情感依恋关系。人非草木，孰能无情？无论因何种原因，夫妻关系的决裂或多或少都会给彼此造成情感上的创伤，这种情感性创伤通常表现为心情沮丧、情绪低落、伤感并无关性别地表现出愤恨、

---

① 《广州两成失独家庭离异》，http：//gzdaily. dayoo. com/html/2013 - 05/14/content_2245546. htm.

② 《我国失独者养老医疗缺乏保障，近半家庭选择离婚》，http：//www. fjsen. com/h/2013 -04/03/content_ 11045524_ 2. htm.

③ 叶文振、林擎国：《我国家庭关系演变及其现代化的研究》，《厦门大学学报》（哲学社会科学版）1995 年第 3 期。

不满、自卑、看破红尘等各种各样的消极心理。同时，在传统社会观念中，离婚并非光彩之事，甚至带有某种道德污名，时常会遭受他人的非议和白眼，离婚者会为此感到自卑、羞愧、孤独、无奈和被排斥等。因此，对于遭受失独摧残的人，尤其是对于情感敏锐、性情多疑的女性来说，夫妻关系的终结无疑是继亲子关系破碎后的二次情感创伤。很多遭受创伤的失独者常常会将自己的不幸与周围的一切联系起来，过分地去解读、猜想乃至臆想他人对自己的看法，时常会被周围人的一句话、一个表情、交头接耳、背后的指指点点弄得精力憔悴，这可能也是大多数失独者存在抑郁、失眠、焦虑等心理问题的一种原因。对他们来说，余生只有悲观和绝望。

面对这样的结果，换做是谁又能受得了呢？孩子才走没多久，他就不住家里面了，每天在外面，说是谈生意，差不多每个星期会回来看看我。那时候吧，我想这样也好，至少他在外面忙着了，也就不会总想起这些伤心事。可是后来也不知道为什么，他说想再要个孩子，怎么说还是想有个给自己养老送终的人。其实，他一开口其实就知道他的意思了，我这么大的年纪了，肯定是不可能再生育的了，他就是想去找个年轻点的……他当时说的时候，我那个心痛啊，好像整个人一下失去了平衡。可是我忍住了，没有当着面哭出来。我当时就想啊，算了吧，你要离就离吧，孩子都没了，我还有什么好不舍的呢……

刚离婚那段时间，我又好像被打回了原形，那种感觉就像是孩子刚离开的时候一样，整天回想孩子还在的时候的各种画面，可是我知道孩子不可能回来了，我曾经拥有的那个幸福的家庭也不可能再有了，每天又把自己关在了屋里，哪都不想去。其实知道我已经离婚的人也不多，可是每当我出去的时候，我很害怕遇到认识我的人，我总是低着头走，我总觉得他们知道我失独了，知道我离婚了，看着他们说说笑笑的，我以为他们就是在拿我的遭遇闲谈，就算是他们一脸同情的样子，我也会觉得很不舒服，觉得自己活得根本就没个人样。(20150425XXH)

伴随二次情感创伤而来的，是夫妻间扶养力量的缺失。根据我国

《婚姻法》第14条规定："夫妻有互相扶养的义务。一方不履行扶养义务时，需要扶养的一方有要求对方付给扶养费的权利。"这也就意味着夫妻间的扶养义务是相互的、对等的。夫妻间双方均应自觉地履行，特别是在一方年老、多病或丧失劳动能力、生活困难的情况下，有负担能力的一方，更应主动承担扶养义务。一方不履行扶养义务时，需要扶养的一方，有权要求对方给予扶养。然而，婚姻关系的解除标志着即便是形式上的夫妻关系也已不复存在，所谓的"夫妻有互相扶养的义务"也就无从谈起，而在这种婚姻关系中，抗压能力较低、经济状况较差的失独女性成为了真正的受害者和"被遗弃者"。

三　"失业"：经济收入困难

失独并不意味着失独者的生活也会随之停止，而是由幸福生活的终结向艰难生活的始点的转变。剧烈的心理打击，无情的精神创伤，残酷的社会现实，曲折的命运，失独父母被一步步推入绝境之地。与此同时，因失独而产生的心理创伤让失独父母无心工作，主动要求提前退出工作岗位，而消极的生活状态同时也让他人对失独者望而生畏、避而远之，不愿向他们提供就业机会，加之当前我国社会保障机制不健全，失独父母陷入严重的经济困难之中。

（一）失独留下的巨债

近年来，疾病已成为造成家庭独生子女死亡的主要原因。根据四川省计生部门和统计部门的一项调查显示：独生子女因疾病死亡的比重最高，未成年独生子女因疾病死亡的比例为57.1%，成年独生子女因疾病死亡的比例为47.6%。[①] 但独生子女从患疾到死亡往往会持续一段时间，这也就意味着在失独之前，有相当一部分家庭很可能为了给独生子女看病而投入了大量的资金，但最终仍没能逃脱人财两空的结局。据了解，因家庭遭受重大变故，超过一半的失独家庭面临经济困难，月收入在1200元以下，另有相当一部分失独家庭则仅仅依靠低保维持生计。

---

① 国家统计局人口和就业统计司课题组：《中国失独妇女及其家庭状况研究》，《调研世界》2015年第5期。

2008年，XXL叔叔18岁的儿子被告知患上了骨癌，为了能挽回儿子的生命，他忍着丧妻之痛，倾尽全力带着儿子四处求医问诊。然而，在经历了一年痛苦的治疗后，儿子还是永远地离开了他。“正值中年丧子，这样的痛苦其他人又怎么能体会得到呢?”据SXR介绍，当年为了挽救孩子，他借了10多万元，其中还有一部分是高利贷。直到现在，这笔欠款才快还完。

（二）无奈的抉择：提前退休

按照常理，作为单位或企业的职工不可能主动提出提前退休，而且若非特殊情况，这样的退休要求也不可能得到批准。但对于失独者来说，没有什么事情能比自己孩子更重要，孩子走了，工作、事业什么都不再重要了，赚再多的钱也没有了意义。因此，无论主管部门是否同意所提要求，失独者事实上都很难再回去正常工作了。尽管在失独之初失独者对于这一行动的后果以及怎样处理更有利，但作为用人单位/企业如何合理处理失独者的工作问题，实则直接关系到失独者未来的生存问题，无论是一次性补贴买断工龄，还是批准提前退休，这既需要从经济角度考虑到单位/企业的利益，也需要从情感考虑的失独者的特殊遭遇。

XXH今年55岁，失独前原本是在一单位做会计，儿子2010年因病去世后，她天天抱着儿子留下的照片哭泣，原本精神抖擞的一个人，半个月的时间，满头的头发都变白了。由于很少进食，人也瘦得不成样子。一开始，单位领导也知道她们家的遭遇，亲自上门安慰并给她带薪放了一个月的假，并希望她能尽快调整好自己的状态，能够振作精神，重新开始生活。然而一个月过去了，XXH的状况仍未见好转，根本没想回去继续工作。单位领导又和她谈了几次，可终究没什么效果，因为现在在XXH的意识里只有一个道理：“孩子没有，什么都不重要了。”她对单位领导说：“我不想去上班了，你们重新招聘其他人吧，我已经上不动了，工作我也不要了，我只要我儿子能回来……”

按照当时单位的正常退休要求：男性干部、工人年满60周岁，女干部年满55周岁，女工人年满50周岁，连续工龄或工作年限满

> 10年。由于XXH那时才50岁，而且又属于单位的干部编制，按这一规定还不能办理退休。但是考虑到XXH的这一特殊情况，单位领导讨论看是否能将他的编制转为工人，这样正好达到退休要求，但这样也就意味着退休待遇也会相应低了很多。在征询XXH的个人意见时，她只是说："不要紧，有多少算多少了，以后就我一个人，饿不死就好了。"（20150426WGZ）

正如上文所述，由于受失独事件所造成的巨大心理创伤，失独者往往会因此失去生存的动力，无法接受失独的事实，否定自我价值，试图将自我封闭，长期沉浸在悲伤、绝望之中，感性、冲动和非理性地去思考自己以后的生活。对于像XXH这样有工作且单位领导通情达理的失独者来说，他们的余生可能在物质保障方面不会有太大困难；而对于那些没有工作或工作待遇较差的失独者来说，经济上的困难必然会成为横在他们未来生活中的一道藩篱。因此，当失独者的经济收入连基本的生存都无法保障的时候，所谓的养老、医疗保障也将无从谈起。

（三）排斥：市场竞争中的劳动力甄选

市场竞争（Market Competition）是市场经济的基本特征。在市场经济中，市场经济的参与者在为争取同类资源时，出于自身利益的考虑，往往会通过不断增强自身经济实力，提升自身的竞争力，排斥同类经济行为主体的相同行为。企业总是以营利为目的，劳动力的甄选必然也会遵循优胜劣汰的市场竞争规律，而对于绝大多数失独者而言，无论是年龄还是健康状况等方面看，他们都不存在参与竞争的优势，极易在竞争中被淘汰。譬如从年龄上看，当前失独父母多出生于六七十年代，如今即将到达或已经到达法定退休年龄，面对激烈的市场竞争，失独父母很难找到适龄的工作，最多只能从事一些简单的、不费体力的零工，与之相应的报酬也是极其低廉的。事实上，这一年龄群体多半处于无业状态，他们中一些是刚从岗位上退下来，一些则是一直从事简单的生产劳作。因此，从经济收入来源来看，失独父母缺乏重要的经济保障。

> XXL是我们这群同命人当中家庭情况最困难的一个，没有固定的工作，以前就是跟着别人在工地上找活干，他现在每个月也就200

块钱，他老婆因为得了肝癌去世的，为了给他老婆看病，家里的积蓄花光了，人也没有医好。然而祸不单行，他老婆走了没多久，儿子也病倒了，由于给老婆看病家里早已穷得响叮当，这下儿子病了，只能找亲朋好友周转，甚至还借了一部分高利贷，最后儿子也没医好，却留下了十余万的债务。他现在经常一个人在家喝闷酒。还记得我们那次去看他的时候，简直都不像人样了，跟疯子没两样了，头发老长，胡子也满脸，完全没有以前的精神状态了，还老拿着刀子想捅人。(20140922JYH)

更为严重的是，中老年丧子的悲惨遭遇极有可能使失独人群的健康状况急剧恶化，实际的调查足以证实失独人群的健康状态并不理想，深受生理和心理上的双重健康问题制约。来自中国全国政协的一份调查报告显示，失独老人中50%的人患有高血压、心脏病等慢性疾病；患癌症、瘫痪等重大疾病的有15%；60%以上患有抑郁症，其中一半以上曾有过自杀倾向。可以想象，企业出于对自身的发展考虑，必然不愿意雇用像XXL这样被视为“有问题”的劳动力，从而防止失独人群所携带的消极情绪如“瘟疫”一般在企业内部传播和感染。

四 “失语”：利益诉求艰难

与医学上病理性的“失语”不同，这里并非指因脑血管病而导致的对语言理解和表达能力的丧失，而是在隐喻的意义上表达了对当下弱势人群话语权缺失的忧虑。社会学研究者习惯于将“话语”视为人类社会实践的一种形式，而不是一个纯粹的个体行动或情境变量的一个折射[①]。当福柯当选法兰西学院院士时，在其就职演讲《话语的秩序》一文中直接提出“话语即权力”的论断，强调社会学中的“话语”应当是区别于索绪尔等语言学家所说的“语言”或“言语”概念的，是一个多元综合的关于意识形态再生产方式的实践概念[②]。因此，社会学研究者们从医学中

① 诺曼·费尔克拉夫：《话语与社会变迁》，殷晓蓉译，华夏出版社2003年版，第59页。

② 陶徽希：《福柯“话语”概念之解码》，《安徽大学学报》（哲学社会科学版）2009年第2期。

借用“失语”这一术语，其意在为社会科学中用以解释人类社会行为的专业术语，这一观点已引起学界的广泛关注和讨论。

对失独者来说，“失语”现象通常是在以下两种情况下发生：一种情况是失独者主观上对自我身份的认同所造成的失语。例如，当失独者在与他人发生言语冲突，且他人所陈述事实与自我认同的事实相一致时，失独者表现出对他人话语的认同或屈从，并伴随着自卑、失落等消极情绪；另一种情况则是客观上的结构性缺失使失独者处于劣势地位而丧失话语权。这种结构性缺失既表现为个人性格方面的缺陷、家庭结构的缺失，也表现为国家政策法规的不完善、社会保障体系的不健全等方面。例如，在失独者为寻求自身合法权益的抗争行动中，尽管情理上国家理应对政策执行所造成的风险后果负责，但由于缺乏相关政策和正式法律条文的支持，失独者的抗争行动的合法性缺失，诉讼请求始终无法得到应有的答复。

（一）沉默：无法逃避的悲伤

在日常社会生活中，失独者多数情况下都是失语的状态，他们更愿意用沉默和逃避以降低失独带来的悲伤。失独者既想要将自我封闭、不被打扰，却又希望抱团取暖、寻求支持；他们既渴望社会关注，却又害怕关注；他们还会给自己塑造一个看似坚硬的外壳，避免外人触碰自己真实的内心。失独身份是失独者无力辩解的客观事实，家庭结构上的残缺使他们丧失了话语权。随着对自我失独身份的认同和内化，失独者也渐渐形成了一种特殊的应对策略。当失独者与他人发生嘴角时，有时候尽可能避免与他人发生正面冲突，可能比同对方较个输赢对自己有利得多。

逃避、自我封闭等策略尽管在一定程度上曾帮助失独者避免受到二次伤害，但也为失独者陷入更深的角色危机埋下隐患。人类社会是一个错综复杂、纵横交织的关系网络，人们几乎不可能长时间处在关系真空之中，总会不可避免地要与他人互动往来。最终，一旦失独者发现自己逃无可逃、避无可避之后，则很可能因疾病郁郁而终，又或者以自杀等极端方式结束自己的生命。

我现在就是全国各地到处跑，基本不在家里，一个地方一待就是几个月，都是到同命人家去，贵州啊、重庆啊、新疆啊到处都去，我们联系最多的就是有一个全国的QQ群，在群里找到他们，我们聚一

起心里能好过一点。(20140922GY)

在“温馨港湾”就是我全部的希望了，每天也没其他去，有时候也不想来这里，可是不来又能去哪呢，我搬来这边有几年了，什么人都不认识，现在也不想出去认识其他人，你要认识别人，别人就会问你孩子多大了，在哪工作啊，虽然是无心的，但是我就怕别人问我，问我我该怎么回答呢，说我是无福之人啊，何况说到这些我就承受不了，所以我干脆就不去跟他们认识，不交往也就免去了这些尴尬，我也就少了这些痛苦，就是一个人难免孤独，我就去“温馨港湾”呆着。(20140920WXY)

(二) 合理不合法的权益之争

20世纪80年代初，我国开始实行独生子女政策，时至今日已有35年之久。近年来，随着现代化社会的飞速发展，疾病、车祸、火灾等各种意外突发事件频发，独生子女家庭的数量日益增多，使得“失独”家庭的规模逐年迅速扩张，“白发人送黑发人”的人间悲剧屡见不鲜，高龄父母孤独终老的现象司空见惯，而失独老人的养老、医疗等问题更是迫在眉睫，本应早该引起社会的关注和帮扶。然而，直至最近几年，借助网络信息平台的多样化宣传，“失独”问题才日渐进入公众的视野，成为人们关注的焦点之一。究其原因，这里将之简单归置于两个方面：一方面主要是在空间上子女与父母分离，加之失独现象本身的内隐特性，而失独者因不愿再次触及令自己伤痛的往事，极少会主动提及或告知他人自己失独的实情，人们很难从大量的空巢家庭中辨识出失独家庭；另一方面，明确且具备可操作性的失独权益保障体系的缺失，失独人群在提出自身合法权益的诉求时缺乏相关政策、法律法规的支持，他们时常会为此陷入合情不合理的权益之争的尴尬困境。

他就是老婆离婚了后来儿子也走了，天天生活就是自暴自弃，感觉就是过一天算一天，平时除了他每个月两百块的基本工资外，就是靠我们救济，但我们的帮助毕竟也是有限的，还是要他自己振作起来，让他去县里找找领导，把家里的事情说说应该能给点帮助，实在不行也能给个工作让他做做，出去总比呆在家里什么都不做的好，人越呆越没精神气了，你看那几间破瓦房，不是这断了就是那裂了，还怎么能住人，这社会就是欺负老实人啊，要是他能振作一点，自己有活下去的期盼还能好点。(20140914JYH)

失独群体已经成为一个规模庞大的特殊群体，并呈现出逐年增长的态势。第一代独生子女家庭父母已进入老年阶段，他们的现实处境不容乐观，面临着身体、心理、精神、物质以及社交等诸多困境[①]，存在着医疗、养老、社会救助、生活照料、精神慰藉等诸多社会保障需求[②]，因而，失独者实质上属于“求助无路、维权无果、病无所医、老无所养”的“四无”群体。

五 “关系孤岛”：社会融入困难

重大灾难性的事件的发生往往会给当事人造成最大的经济损失和严重的精神创伤。美国精神病协会在其1980年正式出版的《诊断与统计手册：精神障碍》（*Diagnostic and Statistical Manual of Mental Disorders*）一书中首次将这种因创伤等严重的应激因素异常而导致的精神反应定义为“创伤后应激障碍”（Post－traumatic Stress Disorder，PTSD），[③] 人们经历、目睹或遭遇到一个或多个涉及自身或他人的死亡事件，或受到死亡事件的威胁，或严重的受伤，或躯体完整性受到威胁后，都会导致个体出现创伤后应激障碍。通常，PTSD的临床表现症状主要有三组，即创伤性再体验症状、过度的警觉和回避行为。创伤性再体验是指受创个体会以各种方式使

① 柳志艳：《勇敢地生活下去——呼唤社会关注失独者群体》，《学理论》2012年第20期。

② 谢勇才：《失独群体的社会救助制度探析——基于可持续生计视角》，《社会保障研究》2013年第1期。

③ 创伤后应激障碍被认为是人们对异乎寻常的威胁性或灾难性应激事件或情境的延迟的或延长的精神反应，这类事件几乎能使每个人产生弥漫的痛苦（如天灾人祸，战争，严重事故，目睹他人惨死，身受酷刑，成为恐怖活动、强奸或其他犯罪活动的受害者）。典型的症状包括：在“麻木”感和情绪迟钝的持续背景下，不断地在闯入的回忆（“闪回”）或梦中反复再现创伤，与他人疏远，对周围环境漠无反应，快感缺乏，回避易使人联想到创伤的活动和情境。关于创伤后应激障碍的病症的诊断、预防和治疗等更多详情，可参见美国精神医学学会编著，《精神障碍诊断与统计手册》（案头参考书第五版），张道龙译，北京大学医学出版社2014年版；邓明昱：《创伤后应激障碍的识别与干预》，《国际中华应用心理学杂志》2010年第1期。

创伤情境再现和重复体验，如以幻觉、错觉等构成的创伤性事件的症状“闪回”（flashback）；过度的警觉又称易激惹症状，指受创个体会出现睡眠困难、情绪易激动、注意力分散、强烈的不安全感、过度敏感等症状；回避行为则是指受创个体会尽可能回避与创伤事件相关的话题、场合或情境，出现“情感麻痹”的现象，不愿与他人沟通，拒绝或排斥他人的同情等。

对于失独者来说，失独事件就是导致他们罹患创伤后应激障碍的应激源。独生子女的离去对父母来说就是晴天霹雳，带给失独者剧烈的创伤，时刻承受着他人所不能理解的痛苦，很多失独者反映，在失独后常常难以入眠，即使入睡也会在梦中重现灾难的发生，并在生理和心理上产生剧烈的应激反应，如情绪激动、心跳加速等，因而，很多失独者为了避免这些症状的发生，他们会尽量避免看到熟悉的事物或是故地重游，拒绝接触任何会引发他们痛苦回忆的事物或是环境，从而将自己隔离、孤立起来，回避与外界的交往。

失独者在经历一段时间的自我封闭和孤立后，随着情绪渐渐稳定，对群体的依恋又迫使他们尝试与外界接触。但因失独心理创伤，一些失独者在与原所属群体接触时，总会觉得自己一出门就像是一个“赤裸着站在大街上的人”，“觉得他人总在用异样的眼光注视着自己”。失独者试图融入群体的愿望持续落空，令他们产生强烈的挫败感，最终索性放弃了原来的融入目标。当个体感知到自己在将来很长时间内也可能不会被群体吸纳后，他们会对那些拒绝自己的人产生敌对感，[①] 并经历自尊丧失的痛苦过程，以及挫败、愤恨和气愤的情绪。这也许正是许多失独者失独后不愿继续生活在熟悉环境中，不断搬家的原因之一。在与原群体融入不可能之后，许多失独者更多地选择与有相同遭遇的“同命人”交往，并认为与“同命人”在一起不会有太多的避讳，而且相互也会有照应。因此，出于对“同命人”的了解和关怀，一些失独组织一旦听说有新的失独者产生，失独者便会自发给予安慰和帮助。对于经济条件较好的失独者，他们会经

① Warburton, W. A., Williams, K. D. &D. R. Cairns. 2006. “When Ostracism Leads to Aggression: The Moderating Effects of Control Deprivation”. *Journal of Experimental Social Psychology*, 42 (2), pp. 213 – 220.

常邀其参加各种活动，如一起郊游、旅行；而对于经济状况较差的失独者，他们则会向其介绍各种政策帮扶信息，帮助其获得政府提供的援助。

> 5月6日，进入维权的第二天，场景如前。沈阳一植物人“失独者”，也用病床推到了现场，只见她，双眼紧闭，鼻孔还插着氧气，身体时不时地还在抽搐。她说不了，也动不了，但是，她的心脏在跳动，她是以自己的方式来参与到大家的行列当中。在场的人表情更凝重了，大家纷纷上前询问状况，联想到她的今天，将是大家的明天，不由地都潸然泪下，同情之心油然而生，群情更加振奋。尤其是当得知她经济困难后，工作组负责人提议现场为其募捐。只见村长双手捧着一个纸箱，一遍遍地重复着说：请为我们这位成为植物人的同命人献点爱心，捐点医药费吧，10元、8元都行，于是，现场的同命人纷纷伸出援助之手，慷慨解囊，各种面值的人民币雨点般的投入募捐箱内，村长及工作组成员感动万分，泪流满面的代这位同命人对大家表示感谢，最终加上工作组成员前日捐的2200元，共计善款近一万八千余元左右。
>
> 当宣布捐款数额后，全场一片掌声，甚至未能到场的“失独者”，得知此事，也打来电话，请在场的同命人为其代捐。当所捐款项由村长递交到这位同命人丈夫手中的时候，只见他手捧着前来维权的同命人的捐款，激动地泪流满面，泣不成声，躺在床上的同命人似乎也有了什么感觉，身体抽搐的更加强烈了。
>
> ——《2015.5.5维权记实》节选

尽管失独者之间会经常相互鼓励和帮助，但子女的话题在他们的交谈中同样是需要尽量回避的，只是这种来自“同命人”的回避不像其他人的刻意回避会引发失独者较为强烈的心理失衡。“同命人”圈子是一个高度同质化的互动，失独者每天面对的都是失独者，共同的遭遇，同样的生活方式，低落的精神状态，这样的生活世界里是缺少生命动力的。很多“同命人”也明白，当他们聚在一起娱乐、闲聊时，“虽然能暂时消除了生活的单调乏味，也能让自己暂时忘记失独之痛，但这终究只是暂时的，‘聚会’一旦结束，痛苦的回忆又会像黑夜笼罩的世界，将自己再次囚禁于痛苦之中。”“其实玩得越开心的时候，也是自己越伤心的时候”。相对于他人而言，失独者与同命人互动的选择偏好本就脱离了原有社会关系。随着同命人交往圈的不断强化，失独者的群体认同日益深化，群体依恋逐渐加深，失独者适应了与同命人的互动，而觉得与非失独者的互动不自然，因而减少、排斥或拒绝与非失独者的往来，与原有的亲友、同事间的交往日趋减少，脱离正常的社会关系网络，“同命人”群体出现整体性的群体脱离，最终形成了一个个“同命人”的关系孤岛。

第三节 失独者角色距离的产生、扩大及其结构边缘化

角色扮演的过程主要分为期望角色、领悟角色以及实践角色三个阶段，这三者之间的一致性程度表明个体角色扮演的成功与否。“失独父母”是失独者最主要的角色标签，嵌入他们的整个生命历程。在本节，我们将从角色理论的视角入手，通过对失独者对“失独父母”这一全新角色的适应程度的分析，力图为失独者结构边缘化的形成逻辑提供一种理论的阐释。

一 期望角色：失独者角色扮演的认知前提

“期待被认为是角色的首要因素，它在实践中习得，即人们通过实践逐渐清楚自己所背负的期待。”① 所谓期望角色②，也称为理想角色，是指“在一定社会条件下，社会对处于特定地位上的成员所规定的一套角色义务、权利和行为规范。”③ 例如，父母应该抚养、教育子女，子女应该孝顺、赡养父母。然而，失独使得独生子女父母失去了原本作为“父亲”和“母亲”的角色，取而代之的是“失独父母”这一带有悲情色彩的身

① 毛丹：《赋权、互动与认同：角色视角中的城郊农民市民化问题》，《社会学研究》2009年第4期。

② 对具体的某一角色而言，对期望角色的理解一般包括两个方面：一种是在特定社会情境下，人们对扮演某一角色的期望或要求；另一种则是从角色扮演者自身出发，是个体对自身所扮演角色的期望或要求。为便于讨论本研究所关注的问题，本书主要是使用在前一种意义上的期望角色，即人们对“失独父母”这一角色的期望。

③ 丁水木、张绪山：《社会角色论》，上海社会科学院出版社1992年版，第129页。

份和角色。新身份、新角色的产生自然伴随着一系列理想化的角色行为规范，并据此建构了以该角色为中心的一系列社会期望，如认为失独父母不应长期逃避现实，封闭自我，而应以积极、正面的心态勇敢面对失独事实，并在社会关怀和帮助下，适应失去独生子女后的社会角色，重新回到正常的生活轨迹上，等等。正如有学者所强调的“勇敢地生活下去”。[①]显然，期望角色体现的是失独父母的应然角色，涵盖的是社会对失独父母行为方式的普遍期待。为便于理解，以下将从四个方面对“失独父母”这一新角色被赋予的社会期望做进一步列举和概述：

（一）坚强乐观

失去独生子女给失独者造成了严重的身心打击，他们原有的生活轨迹被打破。对于身处不幸遭遇中的失独父母，人们一方面深表同情和关怀；另一方面更期待他们能够坚强而乐观，尽早走出失独的“阴霾”，而不是悲观消极，沉溺在痛苦中不愿自拔。

> 遭遇这样的事，对于哪个家庭来说，都是痛苦的。谁都不想这种事发生在自己身上，但既然已经发生了，也无法改变，只能调整心态勇敢面对。毕竟生活还要继续，能不能走出来，还要靠他们自己。我们外人既不能真正体验他们的痛苦，也无法分担他们的痛苦。（20150913CSW）
>
> 作为一位母亲，我知道失去独生子女对于一个家庭的打击有多大。作为几十年的街坊邻居，对于他们家发生这种事深表同情。自从他们家孩子走了以后，他们几乎就不怎么出门了，很少碰得到他们两口子。还是希望他们能够想开点，多出来走动走动，和大家打打交道，不要老呆在家里。我想，他们的孩子在天之灵也是希望自己父母能够好好地生活。（20150913ZF）

以上两段资料是对失独父母所在社区街坊邻居进行的访谈记录，其中就包含了社会对失独父母的角色期望。尽管这里并没有逐一详细展现各种期望的表现内容和形式，但他人关于失独父母的角色期望基本上都有一个

---

① 柳志艳：《勇敢地生活下去——呼唤社会关注失独者群体》，《学理论》2012年第20期。

共同的特征，即具有明显的正面导向，希望失独父母面对“失独”这一重大挫折能够化悲痛为力量，尽快调整好心态，坚强而乐观的面对生活。事实上，坚强是应对挫折、克服困境、对待命运的最积极的态度和最有效的方法；乐观是“心理健康、成熟和强大的标志，是人们对抗生活挫折的缓冲剂，是抵抗疾病的第一道防线。”① 毫无疑问，坚强乐观在失独父母适应新角色的过程中扮演和发挥着重要作用，不仅有利于失独父母应对失独事件，走出失独困境，而且坚强的核心变量是自我调整（主要包括认知调整、信念调整以及行为调整）②。这意味着，坚强乐观角色期望的实现，需要失独者做出积极的自我调整，需要失独者拥有一颗强大的内心，需要失独者获得较多的社会支持，需要失独者接受心理治愈。尽管积极的角色期望有时候确实能够给予失独父母一个积极的行为导向，但对于经历了“白发人送黑发人”“老来丧子”的失独父母来说，保持坚强乐观的心态谈何容易。

（二）互助互救

失独人群作为一种有着特殊遭遇的弱势人群，由于家庭功能的缺损，他们面临着养老、医疗、疾病以及心理等诸多问题，迫切需要来自政府和社会的帮扶救助和关怀。因此，政府必须有相应的法律政策来保护他们③，并逐步建构起完善的社会救助制度。这既是政府对失独者的责任体现，也是社会对失独者的道义关怀和支持。然而，理论上，外在的干预虽然能为失独者尽早摆脱“失独阴霾”创造良好的空间环境，但只有充分调动失独者自身的资源、力量，失独者才有可能真正地适应社会生活。因此，社会对失独者的角色期望要求失独父母应扮演积极的社会角色，相互帮助，相互安慰，避免陷入自我封闭和边缘化的恶性循环之中④。

我们也想帮助他们，安慰他们，劝解他们，希望他们能够走出

① 段海军：《追寻生命的意义：积极心理学视野下的乐观主义价值》，《心理学探索》2011年第1期。

② 林岑等：《乳腺癌患者坚强的概念结构及对护理的意义》，《中华护理杂志》2008年第2期。

③ 张祺乐：《论“失独者”权利的国家保护》，《现代法学》2013年第3期。

④ 黄建：《失独家庭社会救助问题研究》，《理论探索》2013年第6期。

来。但是，你不知道别人是不是真的需要你的关心和帮助。有的时候说多了，别人还烦你。我们小区的那几户失独家庭，和我们来往不多，平时也就见面打打招呼。但他们相互之间走动得还挺频繁的。我觉得这样对他们也好，相互之间能够照应照应，走动走动。也有个倾诉的对象，毕竟也只有那些有过同样经历的人才能够相互理解。(20150426)

我们也不好和他们说什么，怕说得不好，惹他们不高兴了，搞得大家都不愉快。你也知道，他们忌讳的事情比较多，情绪也比较敏感，你都不知道哪句话说错了，有的时候不小心提到孩子，也会让他们想起伤心的事。所以，我认为，失独父母相互之间的安慰和帮助比我们的安慰和帮助会更有效。(20150426)

作为一种受损人群，强烈的相对剥夺感使得一种普遍意义上的援助不仅难以取得效果，甚至有可能对失独者原本已经失衡的心理造成更大的刺激。有时候，一种来自非失独者的关注不仅不会产生积极效果，反而会令失独者感到不适。相较之下，一种来自“同命人”的关注通常不存在这种问题。有研究就曾注意到，在失独人群中大量存在的各种自组织对失独者社会融入的积极影响①，“共同感受”“同情感”在失独者自组织形塑和失独者社会融入中起着重要作用②。因此，失独者可以通过“抱团取暖”“QQ 互助群”“互助组织”等方式扮演互助互救的社会角色。这对于失独者走出“失独阴霾”具有重要的正向功能。然而，在失独人群自组织发挥积极正向功能的同时，本身也潜藏着诸多负向功能的作用。如在互助组织内部，失独者在相互传播正面情绪的同时，也难免会相互传染负面情感，由于负面情感的过度传递和累积，失独人群自组织不仅不利于失独父母走出失独困境，反而会导致失独者长期沉溺于悲痛当中无法自拔。

① 王宁、刘珍：《失去独生子女家庭的社会互动与组织参与——基于情感能量视角的分析》，《华中师范大学研究生学报》2012 年第 4 期。

② 张必春、邵占鹏：《“共同感受”与“同情感”：失去独生子女父母社会适应的机理分析——基于双向意向性中意动与认知的理论视域》，《社会主义研究》2013 年第 2 期。

这就使失独者陷于组织化引发的群体融入困境之中[①]。

（三）弱者身份

失独事件的突发让失独者由“父母”身份瞬间转变为无法改变的弱者身份。[②] 从失独人群的生存现状来看，失独父母是“求助无门、维权无据、病无所医、老无所养”的“四无”群体，是处于被边缘化的最弱势群体[③]。他们经历了“白发人送黑发人”“老来丧子”的人间悲痛，他们是值得可怜、同情、怜悯、关怀的社会弱者和不幸者。

> 以前，他们一家多幸福，孩子大学毕业后，找了一份很好的工作，还谈了对象，大家都羡慕着呢。都说她可以好好享受晚年生活了。可谁知，孩子会突然走呢。孩子在的时候，她经常去公园逛逛，和我们聊聊天啥的。这事发生以后吧，很少见她出门了，就算碰到了也是简单打个招呼。看到她现在这个样子，觉得怪可怜的。以后生病也没个人照看，逢年过节也挺凄凉的。我们这些老邻居都挺关心她的。刚开始我们经常去劝解她，让她想开点。有事没事也常常到她们家坐坐，陪她聊聊天。她如果能多听听大家的劝解，不老呆在家里，出来走动走动，就不会老想着这事了。可是，她都听不进去，我们也没办法。后来，走动就越来越少了。(20150426JS)

在人们认知期望中，失独者人群往往被视为是一个“特殊弱势群体”。理论上，失独者只需扮演好这一“弱者”角色，并在政府、社会等多方力量的关怀和帮助下逐步走出失独困境。但事实上，“同情”“怜悯”等种种来自外在的干预在一定程度上实则进一步强化了失独人群的“弱者”身份。对于失独者而言，非失独者不可能“感同身受”地理解他们的痛苦，如同一开始不愿意接受失独的事实一样，失独者并不情愿被贴上

---

① 张必春、江立华：《丧失独生子女父母的三重困境及其扶助机制——以湖北省8市调查为例》，《人口与经济》2012年第5期。

② 张必春、邵占鹏：《“共同感受”与“同情感”：失去独生子女父母社会适应的机理分析——基于双向意向性中意动与认知的理论视域》，《社会主义研究》2013年第2期。

③ 方曙光：《断裂、社会支持与社区融合：失独老人社会生活的重建》，《云南师范大学学报》2013年第5期。

“弱者”的身份标签。

（四）选择性回避

生活在不同文化情境中的人们会对同一角色产生不同的认知和期望，并对不同社会文化中具有特定身份和角色的个体形成不同的角色规范和行为要求。社会中的个体无不处在复杂社会网络关系之中，每个人都在扮演着多重角色。其中，无论正式或非正式的角色都有大量正式或非正式、成文或不成文的角色规范和角色期望，如对某一角色的期望既可以表现在社会公德和社会习俗之中，也可以表现在社会传统对人的各种要求和期望中。[①] 因此，对于“失独父母”这一特定角色的认知和期望主要受到两个方面的影响：一方面，受传统文化“同情怜悯”“坚强乐观”“不畏挫折”等思想的影响。面对失独人群，人们普遍的社会期待主要是希望失独父母能“坚强乐观”“互助互救”，希望失独者能够尽快走出“封闭”状态，恢复和重建社会关系；另一方面，受传统文化不奉行“白发人送黑发人”以及各种封建迷信观念的影响，认为失独父母是“霉运”的携带者[②]，从而对失独父母中老年丧子这一事件心存恐惧。在传统文化观念下，“失独”意味着“断子绝孙”和“无人送终”，失独者因此在日常生活中时被认为是最不吉利的人而被排斥在外。如在一些特殊的祭祀仪式、庆典或喜庆场合中，失独者都应当像鲁迅笔下的“祥林嫂”一样，不得接触重要的物件，更不能参与其中，避免给他人、家庭乃至家族带来“不吉利”“霉运”“晦气”等。

平时，我们也和他们来往，见面打招呼，一起打牌，打麻将。我觉得都无所谓，但是遇到家里孩子结婚、孙子办满月酒这样的喜事，出于情面，请还是得请。毕竟住在一个社区这么久了，以后抬头不见低头见的，不请肯定说不过去。但是，请了其实我们心里还是不好过的，怕他们来，怕给自己带来“不吉利”。你看他们挺正常的，但是情绪很不稳定，特别敏感。有的时候好好的，说着说着就哭了。她们

① 奚从清：《角色论——个人与社会的互动》，浙江大学出版社 2010 年版，第 15 页。

② 谢勇才、王茂福：《论我国失独群体社会保障中的政府责任》，《中州学刊》2015 年第 1 期。

也不愿意这样，可就是没办法控制自己的情绪。但是，人家办喜事，你哭哭啼啼的，也不吉利啊。(20150913WXH)

“白发人送黑发人”不是什么好事，说的不好听，是违背伦理的。也只有那些特别倒霉，命特别不好的人才会遇到这种事。我们也很同情他们，但是，有些场合中国人比较讲究。总感觉他们在场，不太合适，挺晦气的，担心传给别人啊。所以，比较喜气的场合，为了避免相互之间的尴尬，他们不参加是比较合适的。(20150913JXL)

正如访谈材料中所说，无论是否外显，现实中给失独父母贴上了“克子”“瘟神”“霉运携带者”“晦气”等负面标签的现象事实上普遍存在。这实际上也说明了，社会文化中始终存在着对“失独”的“道德追责”及善恶轮回的“因果报应”的论说，以及对子女死亡者“无后”的标签“污名化”。① 当人们对这一角色期望的认知为失独者内化，失独者则可能会为此觉得自卑、失落、焦虑、低人一等、抬不起头，并主动自我封闭，而这种污名化的结果实际是对失独父母的二次伤害，即可能导致失独者产生负面的自我形象以及卑微的自我概念，也导致失独者再次遭受社会排斥和社会地位丧失。因此，对“失独者”这一角色的认知和期望在很大程度上成为了失独者适应新角色的阻碍因素。

从人们对失独父母这一特殊角色的期望表现来看，具有如下两个特征：

一是角色期望内在的冲突性。既包含“坚强乐观”“互助互救”“弱者身份”这样的正价值期望，也包含“选择性回避”这样的负价值期望。前者强调对失独者的同情与关怀，让失独者能够尽快走出失独困境，重新融入社会。这种正向的价值期望具有正面的导向功能，能够指导失独者朝着积极的生活方向前进；而后者则主要是对失独者的社会歧视和排斥，强调失独者在日常社会生活中的污名属性，失独者应按照这一具有污名属性的角色规范要求，避免出现在某些不应该出现的场合中。而事实上，这类场合是人们维持和建构各种社会关系网络的一种重要途径。失独者游离于

① 慈勤英、周冬霞：《失独家庭政策“去特殊化”探讨——基于媒介失独家庭社会形象建构的反思》，《中国人口科学》2015 年第 2 期。

各种场合之外势必会使其越发边缘化。

二是角色期望的模糊性。一般来说，角色行为与角色期望的清晰度紧密相关。角色期望的清晰度越高，角色行为与角色期望相一致的可能性越高；反之，角色期望的模糊度越高，角色行为与角色期望相一致的可能性越低。但作为一种新角色、新身份，人们事实上还未对失独者的角色形成清晰、完整的角色行为规范体系，而仅仅是提出了一些模糊的角色要求。这就使失独父母在角色转换、角色适应的过程中缺乏清晰的角色定位，导致失独者对自身新角色认知不清，面对新角色可能不知所措、无所适从。

总的来说，正是由于对失独者的角色期望存在内在的冲突性和模糊性，这在很大程度上影响了失独者的角色领悟以及角色实践。换句话说，期望角色是失独者角色扮演的外部约束因素。正是通过内化角色期望的行为规范要求，失独者才逐渐形成角色观念，循此展开角色实践，继而又遭遇角色紧张。正向的期望角色有利于失独者形成积极的领悟角色。反之，负向的期望角色则可能导致失独者形成积极的领悟角色。

二　领悟角色：失独者角色扮演的关键机制

领悟角色是指："角色扮演者对自己扮演的角色的理解，是自我对角色的认知形态。"[①] 或者说，领悟角色是指人们根据对理想角色的理解所形成的观念中的角色模式[②]。期望角色是社会对其的客观期待，而领悟角色则是角色扮演者自身对客观期待的内化。因此，领悟角色是个体在对某一特定角色的角色期望基础之上形成的角色认知和领悟。同时，领悟角色也是角色扮演的关键机制。内化的准确与否，在很大程度上影响着角色扮演者的角色实践与角色期望的一致性。一般来说，准确地领悟角色有利于角色扮演者扮演社会期望的理想角色；而领悟角色出现偏差则可能直接导致角色扮演的失败，从而使角色期望与角色实践之间的差距扩大。同时，"由于每个人的思想基础、道德水平、价值观念、个性人格以及扮演技能

① 丁水木、张绪山：《社会角色论》，上海社会科学院出版社 1992 年版，第 129 页。

② 孙廷华：《对"社会角色"的哲学思考》，《社会科学》1991 年第 4 期。

以及所处环境的差异，不同的人对同一角色的领悟差异也比较大。”[①] 因此，在特定的社会文化情境下，失独者基于期望角色的认知形成了自我的角色领悟。

（一）生命意义缺失的“迷茫者”

独生子女是家庭延续的“唯一命根”，是父母对子女期望的“唯一寄托”。[②] 对于独生子女父母来说，独生子女既是他们生命意义的主要载体，也是他们自我价值的重要部分。独生子女的夭折给失独者的损害是毁灭性的，可以说是灭顶之灾，[③] 使失独者陷入绝望和痛苦的深渊[④]。因而，对于失独者来说，失独不仅让他们失去了继续扮演“父母”角色的可能，同时也使他们的“人生意义”和“自我价值”丧失。绝大多数失独者在失去独生子女后一段时间都会不同程度地处于一种绝望状态，丧失了活下去的勇气，并不时产生轻生的念头。因此，在重大的生命打击之下，尤其是在社会支持缺失的大环境下，“绝望”“无意义感”“迷茫”成为了失独者最普遍的角色认知和角色体验。

> 我孩子是出交通事故走的。那天上午还给我打电话说上午就到家了。可谁知，上午接到电话说孩子走了。接到电话的时候，我腿都吓软了，不敢也不愿相信，好好的怎么突然就没了呢。就感觉天塌下来了一样，整天都不在状态，老想着孩子，看着孩子的东西就不停地哭，眼睛都哭肿了。就是觉得活着没意思了，也没啥价值了，也想过自杀。(20150913HH)
>
> 孩子走后，做什么都打不起精神，就好像一下子迷失了方向，不知道自己要做啥，能做啥，整天过着“行尸走肉”“漫无天日”的生活。你说去上班吧，都这样了，也没有心思上班，再说上班赚钱给谁花呢？出去玩吧，我觉得我们这些人吧，灵魂已经不在了，只剩下躯壳了，心也跟着孩子走了。只能活一天算一天了，相当于等死啊。反

---

① 奚从清：《角色论——个人与社会的互动》，浙江大学出版社 2010 年版，第 82 页。

② 穆光宗：《中国人口转变的风险前瞻》，《浙江大学学报》2006 年第 6 期。

③ 潘金洪、姜继红：《江苏省独生子女数量测算及其风险分析》，《扬州大学学报》2007 年第 1 期。

④ 陈友华：《独生子女政策风险研究》，《人口与发展》2010 年第 4 期。

正，对生活也没啥希望和期待了。(20150915GDX)

孩子就是我们的天，我们的命，我们的希望啊！孩子走了就相当于天塌下来了，希望没了。你说，我们活着还有什么意义和价值呢？(20150428ZY)

谈及失独后的生活状态，失独者会频繁地使用“行尸走肉”“绝望”“没有希望”“没有意义”“没有价值”等概念。从性质上看，这些概念都可以视为是对“失独者”这一新角色的排斥和否定。这一角色带给他们的除了痛苦还是痛苦，这样的生命打击使他们一蹶不振，瞬间失去了前进的动力和生活的方向，不知道该何去何从。这种迷茫感、绝望感既来源于失去子女的突发和悲痛，也来源于对未来“老无所养，病无所医”的恐惧和无助。

（二）大家庭的“累赘”

某一具体类型的领悟角色是在特定的社会文化环境下，针对特定社会关系而产生的。对失独者来说，他们普遍拥有较为浓厚的“大家庭”意识。失去独生子女虽然造成原有核心家庭的瓦解，但他们仍是由父母、兄弟姐妹等人群所组成的“大家庭”中的一员。因此，失独者对于“失独”角色的领悟并不局限于内在的自我认知和体验，而是延伸到整个大家庭之中的。独生子女的离去，在很大程度上影响到了失独者在“大家庭”中的角色定位和角色认知。

孩子走了，和哥哥、姐姐、妹妹的走动也越来越少，有什么事情，你说麻烦一次、两次心里还过意得去。老麻烦别人，总不太好。(他们)都有自己的家庭，有自己的难处。这个年纪了，也主要是在家带孙子孙女，不想老去打扰他们。总觉得吧，我就好像是这个大家庭的累赘。有的时候聚在一起，大家总要顾虑你的情绪，我挺不是滋味的。你说我都快60岁了，上次做手术，我80多岁的老母亲还给我2000块钱，你说我心里承受得了，这么大年纪了不能孝顺父母，还要父母给钱。就那一次我当着我母亲的面哭了，我以前再怎么难受都不在她面前哭的。(20150914PS)

我们兄弟姐妹4个，我老大，今年56岁了，还有两个妹妹，一个弟弟。原来我们都挺好的，都在国企、政府部门上班，觉得挺给父母争脸面的。父母都还在，逢年过节都去父母那里聚聚，一家子挺和气的。可是，出了这事以后，心里很愧疚啊，感觉自己连累了他们，拖了他们的后腿，成了他们的负担。总是要麻烦他们，自己却什么都做不了。(20150916CQ)

所谓的“大家庭”主要是由血缘关系联结的，当失独者将自身定位置于“大家庭”之中时，他们时常会因“失独”缺损而将自我视为“大家庭”的负担和累赘，并由此表现出对“失独者”角色的负向认知以及对自我价值的直接否定。正是在这样的角色领悟下，失独者时常主动选择回避，避免给自己的父母、兄弟姐妹以及其他亲戚朋友带来麻烦。

(三)霉运的“携带者”

“独生子女家庭本质上是风险家庭。”[①] 作为这类小概率不幸事件的受害者，失独者难免会被贴上某种特殊的角色类别，且大多是带有污名的社会类别标签[②]。由于社会中仍保存的孝文化、生育文化等的长期负面影响，失独者自己也逐渐接受了失独的无名标签，将自己视为倒霉者、失德者，认为自己带有厄运，是自己命不好才克死了自己的孩子。而这种错误的认知与归因，使失独者对离去的子女心生愧疚与自责，背负着深深的罪恶感，从而导致失独者强化自我封闭。

想不通啊！我到现在都想不通到底为什么这事就发生在我们身上呢，这辈子也没做过什么伤天害理的事啊，为什么要把孩子从我身边夺走，老天爷为什么要这样对我啊，我的命不好啊，白发人送黑发人，真希望这一切都是一场梦，真希望醒来我的孩子还在我身边。(20150428SC)

以前的朋友、同事家孩子结婚很多人都不叫我了，有时候叫我我也不敢去，我这身份去了不是给别人添堵嘛，我侄子结婚也叫我去，

---

① 穆光宗：《独生子女家庭本质上是风险家庭》，《人口研究》2004年第1期。

② 徐晓军：《失独父母边缘化的路径、类型与社会风险——基于个体与群体关系的视角》，《华中师范大学学报》(人文社会科学版)2014年第6期。

我思来想去，人都走到门口了，也不敢进去，在外面来来回回转悠了好久，后来还是没敢进去，人家大喜的日子，我太倒霉了，别坏了人家运气，在门口登记了礼金我就回去了，其实人家也未必是真的希望我去吧，但是都是亲戚，不请我又不好，我应该自己识趣一点。(20150916DH)

我现在和我闺蜜来往都少了，自从我孩子走了，我就刻意不再跟她来往了，她家里做生意的，应该最忌讳这些倒霉事了，不想让别人觉得我没有自知之明，想想我们俩也有二十年的关系了，就这么断了也挺可惜的，我也是没办法，不想把这种厄运带给别人。(20150915GFT)

对“失独者”角色的负向领悟很大程度上迫使失独者主动脱离原有社会关系，尽可能减少与他人的互动往来。这种情况对于失独的社会融合是极其不利的。由此不难看出，在遭遇重大不幸时，角色扮演者对他人关于自身角色的负向期待的内化一般会易于内化正向的角色期待。

(四) 独生子女政策的“贡献者”和“牺牲者”

自 20 世纪 80 年代以来，国家通过计划生育政策有效地化解了人口爆炸的社会风险，却不期然地将诸多风险转嫁到了独生子女家庭的身上。[①] 由于成年独生子女的意外死亡，计划生育家庭成为了计划生育政策间接导致的受损群体[②]，独生子女父母既是计划生育政策的实际执行者，也是该政策风险的直接承担者。可以说，失独家庭的产生是计划生育政策的“负效应”。在特殊的社会背景之下，随着权利意识的增长，失独者对失独事件的发生逐渐形成了新的归因，他们不再将之简单归于意外或指向“宿命”，而是直接指向政策本身的风险后果。据此，他们将“失独者”的角色认知置于独生子女政策之下，将现实的困境归咎于政府的不负责任。

① 穆光宗:《独生子女家庭的权益保障与风险规避问题》,《南方论丛》2009 年第 3 期。

② 陈雯:《从“制度”到“能动性”: 对死亡独生子女家庭扶助机制的思考》,《中共福建省委党校学报》2012 年第 2 期。

我们两口子都是在单位上班的，那个时候计划生育搞得严，只让生一胎。要是生两胎的话，工作没了，房子没了，还要受各种处罚，哪敢生两胎啊。现在，我们唯一的孩子走了，谁给我们养老呢，谁来照顾我们呢。(20150427XHQ)

我们这一代人受得苦挺多的，那个时候国家穷，提倡计划生育，我们也响应党的政策，只生育一胎。谁也没想过孩子突然有一天就没了。你说现在能怎么办呢？我们为国家做出了贡献，放弃了我们的生育权。一个孩子的死亡概率可能是万分之一，两个孩子的死亡概率可能就是百万分之一了。发生这样的事，谁也不愿意。可是，现在我们的孩子走了，国家不能不管我们啊。(20150914JGL)

在失独者看来，计划生育政策与失独之间有着直接的关联。正是因为国家独生子女政策的强制执行，才使得他们只生育一个子女，并在子女去世以后陷入了“老无所养、病无所医”的困境。在失独者看来，“失独者”是国家独生子女政策的“贡献者”和“牺牲者”[①]。在这样的角色领悟下，失独者倾向于通过集体行动的方式向政府争取补偿和权益保障。因为根据责权利对等的原则，有贡献就应当有奖赏和回报，有牺牲就应当有补偿，政府有责任也有义务为失独者“善后”，提供医疗、养老、救助以及精神慰藉，等等。为此，近年来，全国各地一百多万失独者与各级政府部门之间展开了一场轰轰烈烈维权抗争运动。

（五）被社会遗弃者

领悟角色实际上是角色社会化的客观结果。这说明，领悟角色的形成与社会环境密切相关。一般来说，支持性的社会环境有利于角色扮演者形成积极的、乐观的角色认知，从而较好地融入社会生活；而破坏性的社会环境则可能导致角色扮演者形成被抛弃、不被接纳的角色认知，以至自暴自弃，主动脱离社会生活。而从当前失独者所面临的实际情况来看，政府以及社会给予的社会支持总体较少，这在很大程度上表明对失独者的利益诉求并未引起足够的重视。

---

① 所谓“贡献者”主要是强调他们曾经作为独生子女家庭，为社会人口红利所做出的贡献；所谓“牺牲者”既强调他们曾经所放弃的生育权，也强调现在作为失独家庭的悲痛。

> 如果孩子在的话，生病了孩子会照顾，缺钱花了孩子会给，逢年过节孩子会过来看我们。孩子走了，就剩下我们两口子，孤零零的，有个什么病痛也不敢去医院，怕花钱，像我们一个月养老金才1000多元，花完了谁管你。找社区，社区说无能为力，找计生委，计生委也管不了那么多。就觉得自己在这个世界上无依无靠，说严重点，死了别人可能还不知道呢。(20150913HH)
>
> 我们就是被抛弃之人，走到哪都被别人抛弃，被孩子抛弃了，被国家抛弃了，被朋友被社会抛弃了，就是让我们自生自灭，谁能管我们呢，谁又管得了我们，我们就是负担是累赘啊，这种叫天天不应，叫地地不灵的日子什么时候是个头啊，太多的苦和难了，感觉自己要坚持不下去了！无助啊！(20150914LPS)
>
> 我们就像是那树上的烂果子，留着就是祸害，谁都不待见我们，国家也不待见我们，也不想管我们，早晚都会被这社会遗忘啊。(20150917CS)

不难看出，失独者对自身角色在社会中的地位通常是给予否定的评价，如，认为自身是被社会抛弃的，被社会所不接纳的。究其原因，失独者对自身角色地位的评价主要受到两个方面的影响：一是失独者在日常生活中所遭受的各种社会排斥影响自我角色地位的评价。如，因无子女签字被排斥在养老院之外。频繁的遭遇社会排斥将在很大程度上强化失独者的边缘体验；二是政府、社区对失独者日常生活处境的忽视影响失独者对自我角色地位的评价。失独者对于政府有着较高的社会期望和依赖，加之失独事件的政策风险归因，失独者迫切希望政府能主动承担自己的责任，积极为他们提供帮扶、救助和关怀。

尽管人们对失独者的角色期望会对其行为规范的形成具有导向作用，但失独者能否真正按照人们所期望的那样扮演该角色，其关键还取决于失独者的角色认知和角色体验。此外，由于缺乏必要的社会支持，失独者要想适应新的社会角色，重新融入社会生活往往会存在诸多困难，因此，失独者对自身失独角色的领悟多数时候都是一些消极负向的角色形象。诸如，生命意义缺失的“迷茫者”、大家庭的“累赘”、霉运的“携带者”以及被社会遗弃者等。最终，受大量消极、负向的角色领悟影响，失独者的实践角色与期望角色之间的差距越来越大。

三 实践角色：失独者角色扮演的行为体现

实践角色是指个体在执行规范过程中所表现出来的实际的行为模式[①]，是个体在领悟期望角色基础之上的角色扮演。戈夫曼认为，个体的角色扮演主要是通过“角色他人”，即同相关观众的一连串面对面交往的社会情境而发生的[②]。对于失独者来说，其实践角色的形式主要体现为失独者与亲友、邻里、同事、同命人以及其他“角色他人”之间的社会互动。一般来说，每个人都期望自己所扮演的角色与人们对该角色的期望一致，以契合人们对该角色的要求和期待。但对于承担该角色的本人来讲，人们对于某一角色的期望事实上只是一种外在的刺激，并不代表角色扮演者本人的思想观念[③]。现实生活中，个体在实践角色的过程中受到自身认知、情感以及行为等诸多内在因素的限制和影响，实践角色与期望角色以及领悟角色之间存在一定的差异。在失独者实践角色的过程中，既受到社会给予的期望角色的影响，也受到自身对角色的认知与领悟的影响。可以说，在很大程度上，失独者的实践角色是在其领悟角色的指导下进行的。总的来说，其实践角色主要呈现出如下特征：

（一）主动逃避：脱离于原有社会关系圈

角色的基本内涵是指：“个人在特定的社会关系网络中所占有的位置，以及社会或组织对某个特定位置所规定和要求的行为模式。”[④] 可见，角色的本质内涵是处于一定的社会关系圈内，按照社会和重要他人的期待以及自我对特定角色的理解而进行的角色扮演过程。对于独生子女父母来说，唯一的子女既是他们重要的价值载体，同时也是他们主要的关系载体。因此失去独生子女必然会使得他们的社会关系发生了重大变化。

从社会层面来看，一定数量的社会关系是获取社会支持，弥补情感创伤，融入社会生活的重要资源，有利于失独父母的身心健康。因此，社会、群体以及他人一般会希望失独者能够积极乐观，互助互救，勇于正视

---

① 奚从清：《角色论——个人与社会的互动》，浙江大学出版社 2010 年版，第 15 页。

② 戈夫曼：《日常接触》，徐江敏等译，华夏出版社 1990 年版，第 72 页。

③ 喻安伦：《社会角色理论磋探》，《理论月刊》1998 年第 12 期。

④ 孙廷华：《对“社会角色”的哲学思考》，《社会科学》1991 年第 4 期。

生活，维系并建构社会关系，并借助从社会关系中获取各类支持性资源，以适应新的社会生活，减轻失去独生子女的痛楚。但事实上，失独者因遭遇失独事件的剧烈创伤，生活的目标和信心被摧残殆尽，尤其是在失独之初，许多失独者长期以自我封闭、搬家、旅游等方式脱离原有的社会关系圈。一般来说，失独者原有社会关系圈主要由夫妻关系、亲友关系、邻里关系以及同事关系所构成。伴随着失独事件的发生，失独者的社会关系随之也发生了巨大变化。从对失独者的自我叙述中，我们可以清晰地感受到这种变化给失独者造成的伤害程度之深：

> 自从我儿子走后，我就很少和亲戚走动了。刚开始发生这件事的时候，我哥哥姐姐他们也经常来看我，陪我聊聊天什么的。后来时间长了，看我还是老样子，不喜欢和别人说话就想自己安安静静呆着，想想儿子。他们也就不怎么来了，不过偶尔也打打电话关心关心我。但是，我有的时候也不想接电话。就是不想和他们多说，说多了影响他们的情绪，也不能解决啥问题。邻居的话，也不怎么来往了，反正在路上见面就打打招呼。以前我喜欢吃完饭到别人家坐坐，现在别人到我们家坐坐我都不喜欢了。（访谈信息）
>
> 这件事发生以后，整个人都变了。料理完孩子的丧事以后，我就提前退休了。发生这种事谁还有心情上班呢。与同事之间的关系也就自然而然断了。刚开始的时候，出门感觉别人看你的眼光都不一样了，浑身不自在，抬不起头走路，感觉自己低人一等，就怕碰见熟人，怕人家关心你啊，安慰你啊。因为一提这事，我们的情绪就容易失控。你说，你突然哭哭啼啼的多不好。所以，我干脆少出门，少和他们来往。有段时间我还想着要卖了这房子，去一个谁都不认识我的地方。（访谈信息）

为了能更为真实地展现失独事件给失独者造成的影响，同时也为了从侧面印证失独者所述情况的真实性，我们对与失独者有着紧密关系的人群（如失独者的亲戚朋友、邻居、同事等）进行了访谈。

> 自从她们家孩子走后，我们就很少见到她家两口子了。她们不愿

意再和我们来往，你去她们家她也不是很欢迎。我们也不知道该在她们面前说什么。你说我们这个年纪，都是有孙子孙女的人了，在一起聊天总是提自家孩子、孙子孙女的。她们容易受刺激，不想和我们走动也是可以理解的。（访谈信息）

通过对失独者的正面和侧面的了解，可以看到在经历失独事件之后，“失独者”这一角色标签成为了失独父母参与社会互动的巨大屏障，尤其是当失独者与非失独者交往时容易陷入痛苦回忆中，加之互动双方在有意或无意中建构的交流禁区也降低了彼此继续互动的意愿，阻碍着失独者与非失独者的正常社会交往。因此，在实践角色的过程中，失独者更倾向于选择逃离和疏远原有的社会关系，而并非朝着人们所期望的方向发展。究其原因，则主要是缘于失独者对自身角色领悟的异化：一方面，由于失独者否定自我价值，他们将自己视为大家庭中的“累赘”，霉运的“携带者”，乃至被社会抛弃的“失独者”。在诸如此类的消极、负向的角色领悟的驱使下，失独者大多选择逃避社会生活，将自我封闭、隔离起来，主动断裂原有的社会关系，甚至搬迁到一个新的陌生环境中；另一方面，通过对自身境遇的特殊化界定，失独者认为自身所体验的痛苦和面临的困境是他人（尤其是非失独者）无法体会的，为了逃避在与他人的互动中遭受二次伤害，“最理想”的办法就是尽可能逃避以往的“熟人”关系，为自己创造一个关系“真空”。正是在这种负面认知的指导下，失独者的社会关系才逐渐瓦解，社会地位才逐渐下降，边缘化的社会处境才慢慢形成。

（二）抱团取暖：依赖于“同命人”自组织

有学者认为，失独者的社会支持网络经历了从萎缩到重建的变化。①所谓“萎缩”强调的是失独者原有社会互动网的逐渐缩小甚至消失，而“重建”则主要是强调失独者通过建立、参与各类失独人群自组织，从而建构起一个以“同命人”为主要交往对象的人际交往圈。因为失独的共同遭遇，使失独者由原来的陌生人转变为同命人，他们试图聚在一起

① 陈恩：《重建社会支持网：失独群体自组织形成机制探讨——基于上海的两个案例》，《北京社会科学》2014 年第 11 期。

“抱团取暖”，通过相互间的心理慰藉以获取情感支持。事实上，失独自组织对于失独者走出自我封闭状态具有重要的作用。然而，失独组织也可能存在内卷化现象，即组织使得失独者沉浸在失独的痛苦中，无意或无力和外界进行交往。① 但即便如此，失独者依旧倾向于与“同命人”交往。

“我一年呆在家里的时间不多，平时我们喜欢一起组织出去旅游，今年已经去过好几个地方了，和同命人交往觉得更自在，感觉自己的心情他们都能理解。换成其他人，他们就没法理解我们的痛苦了。而且老呆在家里，心情容易受刺激，看到孩子的东西都忍不住哭。出去和他们玩，可以散散心，忘记这些伤心痛苦的事情。”（访谈信息）

我们这个群体有10多户失独家庭，相互之间走动的比较频繁，一起约着打打扑克，组织出去旅旅游。有什么事情相互照应一下，谁生病了组织去看望一下。逢年过节一起聚聚，吃个饭。现在，我们相互之间就像亲人一样。相处起来比较自在。我们遇到什么事情，第一时间不是找自己的亲朋好友，而是找我们组长。（访谈信息）

失独事件的发生导致失独者的社会关系发生了质的变化。随着失独者在失独自组织中的时间越来越长，他们越发依赖于“同命人”社交圈。而当失独者在负向角色领悟的指导下逐渐疏远、逃避原有的社会关系，转而依赖于“同命人”自组织时，失独者的社会关系圈已经逐渐偏离了正常的人际关系圈，丧失了参与常规的社会交往的可能。失独者的这一角色实践反过来强化了社会、群体以及他人对他们的负面形象定位，从而失独者越来越处于边缘境地。

他们一般和邻里、亲友的来往不多，在家呆的时间也不长。一般都和那些失独父母一起出去旅游，全国各地到处玩。他们现在把钱花完了，以后老了谁给他们养老？我们也不好说什么，毕竟发生这种事

① 张必春、柳红霞：《失独父母组织参与的困境、内在逻辑及其破解之道——基于社会治理背景的思考》，《华中师范大学学报》2014年第6期。

对人的打击挺大的。但是，他们老是这样，也不是个办法啊。（访谈信息）

显然，随着失独者与原有社会关系人群越发疏远，而与"同命人"的社会关系越发紧密，失独者的社会互动范围也迅速向内收缩而局限于次群体内部。当失独者的实践角色与社会的期望角色差距过大时，社会则会采取一定的惩罚措施。例如不再主动与失独者互动，给失独者贴上污名标签，等等。这对于失独者适应新的社会角色具有阻碍作用，不利于失独者真正融入社会生活。

（三）消极低迷：沉溺于网络虚拟交往

失独者大多提前退休在家，与亲友、同事、邻里之间的交往意愿弱，这使得他们的社交范围不断缩小，情感性支持资源严重缺失。但事实上，失独者大多有着强烈的倾诉欲望，希望被人理解、支持。而网络虚拟交往作为网络交往的一种形式，是对现代人际交往的发展[①]，是失独者逃避现实生活，寻找替代性人际关系，走出自我封闭的重要渠道。有研究表明，失独 QQ 群中很多群成员每天在线时间很长。[②] 通过同命人 QQ 群，失独者抱团取暖、互助互救，逐步形成一个"网络虚拟社区"，一个精神、情感相融合"精神共同体"。

我平时除了买菜不怎么出去，出去也不知道要干嘛。一般没事就呆在家里，上上网，和群里的同命人聊聊天。我加了 5 个同命人 QQ 群，每天群里都有好多人在线，大家就随便聊聊，相互关心关心，分享分享政策信息，打发打发时间。只有这样，日子才能熬下去。不然，都不知道自己能做什么了。（访谈信息）

我以前不玩手机，不玩电脑的。孩子走后，感觉自己一下子被掏空了。做什么都觉得没意思。自己觉得苦啊，难受啊，但又没个人倾诉。别人是不能体会你的痛的。后来，我就自己学着用电脑了，用

---

① 李辉：《网络虚拟交往中的自我认同危机》，《社会科学》2004 年第 6 期。

② 刘中一：《失独 QQ 群及失独者网络聚集现象研究》，《国家行政学院学报》2014 年第 1 期。

QQ 了。加了几个群，才知道原来有那么多和我一样不幸的人。我一般一有时间就和她们在网上聊天，我们群晚上也很活跃。因为好多人都睡不着，失眠。（访谈信息）

每天上网和群里的人聊天成为了我生活中的一部分，在这里，我感觉自己并不孤单，能够被人所理解，所接纳。但是，回到现实生活中，我又感觉自己被边缘化了，被孤立了。因为除了那些同命人，你再也找不到可以倾诉的对象了。（访谈基本信息）

当失独者在现实生活中遭遇困境，而政府、社会及社区支持又缺位时，失独者选择了互助互救，这正是社会对失独者的角色期待之一。通过 QQ 群这一精神共同体的构建，来自不同地方、不同阶层的失独者聚到了一起，实现了“虚拟社区化”的自我救赎。在这一虚拟交往中，失独者寻找到了归属感、安全感以及自我认同感，获取了精神及情感慰藉，体现了自我价值，弥补了政府及社会资源的缺位。这对于失独者走出自我封闭状态，获取支持性资源发挥了重要作用。但过度沉溺于网络虚拟生活，使得失独者更加不愿意与亲友、邻里以及同事进行社交活动，而局限于同命人社交圈。失独者之所以沉溺于网络虚拟生活，而不是逐步恢复真实的社区生活。主要是因为失独者对熟人社区的主动逃避以及对熟悉环境的刻意回避，以免触景生情。而正是因为失独者的主动逃避，以及对网络虚拟生活的过度依赖，他们才越来越脱离常规的生活轨道，陷入越来越边缘化的社会处境。

（四）频繁上访：致力于集体维权行动

期望角色中，失独者常常被视为弱势群体，政府、社会及他人应给予失独者关怀和特殊照顾，以帮助失独者走出失独困境。但事实是，由于政府和社会层面的支持资源供给不足，失独人群沦为“求助无门、维权无据、病无所医、老无所养”的“四无”群体，处于被边缘化的尴尬境地。[①] 在失独者看来，他们是独生子女政策的贡献者和牺牲者，国家理应有责任和义务保障他们的基本权益。因此，当这样一个合情合理的要求由

① 谢勇才：《失独群体的社会救助制度探析——基于可持续生计视角》，《社会保障研究》2013 年第 1 期。

于种种现实条件的不足而无法兑现时，失独者由此产生了强烈的被抛弃感和剥夺感，并决定通过集体维权抗争的方式争取国家和社会的关注。于是，在维权精英的动员、组织之下，全国各地超过百万的失独者一次次到各级（区、市、省以及国家）计生委、政府上访、申诉。从此，上访维权成为了失独人群日常生活中一种特殊行动方式和存在价值。

> 我们今年已经去了两次省计生委，一次国家计生委了。都是在群里组织起来的，人数还在不断增加。2015 年这次去北京上访的人数最多了，达到了 700 多人。我是这次北京维权 11 人组织者之一。我觉得，这次上访效果还是不明显。我想，随着失独父母的人数不断增加，权利意识的不断增强，以及网络的不断，加入上访队伍的失独父母将会越来越多。我们群里几乎天天都能看到不同地方的人去市里、省里上访。（访谈基本信息）
>
> 我们就像想喝奶的孩子，你不哭不闹，国家不会给你奶喝。我们一哭一闹，至少让国家关注到我们这样一群人，关注到我们面临的困境。我以前不知道还有这回事，后来我加入 QQ 群。群里常常动员我们去参加维权。我后来想想，如果我们自己都不去争取，这个问题就没人来解决了。（访谈基本信息）
>
> 其实，说真的，我们这些人里边大部分人参与集体维权行动不是为了自己，我们都有养老保险、医疗保险，经济状况也挺好。在我们这个群体中还有很多人没有养老保险、医疗保险，经济条件很不好，生活的确很困难。你说，他们该如何生活。所以，作为失独群体的一份子，我们必须替这个群体发声，为这个群体争取合法权益。（访谈基本信息）

从行动的目的来看，失独者参与集体维权既是为了争取自身权益保障和维护自身生存尊严，同时也是失独者体现自我价值的重要部分。对于失独者来说，失去独生子女意味着生命意义的缺失，生活方向的迷失。但在参与集体维权行动，争取合法权益的过程中，他们再次寻找到一种存在的意义和新的人生价值。然而，当失独人群致力于维权行动，积极扮演“上访者”角色时，他们却又在不知不觉中被贴上“闹事者”的污名标签。一般来说，这些名副其实的“上访专业户”终究无法摆脱被社会所边缘化的命运。

四　角色距离：失独者结构边缘化的产生机制

正如前文所述，个体对某一角色的扮演过程一般都会包括期望角色、领悟角色和实践角色三个部分，其中，期望角色是人们对该角色形成普遍认同的应然角色，它要求个体按照一系列角色行为规范扮演特定的角色；领悟角色是扮演者自我理解和领悟的角色认知，它指导着个体进行特定的角色扮演；实践角色是扮演者在期望角色以及领悟角色的双重影响下，实际表现出的角色行为，是一种实然角色。因此，所谓“角色距离”就是作为扮演者的个体对某一角色的实践形态与人们所期望的角色形态之间的差别。具体来说，即是指个体在角色实践过程中所表现的角色行为与期望角色中所要求的角色规范或自我领悟和理解的角色要求之间所产生的不一致和差异。戈夫曼在《日常接触》一书中，曾对角色距离进行了详细阐述，认为“在个体和他的假定存在的角色之间‘有效地’表达的显著区别就是角色距离。”这意味着，个体的某一实践角色行为与期望角色要求偏离程度越大，个体的角色距离越大。一旦角色距离超过一定范畴，不仅会导致个体陷入自我混乱之中，而且也会强化社会对个体的排斥和否定，从而导致个体陷入边缘化的社会处境。

对于角色扮演来说，最为理想的状态是个体的领悟角色及实践角色与期望角色高度一致。这不仅有利于个体获取社会正面评价，适应社会生活，同时也有利于社会系统的稳定和整合。但在现实的角色扮演过程中，由于多重主客观因素的影响，个体的实践角色与期望角色以及领悟角色三者之间总是存在或多或少的偏离，甚至冲突，进而使得角色扮演者日益脱离常规的生活轨迹和社交范畴。

当然，角色距离的形成路径是多元的。为此有必要先对角色距离产生的路径进行一个理想类型的划分：一是期望角色与领悟角色相一致，但受制于自身素质和能力以及外部环境的制约，个体无法按照期望角色与领悟角色的角色规范扮演某一角色，从而导致期望角色与领悟角色和实践角色相偏离；二是由于期望角色的模糊性以及个体理解能力的限制，个体的领悟角色与期望角色之间出现偏差。换句话说，当个体依据领悟角色的认知扮演某一角色时，即便实践角色与领悟角色相一致，但实践角色与期望角色之间依然存在偏离和冲突；三是由于受内外部因素的影响，个体的实践角色既与领悟角色不相符，也与期望角色不一致。因此，只要以上任何一种情形发生，都可能会导致角色距离的产生。当然，在扮演和适应“失独者”这一新角色的过程中，也并不是说角色距离的出现就一定会影响到个体的正常生活，导致个体趋于边缘化状态。我们需要进一步探讨这一特殊弱势人群的角色距离是如何产生，又是如何影响其社会适应的。

通过对失独者及其邻居、亲戚、朋友以及其他相关人群的访谈，我们大致了解了失独者的角色扮演过程及其结构边缘化的形成图景（如图 4.1 所示）。

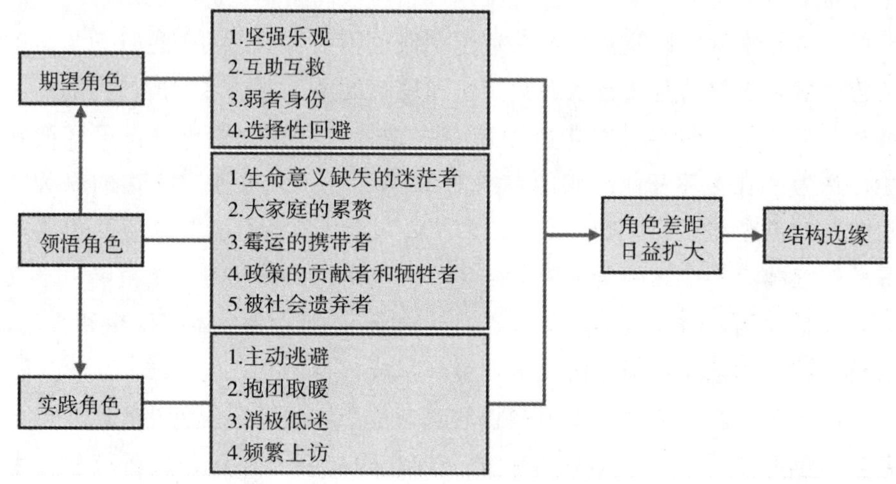

图 4.1 失独者角色距离及其结构边缘化的形成

纵观失独者的角色扮演过程，我们发现当“失独者”这一新角色出现时，社会自然产生了对这一角色的理想期待，以及有关这一角色的一系列行为规范和准则。在人们期待中，失独者尽管遭遇独生子女死亡的重创，但仍需要保持乐观、互助互救，并在外界的关怀和帮助下，尽早适应“失独者”这一具有强烈悲情色彩的社会角色。然而，由于人们对失独者的角色期待相对模糊，甚至彼此冲突，加之失独者自身适应能力的制约，使得失独者的领悟角色出现了偏离。从失独者对该角色的领悟来看，“失独者”是生命意义缺失的“迷茫者”、大家庭的“累赘”、霉运的“携带者”、独生子女政策的“贡献者”和“牺牲者”以及被社会“遗弃者”等形象。失独者之所以很难从心理上接受自身由“独生子女父母”角色转变为“失独父母”角色，其实也正是受“失独者”的此类种种负面、消极的角色领悟的影响。因此，若无外在力量介入和干预，饱受创伤的失独者很容易产生消极、负向的角色认知，并在有意或无意中过滤掉积极、正向的角色期待。

在角色实践的过程中，领悟角色作为行为的中间媒介，具有重要的导向作用。从大多数失独者来说，尽管其实践角色与领悟角色表现出较高的一致性，但与人们对失独者的角色期望却存在较大的偏差，因此，所表现出来的角色行为势必背离人们对失独者的角色期待。譬如，在期望中，人们希望失独者能以积极乐观的心态面对失独事件，尽快走出“封闭”状态，恢复和重建社会关系，重新融入社会；而在实践中，失独者不仅因此消极低迷、自我封闭，甚至出现了各种偏离常规的认知和行为。随着失独者的实践角色与人们对该角色的期待的逐渐偏离，“角色差距”也就形成了。

在实际的社会互动过程中，“角色差距”的存在或多或少会影响到角色扮演者的社会交往和社会适应，进而对角色扮演者的生活造成困扰。但一般来说，“角色差距”形成的过程也是个体进行角色调适的过程，即角色扮演者在感知到“角色差距”时，会主动调适自我角色，以期缩小实践角色与期望角色之间的差距与冲突，从而重新获取社会认可，融入社会生活。但对于失独者来说，“角色差距”的产生，主要是由期望角色与领悟角色之间的不一致造成的。正是在此情境下，失独者的认知和行动异化并饱受各种现实困难。例如，提前退休使得自身社会地位和经济地位的下降；退出原有的社会关系网络而与“同命人”交往意味着社会交往范畴变窄；沉迷于网络虚拟社交，致力于集体维权行动而被污名化，等等。总之，失独者的日常生活实际上已经脱离了常规轨道，并日益走向非常规的生活方式。而为了维持社会的正常运作，凡是背离社会角色规范的个体都将为社会所排斥、否定和疏远。因此，随着失独者主动退出常规的社会生活，而政府和社会也不再为失独者重新融入提供关怀和帮助，失独者与社会之间形成互动的恶性循环使失独者越来越脱离正常的社会生活，其结构边缘地位便由此形成。

第五章　失独者社会边缘化的路径与特点

在第三章和第四章中，研究分别从“心理边缘”和“结构边缘”两个层面论述了失独人群的边缘化表征，对心理边缘和结构边缘的形成进行了简要的概述和理论性分析，并从经验层面阐释了情境变动是引发边缘化的逻辑起点，结构边缘和心理边缘是边缘化结果的两种表现形式。尽管前文已就结构边缘与心理边缘之间的关系进行了一些讨论，但在具体的形成路径上，因不同事件产生的影响不同，由此引发的个体或群体的边缘化路径必然会存在着差异，若要真正去辨识何者在先，显然也并非一件易事。为便于论述，有必要先对边缘化的路径做一个理想分类：一是由结构边缘向心理边缘的边缘化路径；二是由心理边缘向结构边缘的边缘化路径。当然，这里完整的分类理应包含第三条路径，即结构边缘和心理边缘共同发生、相互强化的边缘化路径，且多数人看来，这一路径时常被认为更符合现实，不过限于研究初衷，这暂不纳入本文讨论的范畴，需另作论述。而在“结构—心理”边缘路径分析占据主导的背景下，已有研究基本没有对后两种路径进行探讨和说明。

“污名”既是导致个体被边缘化的一种非常重要的手段，同时也是在边缘人群中普遍存在的一种现象。根据林克、费伦等人的观点，污名化需要经过复杂的转化过程[①]，被污名的个体只有自身对该污名产生认同并按照这一特征要求行动时，个体污名化才真正形成。换句话说，在边缘化的过程中，处在客观（或结构）边缘上的个体并不一定就会被边缘化，只有当个体主观（或心理）上对自我身份产生边缘认同并遵从这一身份要

① Yang, L. H., Link, B. G. & J. C. Phelan et al. 2007. “Culture and Stigma: Adding Moral Experience to Stigma Theory”. *Social Science & Medicine*, 64 (7), pp. 1524 – 1535.

求进行社会行动时，边缘化结果才真正形成。反之，情况则有可能完全不同。换句话说，对于一个主观（或心理）上已经认为自己被边缘化的个体而言，无论其是否确实处于边缘情境中，最终都会被边缘化。此外，“结构—心理”边缘化解释路径一定程度上也是受“理性人”假设影响的结果，尽管“理性人”假设在经济学家用以解释人类的行为活动的研究中做出巨大贡献，但也没能逃脱饱受诟病的命运。尤其是在人类学、社会学等领域的研究者看来，这一假设通常较少顾及到个体作为社会构成部分所具有的社会身份属性，而是将人物化为具有某种价值的东西，喜欢/有用就拿过来，不喜欢/没用便可以随意抛弃。然而人并非冷漠无情的物品，人是有情感的，对遭遇不幸者的同情和怜悯通常是人类普遍的情感反应。

因此，基于长期对失独人群的调研、观察和访谈，本章将主要围绕失独人群的边缘化问题，通过对失独人群边缘化过程的解释，据此论证研究所关注的两个核心问题：一是情境变动是个体边缘化的起点，但个体所处情境既包括外在的结构情境，也包括内在的心理情境，结构变动并不等同于情境变动；二是在“结构—心理”边缘化路径外，也存在由心理边缘到结构边缘这样一条边缘化路径，即“心理—结构”边缘化路径解释。

第一节　失独人群的边缘化进程

对失独父母来说，独生子女死亡会对他们造成最直接且最具有毁灭性的打击，这种破坏力是其他任何个体也无法体会的。根据前文对失独人群的经验检索，按照事件发展的时间序列，失独人群的生存状态可简单划分为四个阶段：首先，失独事件的突发给失独父母造成毁灭性的打击。结构上，独生子女死亡使得父母角色中断，维持家庭三角结构稳定的核心缺失，乃至以孩子为中心链接的关系纽带断裂；心理上，失独是一种极为特殊的丧亲事件，相较于一般的丧亲事件，失独所造成的心理创伤更剧烈、更深刻，失独父母往往会因此陷入极度的悲伤状态；其次，由于受失独事件的过度刺激，失独者通过对自我身份的重新定位和评估异常，并因此出现严重的认知偏差和心理问题（如 PTSD 症状），否定自我价值，变得敏感、自卑、焦虑，等等；第三，处在社会关系网络中的失独者无可避免地需要与他人互动，然而，因心理上的变异所引发的认知偏差和行为选择却时常让互动难以维系：一方面，出于本能，心理上的剧烈创伤让失独者选择退缩和逃避等自我保护策略将自我封闭和孤立起来，拒绝接受现实，与外界一切可能对自己造成伤害的事物断绝联系；另一方面，在与他人的互动中，失独人群的偏激和误解时常会让他人进退维谷，他人无论出于何种意图的行为表现，都会对失独人群造成不同程度的刺激和影响。为此，他人不得不选择减少甚至中断与失独人群的互动往来；最终，在自我主动脱离和他人被动疏离的双重作用下，失独人群逐渐沦为社会事实上的“边缘人”。

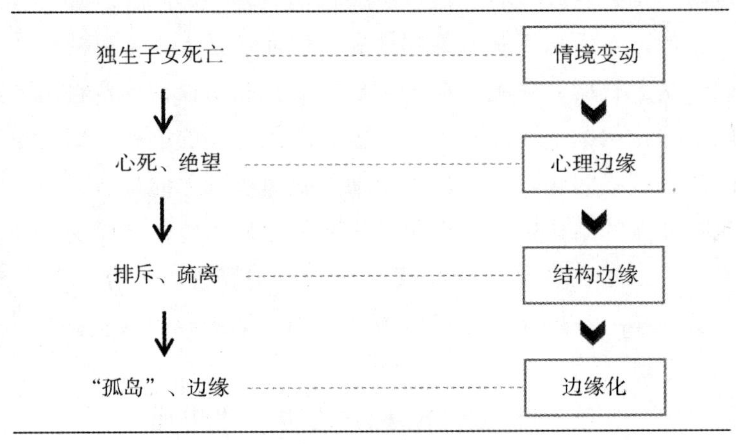

图 5.1 失独人群的边缘化过程

基于对现有边缘性理论的反思及对社会事实的观察，本研究认为，失独人群的边缘化是以失独事件所产生的情境变动为起点，继而使失独者内在心理及外在结构相继陷入边缘的过程，具体分为三个阶段：一是从情境变动到心理边缘的认知突变过程；二是从心理边缘到结构边缘的互动异变过程；三是从心理边缘与结构边缘双重叠加到边缘化的发展过程（见上图）。

一 从情境变动到心理边缘：失独人群的自我边缘化认知

生育对社会乃至人类发展的重要性不言而喻，正是通过不断地生育人类才能维持正常的繁衍，在此基础上社会才能不断地发展进步，同样对于家庭而言，生育也是至关重要的，子孙后代的不断繁衍维持了整个家庭、家族的繁荣。中国历来重视传统文化与人伦道德，“多子多福”不单单是社会中普遍共识的生育观念，更是成为一种人生信条。在中国传统封建社会中，历来遵循的伦理关系准则是以“家本位”为基础的，个体身份的确立最初即是建立在伦理关系体系之中的，而这种伦理关系体系又是建立在个体家庭关系及家庭角色基础之上，同时也是个体在社会生活中其他关系建立并衍生的基础。在人们的生命历程中，生育既是一种权力，也是一种使命，更是一种终极意义的价值需求[①]，更具体来讲，这种价值需求既有生存意义上的，又包含生活所需。生存需求主要包括劳动力需求、养老需求等；生活需求主要包括继嗣需求、精神需求、面子需求等。受此观念的影响，组建婚姻家庭的意义在于生儿育女、传宗接代，家族规模、子孙数量被视为家族兴旺与否的重要判断标准之一，传宗接代、香火延续等观念在中国民众心理文化层面已成为一种道德规范[②]。

在此情境下，失独人群的情境变动具体表现为家庭结构的崩塌和传统关系体系的断裂而引发个人自我身份认知的改变。在失独者看来，父母身份的丧失，角色扮演的中断，同时也破坏了原有的伦理关系规则，也使失独父母与家族中其他成员间的联结破裂，导致其原有的核心文化身份瞬间消失。在“养儿防老”等价值导向下，“失独”即意味着孤老[③]，虽然在独生子女家庭中，“男尊女卑”“重男轻女”的观念已经逐渐淡化，不论子女性别如何，都被视作家庭、家族血脉的传承者，独生子女成为倒金字塔型家庭结构中唯一的传承者，既是财产上的也是亲缘血脉上的。然而，独生子女的离去，代表着这种唯一性的传承者的消失，家庭甚至家族的传承与延续成为空谈，传承主体的缺失，导致倒金字塔型家庭血脉延续的中断，在某些特殊的家族，甚至意味着整个家族香火的中断，传承进程的终止，这种对家族未来的影响，无形之中给失独父母带来巨大的心理压力，使他们在日常生活中变得敏感，在家庭中也难以维持原有的行为方式，给家庭带来不稳定的风险，甚至也影响了日常的与外界的交往与互动。

---

① 徐俊：《中国人生育观念研究：回顾与展望》，《人口与发展》2008 年第 6 期。

② 陈岱云、张世青：《生育观念与制度建构互动研究——基于社会控制的视角》，《山东大学学报》（哲学社会科学版）2010 年第 2 期。

③ 徐晓军：《失独父母边缘化的路径、类型与社会风险——基于个体与群体关系的视角》，《华中师范大学学报》（人文社会科学版）2014 年第 6 期。

“失独”是一种特殊的丧亲事件，独生子女死亡既与一般家庭长者的死亡不同，也与“丁克”“五保户”等无子女家庭不同，甚至与多子女家庭中某一子女的死亡所造成的影响也存在显著的差别。从家庭结构层面来看，独生子女的死亡会使失独家庭的结构发生极为剧烈的变化。独生子女家庭事实上是一种倒金字塔形的“三角”结构模式，这种模式的结构性缺陷是其自身难以克服的[①]，因为当作为其中一个支点的独生子女意外离去，只剩夫妻双方两个支点，导致亲子关系的两条边没有着落点，不仅意味着独生子女父母的生活失去重心，情感无处安放，也就意味着家庭结构极有可能面临全面解体。从心理层面来看，独生子女的死亡使失独父母的心理状态经历了从有到无、从获得到失去、从希望到绝望的巨变。失独的不可逆转性和巨大的心理落差让失独出现严重的剥夺感，甚至引发严重的心理健康问题和极端的行为表现。不过，独生子女死亡所带来的威胁性和破坏性主要是指向家庭的，失独家庭及其成员均会因此遭受巨大的情感打击和精神创伤，剧烈的情境变动引发的直接后果是失独人群的心理异变，失独者基于自我身份的认知和想象，进而主观地将自我归置于边缘位置之上，并由此导致自我心理边缘的结果。

二 从心理边缘到结构边缘：失独人群的边缘化发展

一般来说，当出现情境变动时，无论是个体外在结构还是内在心理都会发生改变。然而，由于失独不仅意味着唯一子女的死亡，同时也造成家庭亲密关系异化，家庭结构破裂，这意味着整个家庭被赋予的具有贬损意味的“污名”，甚至会产生对他们自身价值的否定，面对这种精神折磨，失独父母对未来的日子逐渐丧失希望，进一步导致失独父母的人生信仰和生活寄托全盘崩塌，对生活失去期待和信心。尽管我们很难去分辨个体心理层面的变动和结构层面的变动之间存在怎样的因果关系，但通过对失独人群边缘化过程的梳理，我们至少可以看到：失独事件的发生会给失独父母造成巨大的心理创伤，多数失独父母会因此精神崩溃，甚至因心理失衡产生各种心理问题，他们会否定自我价值，将自我封闭，尤其是在与他人

---

① 杜娟：《叠加的三角家庭结构模型：抚育模式的变迁与策略性选择》，华中师范大学学位论文，2015 年。

的互动过程中，失独者常常会主动回避甚至拒绝与他人的往来。

然而，作为社会关系的构成要素，个体总是处于一种或多种社会互动关系之中的。倘若将失独人群对自我身份的认同和边缘地位的想象视为一种静态的边缘化建构，那失独人群与他人的社会互动则可以视为一种动态的边缘化建构：一方面，失独者对外界的认知和行动策略的选择会受到心理边缘异化的影响，并因此表现出一种不同于以往的意识形态和行为特征；另一方面，不论行动者本身的初衷如何或行为是否正当，互动中的他人所传递的信息和回应的形式也会对失独人群造成直接或间接的影响和刺激。换句话说，互动中的失独人群与他人总在不断地相互影响和相互激化（也包括相互的了解和适应等），从而不断改变对彼此的认识，不断变换其行动策略。于是，失独人群的边缘化也就在彼此的互动中被不断建构出来。

与受到威胁惊吓的刺猬会本能地蜷缩一团一样，痛失独生子女的失独父母也会出现退缩、逃避、哭泣、悲伤等自然反应，而这种行为反应事实上也正不断改变着失独人群的社会关系。因此，从失独者自身出发而言，对自我边缘化身份的主观建构是失独人群的一种自我保护策略。而受情境变动的影响，意识到自己不同于他人的失独者需要采取合适的策略以保护自己不会再次受到伤害，他们对互动中他人行为的认知也会随之发生改变。在对艾滋病人群的社会关系的研究中，笔者曾分别从四个理论视角对这种变化进行了论述：一是因污名化叙事和话语系统引起的主动封闭与社会关系断裂；二是因社会角色中断引起的主动封闭与社会关系断裂；三是因客观断裂行动对主动封闭与社会关系断裂的强化；四是“自我污名效应”对人际关系断裂的主观夸大。①

随着失独者心理和行为的改变，在与他人互动情境中，我们可以从以下两个方面对失独人群的边缘化过程加以理解：一方面，无论人们如何强调自己能够理解那些发生在他人身上的事情，但理解终归只是理解，没有真正经历过的人实际上很难真正体会到“失独”本身到底对失独父母造成怎样的伤害。例如“我们都知道手被刀割伤会疼，但究竟有多疼则只

---

① 徐晓军：《断裂、重构与新生：鄂东艾滋病人的村庄社会关系研究》，中国社会科学出版社 2010 年版。

有我们也有过被割伤的经历才会真正体会得到”的道理一样。正因为此，在与失独人群的互动过程中，人们时常会因为受失独人群的误解和疏离而陷于两难之地，并最终因为彼此的相互刺激、相互排斥，直至断绝往来；另一方面，从道德理性出发，在面对遭遇不幸的失独人群时，人们的直接反应通常是抱以关怀和同情之心，并希望失独者能通过他们自身的努力和外界的援助早日走出悲伤的阴霾，重新开始生活。然而，失独人群的消极回应却总是让人们大失所望，很多人甚至会因此对失独人群产生偏见和愤怒。根据以往对艾滋病患者、同性恋者、精神病患者等边缘人群研究的经验来看，人们通常会对处在边缘位置上的个体产生偏见和歧视，并对这些具有某种特征的个体贴上污名标签，当个体认同并按照该标签所要求的规范采取行动时，被污名的个体就沦为处在边缘结构中的边缘人。由此来看，个体的边缘化实质也可以是在社会互动中受处于某种优势的他人排斥的结果。因此，若再将失独人群的边缘化归咎于他人的污名排斥，于情于理都很难解释得通。事实上，从失独者与他人的互动过程来看，失独人群的结构边缘化实质应当是人们对失独者消极行为的消极回应的结果。

三　从想象边缘到事实边缘：失独人群的边缘化结果

心理边缘和结构边缘是个体边缘化“一体两面”的具体表现。因失独事件的突发，心理遭受重创的失独者为避免再次受到伤害而封闭自我，主动切断与他人的联系，并在与他人的互动中将自己置于边缘之地，受此影响，他人只能尽可能减少和回避与失独人群的往来，从而形成了客观上的边缘化结果。当失独者在心理上认同自我的边缘身份并出现关系结构的边缘孤立状态时，其边缘化结果也就形成了。

当然，对于失独父母来说，失独事件的发生不仅从显性层面给他们的日常生活带来深刻的影响，而且从隐性层面来看，传统文化给他们身份带来的影响更为严重。一方面，在传统文化语境中，失独往往导致人们产生某种情感上的偏见，从而暗示着失独者在自我认知上出现偏差，否定、贬损自我内在价值；另一方面，随着失独事件的发生，失独父母原有的社会身份也瞬间消失，同时，相伴随的文化身份也逐渐瓦解，然而在我国当前社会中，社会伦理体系已经相对固化，失独父母消失和瓦解的身份使他们对自我形象的定位直线下降，并质疑自己现在新的身份，心理上通常伴有较为严重的自卑问题，这种心理障碍又进一步加剧了失独父母的边缘感受。实际上，从“失独者”的命名来看，已经在一定程度上表现出所投射在失独人群身上的文化意涵，不难发现，相比失独事件本身带给失独父母的伤痛，这种文化上的负面隐喻所带来的消极影响产生的范围更广、程度更深，带给父母的创伤已经远超失独事件本身。

幸福快乐总是相似的，而不幸却各不相同，每位失独父母都有着与他人完全不同的痛苦经历，但是他们所受的伤痛以及悲剧的命运却是一样的，并且文化创伤通过这种集体性的建构赋予了失独事件更多的悲情色彩。在失独事件所赋予的强烈文化意义情境下，失独人群除了要承受创伤事件本身的现实后果外，还要面临创伤事件在意识层面所构成的意义后果。随着失独人群的自我逃离（搬家、辞职、离婚等）与他人的疏远，失独人群渐渐成为一个“孤岛”，于是，一种源于主观想象的边缘化行动最终发展为一种实质意义上的边缘化事实。

第二节 “心理—结构”:失独人群的边缘化路径

正如威斯伯格所言，被边缘的个体总是处于一种双重矛盾的心理状态，而帕克对边缘人所具有的边缘性阐释却是单向度的。以失独人群为例，失独父母渴望回到以往完整平静的家庭生活，但无法逆转的独生子女死亡的事实打破了这种幻想；失独父母想要忘却过去，重新开始新的生活，但心灵的剧烈创伤却又难以愈合。尽管齐美尔、帕克以及斯通奎斯特等人对于边缘性的理解既考虑到了社会学所关注的社会情境，也考虑到了心理学所关注的人格特征，但显然他们更侧重于“文化冲突以及在具有差别性、不平等性的同化作用下”结构边缘所造成的心理边缘。直到1941年，高德伯格提出的“边缘文化”（Marginal Culture）理念则一针见血地指出了帕克等人关于边缘性理解的不足，认为当个体已经适应了其所处的边缘情境，或者这种边缘情境并不妨碍个体的发展时，边缘人格便不会产生，也即是说，处于结构边缘的人未必一定会产生心理边缘，因此个体也就不存在被边缘化的问题（至少个体主观上认为自身没有被边缘化）。因此，从“结构—心理”的边缘化路径来看，个体对自身所处情境结构的认知和体验直接决定了其是否被边缘化。

对个体而言，情境的剧烈变动必然会导致其外在结构情境和心理状态的变化。既然“结构—心理”的边缘化解释路径存在因个体认知差异而导致的结果差异，这就促使我们不得不去思考另一种情况，即对于所处情境发生剧烈变动的个体而言，心理层面的边缘化将会直接导致自身的边缘化后果。更为具体地说，对于一个在心理上意识到自身边缘性的个体来说，无论其在外在结构上是不是边缘的，个体最终都可能会被边缘化。那么，这种“心理—结构”的边缘化路径的内生机制是什么，以及这种边缘化路径具有怎样的特点呢？这些将是本节主要论述的内容。

一 失独人群的边缘化缘于剧烈的情境变动

回顾“边缘人”的形成过程，自1928年帕克在《人类的变迁与边际人》一文中开创性地提出和使用具有边缘性的“边缘人”概念后，帕克的学生斯通奎斯特提出了“边缘人”发展的“三阶段说”：一是准备阶段。个人被导入两种文化之中，同时吸收两种文化的价值观。在该阶段，个人内部还没有意识到文化冲突的紧张感；二是危机阶段。个人由于自身的经历开始察觉到文化的冲突和自己人格内部的矛盾感。在这个阶段会呈现出边缘人的两种边缘特性——分裂的自我以及不安定性。由于个人生活组织被搅乱，结果会产生困惑、焦躁、幻灭及疏离等情绪，甚至承受强烈的打击。不过在此期间个体也会努力适应新的情境从而表现出智慧的优越性；三是对边际情境的反应阶段。这种反应亦即边际情境产生的结果。[①]显然，在斯通奎斯特看来，“边缘人”的产生是基于不同种族、文化的碰撞，边缘人格的形成是个体在这种碰撞中不适应的产物，即边缘人格是边缘情境下的产物，这条研究路径是边缘性研究中较为普遍的，也正是如此，从结构边缘到心理边缘的边缘化路径成为已有研究者惯常使用的逻辑解释。

然而正如笔者在第一章时所述，以往边缘性研究通常是将个体所处情境的变化笼统地视作一种外在于个体本身的结构性变化，将结构性变动等同于情境变动，因而在对个体边缘化问题进行解释时，习惯性地将结构边

① 车效梅、李晶：《多维视野下的西方“边缘性”理论》，《史学理论研究》2014年第1期。

缘认为是个体边缘化的始点，认为结构边缘先于心理边缘，结构边缘引发心理边缘，由此形成“结构边缘—心理边缘”的路径解释，但这显然是对情境变动片面理解的结果。

理论上，个体情境变动既包括客观结构情境的变动，也包括主观心理情境的变动，即是说，当个体所处外在结构性情境发生变动的同时，处在情境中的个体内在的心理情境也在发生变动，这主要表现为情绪、心态等方面的变化。通常，一个人的心理变化，可能是环境改变了，心态跟着变了；也可能是环境没变，但心态变了。因此，心理情境的变动既可能是由于结构情境变动的结果，也可能是个体心态、情绪等心理“变异/病变”的结果。在社会互动理论的视角看来，互动身份的变动是个体发生情境变动的一种主要的现实表现形式。那么，个体互动身份具体是如何变化的呢？一般认为，客观赋予和主观建构是个体互动身份变化的两种主要的解释，其中，前者主要从个体外在结构情境层面解释，已有大多数研究也即是从这一角度切入论述，而后者侧重于从个体的心理情境层面加以解释。需要注意的是，对情境变动所引发的“结构”变化通常存在两种理解，以失独问题来说，其一是失独事件本身所包含的客观结构性问题；其二是因失独者自身认知和行为的变化继而引发的结构性问题。而已有研究中常用的“边缘情境”概念一定程度上是将以上两种“结构”不加区分并混为一谈的产物。

现实中，若仅仅根据个体所处结构情境或身份特征来判断其是否被边缘化并不合适，相较之下，将情境变动视为边缘化的逻辑起点的合理性就在于注意到个体因环境（时空）变化而被边缘化的事实，而非处在某种边缘地位或具有某种边缘特征。情境变动可以是结构情境变动，也可以是心理情境变动。尤其对于失独人群而言，失独所引发的家庭结构的剧变和心理状态的失衡就是情境变动的主要表现形式。面对失独后破碎、孤零的家庭现状，失独者会经常怀念子女在世时团圆、热闹的情境，并时常因此情绪崩溃。本文需要进一步研究阐释的则是当这种剧烈的情境变动发生后，失独人群心理上的边缘认知是如何产生的，其动力机制是什么，以及这种主观心理情境的边缘异化如何驱使其走向结构边缘与心理边缘叠加的边缘深渊。

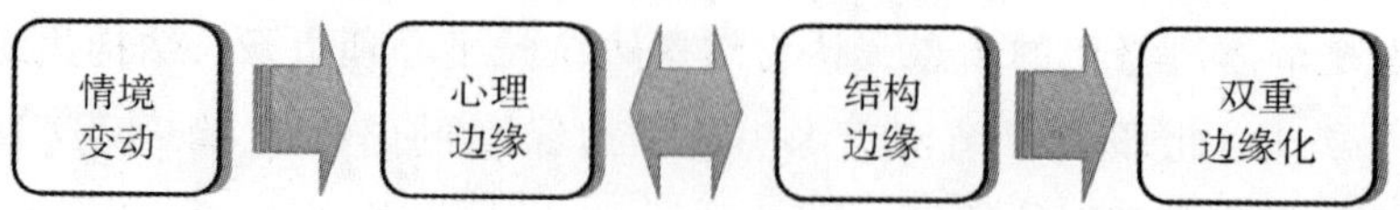

图 5.2 失独人群的边缘化路径

二 身份认同：心理边缘的形成逻辑

心理边缘主要指个体在主观心理上形成了边缘人格，边缘人格一般表现包括意识混乱、紧张不安、缺乏自信、过度敏感等，而个体在原群体与新群体之间进行选择时所产生的矛盾心理，其本质上则是反映了该个体自我认同或社会认同出现混乱与危机。心理边缘是失独最直接的后果，自闭、忧郁等心理问题在这一群体中的发生率非常高，加之失独事件给失独父母造成的剧烈情感创伤，身份认同的混乱成为其心理边缘的一种直接表现，而这种混乱主要是缘于失独者对自我身份的认同建构。

（一）自我身份类化

个体社会化的过程实质上也是自我身份认同的形成和发展过程。“认同”概念最早是作为个体的一种心理防御机制，并广泛应用于心理学领域；而在社会学领域，认同则主要是指个体与群体、群体与群体之间的关系和归属问题。在泰弗尔（Tajfel）看来，社会认同是个体认识到自身属于特定的社会群体，并意识到作为该群体成员带给他的情感和价值意义。[①] 个体通过社会分类把群体分为内群体和外群体，同时通过自我归类（self - categorization）将自己归于某一群体，[②] 内化该群体的价值观念，接受其行为规范。访谈中，失独者在描述自我生活现状时常以“我们这种人”自称，其实也即是在将自我类属于特定群体的过程，从而凸显自身异于他人之处。

从个体与社会关系的角度看，失独人群的自我身份类化是个体对自我身份认同的结果，而个体的认同可以看成由自我认同和社会认同所构成的连续体。在戈夫曼看来，自我认同（ego identity）是个人对自我的主观性认知，是各种经验的融合，包括对自我情境、自我连续性和角色的主观感

---

① 张莹瑞、佐斌：《社会认同理论及其发展》，《心理科学进展》2006 年第 3 期。

② Turner, J. C., Hogg, M. A., Oakes, P. J., Reicher, S. D. & M. S. Wetherell. 1987. *Rediscovering the Social Group: Self - Categorization Theory*. Oxford: Basil Blackwell.

受，是个体获得各种社会经验的结果[①]，而有效的社会认同则是“个体认识到他（她）属于特定的社会群体，同时也认识到作为群体成员带给他的情感和价值意义”，[②] 包括对“自我特性的一致性认可、对周围社会的信任和归属、对有关权威和权力的遵从”。一般来说，人们对于自我的认同都会存在一种理想的期望，即在获得积极的自我认同的同时社会认同也是积极的，而当这种期望无法兑现时，社会认同威胁也就产生了。心理学中，社会认同威胁通常被认为是处在某一群体中的个体在与他群体进行比较时，因群体地位的差异，在认知和情感上否认自我和所属群体身份，甚至会为成为该群体中的一员而倍感耻辱和污名，心理上产生强烈的疏离感、剥夺感和自卑感。[③] 对此，帕克在对移民的身份认同研究时也提到，社会情境的变化会导致社会认同的缺失和亲和感的丧失，进而导致紧张、失落、自卑等种种心理反应，并且行为上会变得过分谨慎、拘谨、怯懦和对生性的抑制。[④]

当然，对于失独人群的自我身份类化现象，我们也可以从库利的符号互动论出发获得另一种解释，他认为对自我的认同更为准确地说是对社会自我的认同，而这种社会自我，其实质是“镜中自我”，个体在与他人不断互动的过程中，逐渐形成的自我认知决定了个体在社会中的行动，个体在行动发出之前，通过想象他人可能会对自己产生的认知、评价或是态度等，并依据这种判断来调整或改变自己的行动，即是以他人的反应作为“镜子”，来根据“镜子”调整自己的行动，失独者正是在互动过程中根据自我意识，来想象他人对自己的认知，从而将自己视为贬义的、被排斥的或不受欢迎的人，因此，一旦其所处情境发生变化并威胁到自身发展时，失独者便会主动通过自我边缘化的行为策略使自己免于受到影响。尽管这种有意识的行动策略可以被视为失独者为保持自身心理平衡的一种自

---

① 管健：《身份污名与认同融合：城市代际移民的社会表征研究》，社会科学文献出版社 2012 年版。

② 张莹瑞、佐斌：《社会认同理论及其发展》，《心理科学进展》2006 年第 3 期。

③ Ellemers, M., Spears, R. & B. Doosje. 2002. "Self and Social Identity". *Annual Review of Psychology*, 53, pp. 161 – 186.

④ Park, R. E. 1992. *The Immigrant Press and Its Control.* New York: Harper.

我防御机制，[①] 但在客观上却也变成了将失独人群推向边缘之境的重要力量之一。

（二）情感能量弱化

个体的社会认同也是一个动态的社会化过程。这是因为社会认同的结构本质是一个基于记忆、意识、生物有机体特质、社会结构和社会情境等互动和影响的动态社会结果，社会认同根植于一定的心理过程，如思维、行为和情感等。[②] 根据王宁的观点，情感作为一种心理体验，具有个体性与社会性的双重属性，就其社会性来说，这是以某种社会方式进行沟通和交流的。[③] 从情感能量的角度来看，由于失独事件发生后，失独者倾向于封闭自我，他们在社会交往中的态度和行为都发生了巨大的变化，在面对原有的社会互动网络失独者采取回避的应对方式，而面对同命人群体失独者普遍有极强的互动意愿，这种互动对象和互动水平的转变，直接影响到失独者以及其互动对象的情感能量的数量与性质，从而导致情感能量累积的水平大幅度降低；除此之外，随着独生子女的离去，原本子女所带给父母的积极正面的情感能量随之消失，失独父母的情感需求再难以得到满足，同时产生的强烈的相对剥夺感，进而导致积极的情感能量急剧下降。就情感能量的水平来说，人们总是倾向于情感收益高的互动仪式，将寻找更高的情感能量作为交往与互动的准则。[④] 在失独后，失独者其他的社会身份都逐渐弱化，而“失独”成为父母最主要的身份，成为他们在社会中的首要标识，因而在失独者日常的社会互动中，由失独所引发的负面的情感能量占据主导，互动过程中人们从失独者那里获取的情感能量与付出的情感能量不对等，导致交往者主动降低付出的情感能量，并逐渐减少与失独者的互动意愿。由此可知，失独导致的负面消极的情感能量，进一步减少了失独者与外界的互动，逐渐使失独者形成更为封闭、敏感的边缘性人格，阻碍了失独者的

① 梁秀清、黄希庭：《自我防卫机制的某些研究趋向》，《心理学探新》2001 年第 2 期。

② 管健：《身份污名与认同融合：城市代际移民的社会表征研究》，社会科学文献出版社 2012 年版。

③ 王宁：《略论情感的社会方式——情感社会学研究笔记》，《社会学研究》2000 年第 4 期。

④ 侯均生：《西方社会学理论》，南开大学出版社 2001 年版，第 451 页。

心理恢复和社会融入。

三　身份互动：边缘化的内在机制

本质上，失独者心理边缘的形成主要源于其对自我身份的认知和想象，但这并非失独者自我孤立进行的认知和想象过程，而是在与他人互动中不断形成和建构的，并时刻受到周围环境的影响。如同温特所说，个体的社会身份并非生而所有，而是当他在社会结构中占据一定地位，并以与该地位相一致的行为规范同具有反向身份的个体互动而获得的，单个的个体不可能获得角色身份。[①] 同理，从边缘性的角度来看，单个的群体或是个体本身并不存在边缘的某些特性，是在与其他群体或个体不断地互动中，相对比而逐渐被赋予了边缘的特性，并且这种被赋予的边缘性不是固定不变的，随着互动的深入以及互动范围的扩宽，可能会赋予其他互动实体新的边缘特性，由此可知，边缘性始终是处于动态之中的，从长期来看是一个不断变化的过程。边缘化的动态演变是在结构边缘与心理边缘相互作用中形成的[②]。尽管早在《群际行为的社会认同论》一文中，泰弗尔及特纳师徒就对弱势群体根据不同社会情境的变化主动建构社会身份的过程进行了分析，但许多研究因侧重于讨论歧视者与被歧视者、施加污名者与被污名者、排斥者与被排斥者等二者之间的互动关系，而较少关注到该互动关系赖以生存的“土壤”——情境。

托马斯定理认为：“如果人们把一种情境定义为真实的，那么在结果上就是真实的……这强调了人们对于他人行动等情境因素的理解或解释，以及理解或解释的个人依据。”[③] 这意味着边缘文化中的个体即便处于相同的社会情境下，也会产生不同的回应模式，而选取何种回应模式既取决于个体自身对情境的定义，又受情境中其他互动者的影响，更重要的是情境本身的根本性作用，由此产生的回应模式是形成边缘人格的关键，同时

① 亚历山大·温特：《国际政治的社会理论》，秦亚青译，上海人民出版社 2000 年版，第 285 页。

② 徐晓军、安真真：《结构边缘与心理边缘：边缘化研究的路径》，《学习与实践》2015 年第 9 期。

③ 宋林飞：《西方社会学理论》，南京大学出版社 1997 年版，第 268 页。

也意味着边缘位置与发展边缘人格之间缺乏一致性。[①] 然而，在日常的互动关系中，无论是歧视与被歧视，污名与被污名，通常都只可能发生在处于相同或相似情境下，且互动双方对某种特征的本质意涵具有共同认知的基础上。换句话说，个体对自我的身份认同是在与他人的互动中完成的，并受到他人的行为和外在情境因素的影响。因此，失独人群的边缘化可以认为是特定情境下个体间互动的结果，而以失独为主要特征的身份互动是边缘化形成的内生推动力量。

在实际生活中，自我身份的互动建构通常表现为三种形式：一是具有共同经历或遭遇的个体间的互动建立了一种相对稳定的互助关系。如失独人群中普遍存在的各种“同命人”自组织；二是在与异质人群的互动中，个体因受到有意或无意的歧视和排斥而强化对自我身份的认同建构；三是个体因自身的某种缺陷或不足而受到特殊照顾也会强化他们的身份认同。因此，逻辑上，个体与他人的互动关系、互动经历和所处情境直接影响着自我身份的想象及生产。据此，以下我们将主要从三个方面对影响失独人群的边缘身份认同和想象产生的因素进行论述：一是特定场域中失独人群对自我身份的认知与建构；二理性选择的行动共识强化了个体边缘身份认知；三是在命运共同体式的“同命人”互动中，信息传递的高度同质性使得个体性的边缘化体验往往泛化为集体性的边缘化后果。

（一）特定情境中的边缘身份认知与建构

有关边缘性的研究，一般都将边缘视为等级情境下的主观建构，在此基础上逐渐形成“核心—边缘”的模式。帕克等人最初关注的是种族间的等级，在这种等级秩序中白人在社会中占据主导地位，由于白人在政治、经济、文化等多方面逐渐累积形成的优势，从而成为社会中的主流群体，与此相比，其他诸如黑人、犹太人等则被排斥在主流群体之外，明显属于社会中的边缘群体，通常处于支配地位。在经济学家亚当·斯密看来，同情是人类社会行为的心理基础。在与失独人群的互动中，“同情”被视为一种道德情感，是个体当得知他人在现实中所遭遇到的不幸时，脑海中自觉产生的最初反应，是个体的一种本能反应。人是具有丰富情感

① Kerckhoff, A. C. &Mccormick, T. C. 1955. “Marginal Status and Marginal Personality”. *Social Forces*, 134 (1), pp. 48 – 55.

的，因而个体的行动总是受到感性因素的支配，在“同情”心理的作用下，个体往往会主动向遭遇不幸者传递关心、爱心，但是这种“同情”下的主动关注通常是单线行动，被关注者不一定会从心底里接受，反而可能给被关注者带来相当大的心理压力，可以从两个角度进行理解：一方面在个体遭遇不幸后，往往深感悲痛，想躲在自己的世界中舔舐伤口，不希望被外界打扰，这时候过多的安抚与开导相比之下都显得苍白无力；另一方面，在遭遇不幸者看来，“同情”下的关心和爱心更像是一种施舍，是所拥有资源不对等情况下的怜悯，极端情况下甚至被视为是优势者对劣势者的尊严的践踏行为。在这种心理作用下，在遭遇不幸者眼中，“同情”的关心行为其出发点并不单纯，在某种程度上是对遭遇不幸者尊严的蔑视和价值的贬损，只是被冠以污名的另一种表现形式，使不幸者不断体验“低人一等”的感受。

如前文所述，失独人群的边缘化是特定情境下个体间互动的结果。以失独人群中普遍存在的污名现象来看，所谓“特定情境”也即是要求处在同一文化情境下的人们应对失独的污名意涵有着共同的认知和理解。具体而言，对失独者的同情行为并不意味着公众污名的消失，很可能只是他人权衡利弊后做出的一种理性选择，加之失独者所遭受的心理创伤根本不可能在短期内愈合，因此对人群的同情势必会深陷尴尬之境：一方面，无论从认知层面还是从行为层面看，单纯的同情心理作用下产生的行为不仅在作用功能上同情行动对于不幸者的恢复效果有限，要让不幸者真正从不幸中摆脱出来，重新开始新的生活，依靠关心和鼓励是远不足够的，而且时间程度上难以长久持续，因为不幸的事件在不断发生，人的精力是有限的，总是会有更不幸者出现，同时，人们在行动中会发现同情完全不能帮助不幸者走出困境，所发挥的作用较小，甚至不幸者完全不领情，于是在随时间逐渐推移的过程中，人们对不幸者的同情心理会慢慢平复，相应的同情行动也会逐渐减少，有时甚至会转向极端方向，认为不幸者是“不识好人心”，进而产生厌恶、偏见等的心理；另一方面，虽然感性因素会支配人们的行动，但理性因素也会产生一定的作用，人的同情心也并不是毫无保留、毫无条件的，人们会选择性地同情与自己不存在利益关系的不幸者，同情对自身生存和发展不存在威胁的不幸者，同时也会基于自身的价值观，对不幸者进行判别，只同情那些值得同情的不幸者。正如杨国枢所说：中国人之关系取向，在日常生活中最富有动力的特征是“关系中心”或“关系决定论”，[①] 个体在互动过程中采取的态度和行动，绝大程度上是通过判断互动双方间关系的亲疏远近、好坏程度，这种关系的范围较广，包括血缘关系、利益关系等等，同理，同情心理的发生也是如此，个体对不幸者的同情是基于对双方间关系的判断，对于在某种程度上可能存在威胁的不幸者，个体也很有可能会视而不见，愤怒、敌视和贬损等负向反应往往占据主导，更有甚者会认为这是其罪有应得的结果。

因此，对失独人群而言，当客观结构性的作用不显著时，个体自身的边缘化可归于两种情况的发生：一是个体基于以往经验和认知，主观认为自身被污名化，并因此内化这一身份并采取相应的行为活动，误解那些原本仅仅出于同情和关心他们的互动者，更为糟糕的是，无论他人出于何种目的、采取何种行动，在失独者看来都是对其造成心理上的不快；二是随着互动的不断深入，失独人群因心理变异而非常规行为对互动中的他人造成消极影响和阻碍；与此同时，随着同情者对失独人群渐渐失去耐心，对失独人群的不满和憎恶也逐渐出现，并最终演化为对失独人群的污名排斥。最终，一种发轫于失独人群自身心理失衡的边缘化要素发展为结构性的边缘化要素。

（二）理性选择的行动共识强化了个体边缘身份认知

中国社会历来讲究礼尚往来，关系通常就是在这种相互交往中建立起来的，且在关系的维护中也扮演十分重要的角色。从这个角度来看，一旦个体间互惠式交往方式不再重复原本的双向互惠，转向单向给予，则会使关系呈现可逆性，最终导致单向行动逐渐消失，关系断裂。“经济人”假设将个体的社会行动视为理性选择，而这种完全理性的假设在现实生活中是很难做到的。作为社会人，在行动的过程中常常带有强烈的感情因素，并不可能做到完全理性，除了经济等因素，还同时受到个体认知、所处环境等多种因素的影响，因而个体的行动往往是理性和感性因素共同作用下的产物，有时候甚至感性因素占据上风。因此，可以说个体的行动并非总是理性下的选择，个人的情感因素或多或少会掺杂其中，因而个体的理性

---

① 杨国枢：《中国人的社会取向：社会互动的观点》，杨国枢、余安邦：《中国人的心理与行为：理论及方法篇》，台湾桂冠图书公司 1992 年版，第 106 页。

总是有限理性。

在实际生活，人们往往会依据与他人之间互动关系的亲密程度及其威胁水平以决定持何种态度。对于非失独者而言，当失独者的存在不存在显在威胁时，他们无论是出于情感的冲动还是道德的驱使，更多会表现出同情和怜悯，而非污名中伤。但在失独者看来，不带有任何污名的个体在现实生活中是不存在的，更何况发生在特定文化情境中的失独现象原本就被赋予诸多污名意涵，这使得无论外在的公众污名建构路径是否真实存在，失独者是否亲身感受、经历外界赋予的污名，他们总是会处于污名体验之中，这种体验主要通过两个路径实现：一失独人群在参与社会互动的过程中被赋予污名标签并最终内化标签的自我污名认同，即由公众污名向自我污名的转化过程；二是失独人群基于共同文化情境的理解以及受到间接污名信息的影响，通过对他人关于自身失独身份的认知和态度的想象，从而建构自我的污名形象，最终在参与社会互动的过程中形成污名化的事实。因此，失独人群的污名化是在特定文化情境下外在的公众污名与内在的自我污名认同和想象共同作用的结果。如此也不难理解为什么失独者会说“即便没有直接遭受过他人污名，但对其他失独者的污名又何尝不是对自己的污名，只是时间早晚的事情”。

由于独生子女夭亡，失独者觉得自己颜面尽失，内心充斥着强烈的自卑、焦虑、多疑，常常会误以为别人在背后议论自己，嫌弃自己的失独身份；同时，由于失独身份被赋予的道德污名，他们担心失独的厄运会带给别人不祥或是不便。因此，他们总是选择逃离，通过搬家、辞职等方式逃避原来的环境和人际关系，如此既不让他人为难，也避免自己受到伤害。由于污名现象无处不在，如果将失独者的污名形象地比作非失独者手中的一张制胜“王牌”，那非失独者就可以在其认为合适的时候“摊牌”。不过在与失独人群的互动实践中，持有“王牌”并不意味着非失独者就可以稳操胜券。通常只有当失独者的存在威胁到人们的某种益处，或者当失独者的某种行为触及人们的底线时，适度地摊牌才可能是明智之举；否则，人们很可能会因为污名他人而被另一个“他人”污名，从而使自己遭受“冷血”“缺心眼”等道德舆论的批判。此外，受失独事件的重创，失独者容易将原本属于偶然性的污名演绎为必然性的污名，继而主观上内化了自我身份的污名事实，并在与他人的互动中不断获得边缘化的认知与体验。

（三）高度同质的信息互动促使个体到集体的边缘扩张

类似失独这种重大的灾难事件，不仅在表层上带给不幸者经济上的损失，更为严重的是在心理层面带给当事人巨大的精神创伤。大部分失独父母都患有创伤后应激障碍，而失独事件正是导致他们患病的应激源。通过调查可知，失独者心中一直承受着他人难以体味和理解的酸楚，因而在他们看来，没有经历过失独的人的关心和安慰，都不是真正发自于内心深处，而是站在道德制高点上发出的。与此同时，当失独者感知到自己在将来很长时间内也可能不会被群体吸纳后，他们会对那些拒绝自己的人产生敌对感。①

随着时间的推移，失独人群的社会支持网络也经历了由萎缩到重建的变化。② 随着与原有的社会关系网分离程度的不断扩大，失独者在由同命人组成的自组织中"抱团取暖"，从中获取情感支持，很大一部分失独父母深陷这种自组织之中，难以走出也不愿走出。然而，失独群体的自组织是同命人因相同的失独遭遇自发形成，在这一群体中，失独者之间所沟通、交流的信息具有极强的单一性与重复性，失独者每天面对这样高度同质化的信息，使他们每时每刻都处于极度哀伤的情绪中，不断体验失独的不幸与痛苦，虽然失独的自组织群体可以给失独者的心理上带来一定程度的安抚，但从长期来看，自组织导致失独者深陷边缘人格中难以自拔，并随着与同样遭遇的失独者的不断互动，逐渐形成对失独人群身份的认同。

面对身份与角色类别的变化，失独父母难以再维持正常的社会互动，这种状况下失独父母也难以实现社会融入，因而，失独父母认同的重构包括：一是失独父母充分发挥主观能动性，根据不同的情境进行特定的定义，在全新的情景中对自我认同进行重新建构；二是失独父母在与外界不断地互动中，也在通过互动的过程塑造他们的认同。这种自我认同的重构可以从两个层面进行解释，一方面从自我建构的层面来看，失独后父母会

---

① Warburton, W. A., Williams, K. D. &D. R. Cairns. 2006, "When Ostracism Leads to Aggression: The Moderating Effects of Control Deprivation". *Journal of Experimental Social Psychology*, 42 (2), pp. 213-220.

② 陈恩：《重建社会支持网：失独群体自组织形成机制探讨——基于上海的两个案例》，《北京社会科学》2014年第11期。

变得非常敏感，会明显感受到自己与正常父母的不同，为了不在互动中受到不可预知的伤害和刺激，失独父母会采取回避的行动策略，将自己封闭在自己的世界，减少与外界的交往和互动，同时，避免生活在以往与子女产生幸福回忆的地方，失独成为父母建构新的自我认同的开始；另一方面，从文化建构的角度来看，传统观念下因缘果报的论说给失独父母身上强加了文化层面的意义建构，使失独父母背负着道德污名，同时，总是环绕失独父母身边的抑郁情绪和悲伤氛围，建构了失独父母的压抑形象，进一步加剧了失独父母的污名。

失独父母在独生子女离去后，自我认同和社会认同在正常的社会互动过程中逐渐遭到破坏，且未能及时建构新的积极意义上的认同，致使失独父母的日常生活被打乱，并不断遭受到生活上和精神上的冲击，严重的甚至可能引发高度的焦虑，威胁到本体性安全感。① 但对于人类而言，由于遭遇不幸的个体会通过类化机制和内外群体的比较，对自己所属的群体产生认同，进而产生内群体偏好（in - group favoritism）和外群体偏见（out - group discrimination）②。因而，失独者在组织中，通过与同命人的持续互动，逐渐产生了对失独这种特殊身份的理解和认知，从而形成对失独群体自组织的认同，将自身的互动范围限制在失独人群中，排斥与非失独者的互动，逐渐自我边缘化。

总的来说，边缘性是一种偏离社会规范与标准的人格特性、行为方式或社会情境，是在任何社会实体与文化实体中都可能会发生的状况。③ 边缘化则是个体在地位上逐渐趋向边缘或在心理上逐渐形成边缘人格的动态过程和结果。结构边缘与心理边缘之间的关系一直是边缘性研究的重点，其中，结构边缘通常与社会分层和社会流动相关联，结构边缘的过程通常都伴随着矛盾冲突和排斥，表现出外部性和等级性的特征。心理边缘是个体出现的边缘人格特征，表现为意识混乱、紧张不安、缺乏自信、过度敏

① 安东尼·吉登斯：《社会的构成：结构化理论大纲》，李康、李猛译，生活·读书·新知三联书店 1998 年版，第 134 页。

② 方文：《群体符号边界如何形成？——以北京基督新教群体为例》，《社会学研究》2005 年第 1 期。

③ Shields，R. 1991. *Places on the Margin*：*Alternative Geographies of Modernity*. London：Routledge.

感等，它贯穿于个体的生活圈，其本质是自我认同与社会认同的缺失或混乱，反映在个体的社会行为中，它影响了个体能动性的发挥，阻碍了正常的社会行动。①

根据斯通奎斯特的研究，“边缘人”的产生是基于不同种族、文化的碰撞，边缘人格的形成是个体在这种碰撞中不适应的产物，即边缘人格是边缘情境下的产物，这条研究路径是边缘性研究中较为普遍的，也即是将“结构—心理”路径作为个体边缘化的一般解释。然而，对于失独这种因特殊突发性事件而产生的边缘人群而言，他们的边缘化过程也会存在不同之处，特别是当所处情境发生剧烈变动时，一种由心理边缘向结构边缘发展的边缘化路径反而具有更为强大的解释力和优越性：首先，从边缘化的形成路径来看，失独人群的边缘化根源于失独事件本身所引发的剧烈情境变动，而以往边缘化研究因过于笼统地将结构边缘等同于边缘情境，而对于边缘化主体心理情境的变动未给予足够的关注，边缘化时常被理解为个体因外在社会建构而对自我身份认同的结果；其次，从边缘化的动机或功能来看，因心理状态的改变而出现的心理边缘化是导致自身边缘化结果的内生驱动力。由于意识到自我的失独者有许多理由将自己理解为贬义的、被排斥或不受欢迎的人，一旦所处情境发生变化并威胁到自身发展时，个体主动选择将自我边缘化的行为策略以使自己免于受到影响，而这种有意识的行动策略可以被视为个体为保持自身心理平衡的一种自我防御机制，失独人群的自我边缘化也由此成为他们主动用以自我保护、身份区隔和群体标志的一种负向的自我防御机制。与此同时，随着边缘化程度的不断深化，失独人群的社会关系也变得愈加脆弱，这种脆弱性具体表现为他们在经济、日常生活、社会交往以及心理健康等方面的脆弱性。

---

① 徐晓军、安真真：《结构边缘与心理边缘：边缘化研究的路径》，《学习与实践》2015 年第 9 期。

第六章　结论与讨论

社会边缘化是每个个体在社会生活过程中都有可能面临的一个重要问题。一旦个体陷入心理和结构上的双重边缘，不仅影响个体的身心健康和正常的社会交往，而且对整个社会来说，个体社会边缘化所潜藏的集体性风险，有可能严重影响社会的稳定与发展。鉴于此，本文以失独者为具体研究对象，对失独者心理边缘和结构边缘现状及其相互作用的过程进行深入研究，关键在于全面剖析个体在社会中可能所处的边缘化状态，并探究这种边缘化状态的内在形成路径与机制。

第一节　基本结论

现有的关于移民、艾滋病人、失独父母等相关文献，已经较为充分地分析了他们存在的心理边缘的特征，如焦虑、敏感、疏离、抑郁等①，并从经济、文化等多角度分析了心理边缘形成的原因，同时，也有很多研究指出个体的结构边缘状态，如新生代农民工在城市中受到的结构制约②，失独父母依恋的关系网络的破裂③等，这些研究明确阐述了个体在社会生活中的边缘状态，但是仍需更为明确指出个体究竟如何进入边缘化状态的，且从更深层次上，分析或是归纳心理边缘与结构边缘之间存在怎样的

① Mann, J. W. 1958. "Group Relations and the Marginal Personality". *Human Relations*, 11 (1), pp. 77 – 92.

② 徐晓军、张楠楠、师璐瑶：《新生代农民工的城市融入错位及其应对》，《江汉大学学报》（社会科学版）2017 年第 1 期。

③ 徐晓军、张楠楠、师璐瑶：《提升安全感：失独父母依恋关系的重建》，《山东社会科学》2017 年第 6 期。

内在关系，它们是如何相互作用的，而最终使个体陷入双重边缘状态，也就是说，个体边缘化的内在机制是怎样的。基于此，通过对已有文献的梳理和深入分析，一是清晰社会边缘化过程的起点——情境变动，社会边缘化的两种状态——心理边缘与结构边缘；二是分析边缘化进程中的内在作用机制，根据已有研究和实践探索，总结出社会边缘化的两条路径。

一 社会边缘化的起点与结果

从边缘性理论的发端时期到成熟时期，经历了“边缘人”“边缘情境”“边缘人格”的研究阶段，并且随着研究对象范围的逐步扩大，由最初的犹太人、黑人扩展至移民，后来又逐步扩展至女性群体、吸毒群体、同性恋群体、有身体缺陷群体等特定群体，个体社会边缘化过程中所经历的边缘化进程逐渐清晰。从失独人群的社会边缘化的过程中可看出，个体社会边缘化的进程中，大致需要经历情境变动，并最终演化为心理边缘与结构边缘两种边缘化状态。

（一）社会边缘化的起点——情境变动

目前在社会边缘化的研究领域，还未明确提出“情境变动”的概念，较多的研究是笼统地使用“边缘情境”，由此导致社会边缘化路径模糊化。因此，准确区分“情境变动”和“边缘情境”是十分必要的。

根据托马斯对“情境”的定义，我们可以简单地将“情境”理解为是个人或社会进行活动的客观条件，在此基础上，“情境变动”即为个人或社会进行活动的客观条件发生变动，其中的客观条件可能是社会环境的变动，也可能是个体条件发生变动，即主体与客体互动间的条件发生改变。

在诸多研究中使用的“边缘情境”，其不足之处主要在于这一概念具有双重含义，一是指代上述的“情境变动”，如格林认为边缘情境的某些特点在边缘人格产生之前就会表现出来，而且导致“边缘人格”的边缘情境与个体的亚文化、家庭、社会关系等都有关，尤其是群体的对立①；二是“边缘情境”指代了“结构边缘”，主要关注个体所处环境中的结构

① Green, A. W. 1947. “A Re - Examination of the Marginal Man Concept”. *Social Forces*, 26 (2), pp. 167 - 171.

性因素，如斯通奎斯特起初将边缘情境限定在种族和民族的冲突之中[①]，认为边缘人在充满矛盾的两种或多种文化中，很难进行调节，容易产生不稳定的心理状态[②]。除了结构因素外，尽管有部分研究关注了个体内在的心理情境的变化，但却将之归于客观结构性因素变动所引发的结果，例如格林表明个体边缘人格的形成与个体经历的外部情境有关。因此，为了使论述更为清晰准确，我们放弃了“边缘情境”这一含混多义的学术概念，而是使用指代更明确的“结构边缘”和“情境变动”两个概念。

（二）社会边缘化的结果——结构边缘与心理边缘

从边缘性理论的发端时期到成熟时期，经历了“边缘人”“边缘情境”“边缘人格”三个研究阶段，并且随着研究对象范围的逐步扩大，由最初的犹太人、黑人扩展至移民，后来又逐步扩展至女性群体、吸毒群体、同性恋群体、有身体缺陷群体等特定群体，边缘的概念逐渐清晰，可以将个体的边缘化结果状态理想类型化为心理边缘和结构边缘两种。

1. 结构边缘——外在的结构排斥

从个体和群体关系的视角来看，生活在社会中的个体必定是某一或多个群体中的个体，群体作为个体社会生存的立足点，是由多个个体包括核心成员和边缘成员共同组成。个体在不同群体中的位置可能存在差异，同时，个体在某一群体中的位置也不是固定不变的，因而，个体在发展过程中，都有可能面临向群体外围位置转移，这种情况普遍被视为结构边缘。结构边缘通常与社会分层和社会流动相关联，结构边缘的过程通常都伴随着矛盾冲突和排斥，表现出外部性和等级性的特征。

结构边缘是一种社会中普遍存在的现象。核心与外围的划分总是存在，种族中心主义的现象是全人类的普遍特征，几乎每个社会都认为自己处于中心位置将处于外围的他群和陌生人妖魔化，将其边缘化[③]。从另一角度来讲，结构边缘实际上也是边缘者行动的社会标准建构失败的结果。

---

① Stonequist, E. V. 1965. *The Marginal Man: A Study in Personality and Culture Conflict.* New York: Russell.

② Stonequist, E. V. 1935. "The Problem of the Marginal Man". *The American Journal of Sociology*, 41 (1), pp. 1-12.

③ Tuan, Y. F. 1974. *Topophilia: A Study of Environmental Perception, Attitudes, and Values.* New York: Columbia University Press.

对于失独者而言也是如此，多数失独者因为“失独”，而处于“失婚”“失业”“失语”和“关系孤岛”的结构边缘中。

2. 心理边缘——内在的心理封闭

在已有的研究中，心理边缘是指个体出现的边缘人格特征，表现为意识混乱、紧张不安、缺乏自信、过度敏感等。以移民研究为代表，在多文化的冲突中，个体容易表现出不稳定的心理特征，常见的表现为矛盾、焦虑、敏感等过多负面情绪。通过对失独者的调查，发现多数失独者的心理状态已属于心理边缘，且主要外显化为创伤再体验、麻木回避、警觉性增高、过度移情，以及包括自卑感、丧失感、孤独感，甚至带有自残、自杀等倾向的抑郁症状态。同时，这种心理边缘状态属于创伤后应激障碍，且多数是由急性应激障碍的延迟治疗导致的。

二 社会边缘化的两条路径

以情境变动为起点，心理边缘和结构边缘作为个体边缘化的两种状态，并不是静止地存在，且动态形式主要表现在两个方面，一是个体的心理边缘或结构边缘状态程度会不断受各种因素的影响而发生变化；二是心理边缘和结构边缘之间存在相互作用的可能，即“结构—心理”路径和“心理—结构”路径（如下图）。

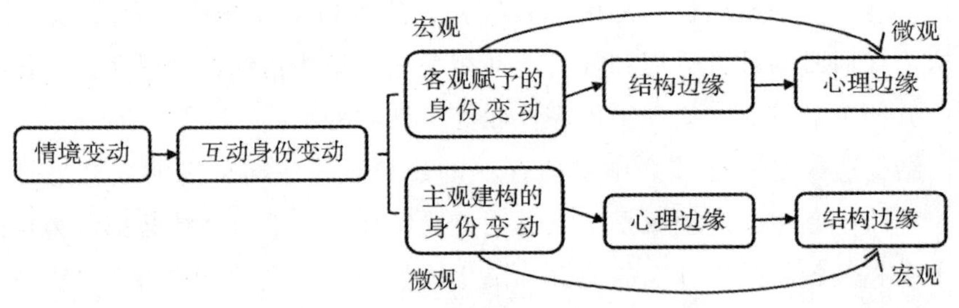

图 6.1 个体社会边缘化的路径图

（一）社会边缘化的“结构—心理”路径

从已有研究来看，个体“结构—心理”的边缘化路径已经较为清晰，主要表现为个体在所处的情境变动后，外界赋予的互动身份发生改变，首先发生的是宏观的结构边缘，进而由此引发个体内在的心理边缘。

“结构—心理”的经典边缘化路径在现有研究中大致可以分为三类：

一是“本土—外来”的文化冲突论。外来移民既无法进入主导文化，又无法回归原始的本土文化，陷入一种“进退两难”的境地，即使创造出一种新文化，在本质上也属于边缘文化，处于一种相对于主导文化与群体来说的边缘地位，而是否形成边缘人格只是一种后果，不能用来判断情境或地位自身所具有的边缘化特性；二是“群内—群际”的差异与排斥。在以群体关系为基础的边缘性研究中，关于群际边缘主要强调群体对立、边界的可渗透性程度、边缘群体成员的认同定位、主导群体对外群体成员的排斥或歧视；三是“角色—地位”的冲突或失调。以角色或地位的冲突为基础的边缘化，论述了不同维度的地位组合、不同类型的角色叠加、角色规范与角色期待的变迁等客观情境的边缘特性及其社会根源，强调了这种情境的存在对个体与社会所造成的影响，角色不一致或失调可能会使人们产生“双重意识”，造成自我失调，由此产生边缘化。

从边缘化本身的演化过程来看，都呈现出从结构边缘向心理边缘演化的路径，即从特殊的地位和情境，看到个体在社会互动中遭受排斥与在追求自我的实现中遭遇阻碍，并且从个体层面发展到群体层面，形成一种社会层面的制度困境。这与已有的社会排斥理论、标签理论有相似之处，在一定程度上都探讨了社会结构或制度安排对个体发展的结构性影响。

“结构—心理”的边缘化路径分析了从结构层面到个人层面的边缘化过程，阐释了边缘化并不是一蹴而就或者静止不变的，而是在社会实践中不断的演化与发展；同时“结构—心理”的边缘化路径也表明客观的社会结构与制度约束对于个体行动有根本性的影响，个体不可能脱离外部环境的制约而行动，个体的主观态度以及行为方式形成总是植根于客观的社会结构中。更为重要的是，这一路径从“弱势群体”的角度分析了社会制度和社会结构的不公平性，阐明了边缘化的地位效应，这意味着个体的失能或者失败并不完全是自身原因导致的，而是受到宏观的制度设置的阻碍。

（二）社会边缘化的“心理—结构”路径

基于对失独者的调查研究，发现失独者在边缘化的过程中，并没有遵循“结构—心理”的边缘化路径，在失独之后，失独者并没有陷入结构边缘之中，但是多数失独者却存在严重的心理健康问题。

社会边缘化的“心理—结构”路径主要表现为个体遭遇情境变动后，自我的内在心理活动首先发生改变，逐渐形成心理边缘，由此改变其在社会互动中的想法和行动，进而影响外界与个体的互动关系，终致结构边缘。其中，心理边缘的形成，一方面是由于个体在情境变动后，其互动身份的自我认同发生变化，且自身将这种身份最大化，作为自我的主身份而进行社会互动；另一方面，某些已存在的社会共识可能会影响甚至加重个体的心理边缘。

心理边缘并不是一种静止或最终的状态，它会贯穿于个体的社会生活，影响人们的社会交往的展开以及社会关系的建构。交往的过程是相互的，需要双方共同的维护，人们在交往过程中，对所处情境往往会有自己的判断，如果双方的互动长期失衡，那这种失调的交往很有可能会因难以维系而中断。当个体产生心理边缘，这种互动身份自我认知的变化往往会影响其社会交往，进而容易引发结构边缘。

“心理—结构”边缘化路径的提出，主要基于“边缘情境”概念的明晰，将“情境变动”和“结构边缘”从“边缘情境”中分离开来，可以明显发现并非所有的社会边缘化都是遵循“结构—心理”的演化路径，对于部分边缘人群来说，结构上的排斥并不显著，或者说不是导致其边缘化的主要原因，情境变动后自我心理建构的负向转变，才强有力地促使个体逐渐边缘化。

与经典的“结构—心理”边缘化路径不同，社会边缘化的“心理—结构”路径是从微观的角度出发，关注个体的心理状态对其外部互动的影响，更多地强调个体主观能动性对外界甚至是整个社会所产生影响。个体看似微小，但所扩散的能量和产生的影响却是巨大的，客观的障碍固然存在，但个体内在的自我认同状况也不容忽视。因此，社会边缘化的“心理—结构”路径的意义在于凸显主观层面的个体心理活动的重要性，这也就意味着积极的自我认同不仅可以给自我以积极的暗示，而且会改善与周围的互动结构，甚至可以扭转外界对整个群体的印象，形成冲破结构制约的力量。

第二节 讨论与建议

社会边缘化是社会发展过程中不容忽视的重要问题，因而，预防个体边缘化，并帮助已边缘化个体走出边缘困境，是研究的重点与关键。在上述对个体边缘化过程与机制详细分析的基础上，根据原因剖析解决问题，通过制定相应的应对策略，从而帮助个体切断其边缘化的路径。在说明社会边缘化的应对策略之前，需要先对社会边缘化路径进行更为全面和深入的分析，以提升具体应对措施的针对性、实效性和科学性。

一 社会边缘化的“非常规”路径

社会边缘化发生于具体的社会行动中，既可以描述社会适应的实际过程，同时又可以视作社会融入的后果。但是边缘化所反映的是个人绵延行动流的片段，更是广阔社会生活中微小的一部分，我们既不能以此来推测整体的社会发展状态，同时也不能忽略边缘化对整体社会的影响。“结构—心理”的边缘化路径固然可以解释很多现实的社会问题，例如农民工、艾滋病人、同性恋等明显具有边缘地位的特殊群体，但却不能对其他的边缘群体做出合理解释。因此，从纯粹的理论角度出发，边缘化路径至少应有“结构—心理”的边缘化与“心理—结构”的边缘化两种演化模型，同时，情境变动作为社会边缘化进程的起点，也需要我们进一步分析其在路径中存在的必要性。

（一）作为重要解释工具的“情境变动”概念的提出

情境变动是个体在边缘化过程中不可缺少的一环，个体在处于边缘状态前必然经历了情境变动。本书之所以强调“情境变动”这一概念在社会边缘化中的必要性，其原因可以从以下三个方面来具体分析。

其一，在日常的生活中，人们通常按照某些已经约定俗成的情境定义进行交往，这种情境下的互动往往才是顺畅的，交往过程中很容易理解对方行动的目的，不会产生较大的分歧。而当个体所处的情境发生变动后，由于缺乏对新情境的共同定义的掌握，个体可能会按照对原情境定义的理解进行行动，从而易使个体在新情境中的交往受到阻碍，严重的甚至会导致互动失败，这种由于对情境的不同定义而形成的互动障碍，对个体在新情境中的适应带来严重阻碍。

其二，情境变动包含个体或外界环境变动，从个体与外界环境的互动来看，情境变动实质上是个体在社会中的互动身份发生了转变。这种互动身份是个体在社会中，与他人交往时所采取的社会性角色，角色可能因其所在的职业，所拥有的财富，所占有的权力等的不同而有所不同。而互动身份的转变包含两类：一类是个体在社会中的互动身份发生实质性的变动，起主要作用的并不是自己的主观意志，而是由自己身处的社会所决定的，即客观赋予的互动身份变动，如移民、残疾人等；另一类是个体对自身互动身份的认同发生变动，是对自身状况的自我定义，并在定义中逐渐完成对自我互动身份的建构，即主观建构的互动身份变动，如中年慢性病人、失独者等。在这两类互动身份的转变下，个体可能因客观障碍或主观偏离而进入边缘状态。

其三，从社会边缘化的演化进程来看，情境变动和结构边缘是个体边缘化过程中的两个截然不同的阶段。现有研究普遍使用的“边缘情境”，在“结构—心理”路径中，还可以较为笼统地概括说明个体边缘化的形成机制，但却掩盖了“心理—结构”路径存在的可能性，导致社会边缘化解释路径缺乏清晰性、完整性和系统性。而将“边缘情境”进一步明晰化，从中分离出“情境变动”和“结构边缘”两个概念，可以发现“情境变动”是个体边缘化开始的起点，而“结构边缘”只是情境变动后个体边缘化形成过程中的结果之一。从情境变动到结构边缘，再到心理边缘，通过对这一经典边缘化路径的研究和反思，以及对失独人群的实地调查，本书才得以发现在情境变动后，个体有可能最先形成的是心理边缘，进而导致结构边缘化，从而将这一过程概述为社会边缘化的“心理—结构”路径。因此，“情境变动”概念的提出，有助于清晰社会边缘化的两条演化路径，理清边缘化形成的内在机制。

作为社会边缘化的起点，情境变动并非必然导致个体进入边缘化状态，可以说，情境变动是个体边缘化的必要条件。第一，消极维度的客观赋予的互动身份变动不一定会导致个体的边缘化。人具有主观能动性，可以通过采用某种或多种策略来改变自身的生存处境，以中断边缘化的发展，覃明兴提到由于空间迁移，移民身份直接关联到移民在移居地的利益和权利，因此，移民群体致力于重新建构与新环境相一致的身份[①]；第二，积极维度的客观赋予的互动身份变动也可能会导致个体的边缘化。个体的这类变动也可能在新群体中被视为“特殊者”，进而被边缘化。第三，主观建构的互动身份变动也可以通过调整个体的自我定义，而避免边

---

① 覃明兴：《移民的身份建构研究》，《浙江社会科学》2005 年第 1 期。

缘化；但是，在社会边缘化中情境变动却是不可缺少的首要的一环，不仅体现在边缘化的演化进程中，对于边缘化路径的清晰和明确也同样具有重要意义，有助于提升研究的科学性和针对性，以更好地帮助边缘人群重新融入社会。

（二）“心理—结构”边缘化路径的解释力

从边缘化的演化路径来看，结构边缘下的社会排斥和对个人行动的阻碍可能会导致心理边缘的形成，而边缘人格的生成过程往往呈现了边缘化的演化路径，这已经得到了不同研究者的证实。但是毋庸置疑，从结构到心理的边缘化的路径较为单一，仅仅能够反映一部分的边缘化事实。结构边缘并不是一概而论的，个体受到边缘化的影响取决于情境或地位的边缘性程度以及一些个体化的特性，某些结构边缘仅仅是在社会范畴上的划分，包括以国家、种族、阶级、职业、性别、宗教等为维度的划分方式，并不是社会学意义上的边缘化。从心理层面来探究边缘化的路径，避免陷入“概化”边缘性的困境，能够从另一侧面发展与完善边缘性理论，全面阐释边缘化事实，更加深入的了解社会的运行规律。

事实上，目前在“结构—心理”的边缘化路径中仍存在的几点问题值得思考：一是边缘化往往以既定事实的方式呈现出来，其中所涉及的影响因素纷繁复杂，很难完全剥离表象并发现其中蕴含的实质，更难在不同的因素之间建立关系，因此无法判断是否所有的边缘化是首先发生在结构层面；即使个体确实是先处于边缘地位或边缘情境下，也很难说清楚个体所形成的边缘人格是否是由结构边缘所导致产生，或者在边缘人格的发展过程中结构性的边缘因素是否发挥了主导作用；二是边缘化是一种动态发展的过程，这意味着即使个体在结构边缘状态下形成了心理边缘，那心理边缘的状态也不是个体边缘化过程的终点，因此边缘化也不会终结，那么心理边缘在社会实践（如社会互动）中对既有的结构边缘特化有什么影响？这些问题都值得我们对诸多研究中所探讨的社会边缘化的“结构—心理”路径进行反思。

相比之下，社会边缘化的“心理—结构”路径对于诸如失独者等群体来说具有一定的解释力。一是这一路径更关注个体层面，从微观视角对边缘化的形成过程进行理解和解释，对于边缘化本身所要反映的个体的生存状态更有针对性；二是能够更好地解释首先发生在心理层面的边缘化，以失独者为代表，虽然处于传统的孝文化主导的社会中，但实际上他们并未处于结构边缘的状态中，更多是在个体心理层面首先出现负向的转变，包括丧子之痛、自责悔恨等，并对未来所处的社会环境重新进行自我解释，由此陷入自我封闭的状态，正是由于对互动交往的先行中断，才是导致他们结构边缘的主要原因；三是更为强调个体的能动性，社会是由无数个个体组成的，且社会本身就是依靠个体所作出的各种利益选择和决定来维系的[①]，在这一基础上，对于个体来说，其自我选择才是真正影响个体是否产生结构边缘的重要因素，而这种自我选择依赖于个体心理层面的状态。因此，这种首先表现在心理的人格层面，进而在结构层面上显现出来的边缘化路径，在一定程度上弥补了“结构—心理”路径的不足，增强了对个体边缘化的解释力。

但是，当前的边缘化的研究仍存在局限性，主要是因为边缘化的两种状态本身具有一定的复杂性，从而导致边缘化路径对某些情况解释不足。从结构边缘与心理边缘各自的内涵与表现形式来看，边缘性研究者对于心理边缘的内涵与表现形式的看法较为一致，并且曼恩关于边缘人格的测试量表也得到了很多学者的认同与运用。需要明确的是，边缘性视角下心理边缘是后天所形成的人格特性，区别于先天的心理疾病，但这也使我们更难确认心理边缘的产生根源，即它是否是人格中的潜在因素被刺激之下发展的结果，或者是一种全新的人格特性。[②] 同时，由于结构边缘的多样性，文化、群体与地位或角色的冲突与失调都只是一种分析维度，每一种结构边缘都存在一定程度的差异，究竟如何来判断结构边缘的具体特性以及形成条件还需进一步的探究。

二 社会边缘化的应对策略

有效的应对措施，需要在科学的指导下进行，因此，针对社会边缘化的具体应对，需要遵循以人为本的指导原则，根据边缘化的对象复杂多变、有特定的形成路径、多重形成因素等特征，采取分对象、分阶段和多

① 陈学金：《“结构”与“能动性”：人类学与社会学中的百年争论》，《贵州社会科学》2013 年第 11 期。

② 徐晓军、安真真：《结构边缘与心理边缘：边缘化研究的路径》，《学习与实践》2015 年第 9 期。

主体的应对模式，而具体的应对方法，则根据情境变动、结构边缘、心理边缘制定相应的应对措施，主要包括情境调整的“主客结合”、社会治理的“软硬兼施”、援助力量的“多重配合”。

（一）社会边缘化应对的指导原则

边缘化主要关注的是个体在社会中的生存和发展状况，因而对于个体边缘化的应对，以人为本既是应对的指导原则也是必然要求。早在春秋时期管仲提出“夫霸王之所始，以人为本。本理则国固，本乱则国危。”[①]随后，中国的民本思想不断地丰富发展，但民本思想的核心并没有发生根本性的改变，即国家是以民众为依靠，满足民众的需求，社会安定太平，才能让民众依附，国家富强。西方社会也同样尊崇以人为本的理念，倡导人文精神，突出人的地位，注重人的自身德行以及幸福和自由。郑杭生也指出，当前我国社会变革的代价在很大程度上都是由弱势群体来承担，而社会进步的成果却是由强势群体来（首先）享受，显然这不符合和谐社会公平正义的要求。[②] 因此，要使个体更好地融入群体或社会，保障社会的安定与团结，在应对社会边缘化的过程中，就必须尊崇以人为本的理念，关注个体的需求与发展，致力于改善个体在社会中的生存现状。

在以人为本的理念下，社会边缘化的具体应对应采取分对象、分阶段、多主体的援助模式。

一是分对象的边缘化应对。社会边缘化的对象是复杂且多变的。从群体内部角度而言，总是存在着中心和外围位置，而对于群体外部，其位置总是相对的，根据所占有的资源及其占有数量等划分总会出现不同的中心群体，从这一角度来说，任何个体或群体在特定的情境中都可能是边缘的，因而，每个个体或群体都可能存在边缘化的风险，并且从目前已有的边缘化研究来看，其研究对象也是纷繁复杂的，包括移民、农民工、残疾人、艾滋病人等；同时，社会边缘化的对象又总是处于变动之中的，不仅表现在边缘群体可能随着时间的流逝逐渐实现在群体或社会中的融入，而且表现在随着社会的发展，逐渐出现新的群体，相应地也会产生新的边缘

---

① 《管子·立政》。

② 郑杭生：《让社会弱势群体共享社会发展的成果——从社会学视角看武汉市社区建设“883行动计划”》，《学习与实践》2005年第11期。

个体或群体，例如失独者，就是在独生子女政策后新出现的边缘群体。因此，根据社会边缘化对象的复杂多变的特征，对于边缘化的具体应对，就不能采用“一刀切”“一锅煮”的方法，必须针对不同边缘群体甚至不同边缘个体的自身特点，采取有针对性的应对措施，否则，采用统一的应对方法，不仅违背了个体或群体发展的差异性，而且有可能会加深其边缘程度，甚至向另一层面发生转化，难以起到应对目的，发挥应对方法的作用。

二是分阶段的边缘化应对。个体的边缘状态的产生或演化，都不是在情境变动后立刻形成，而是在内部状态或外部环境，或是二者同步的持续作用下，逐渐演化发展的，如果在某一阶段中及时采取高效的针对性措施，就可以避免个体边缘状态的纵深发展和横向转化，再加以有针对地应对目前的边缘状态，完全可能使个体实现良好的再融入。以失独者为例，根据前文的论述，失独者经历了心理边缘，到结构边缘的过程，在这一过程中，其心理边缘的形成也经历了失独，到急性应激障碍，再到创伤后应激障碍，才最终完全陷入心理边缘状态，对于失独者的边缘化应对，主要可以分为三个阶段，包括急性应激障碍的预防阶段、创伤后应激障碍的治疗阶段、外部结构改善阶段，根据个体所处的不同阶段，甚至是不同阶段的不同程度，采取相应的应对方式，才能有效降低失独者形成心理、结构双重边缘化的概率，在一定程度上，也有助于社会的长治久安。其他类型边缘个体的具体应对方式也是如此，在对某类个体边缘化演化机制的理论研究的基础上，根据具体的边缘化演化过程，在不同阶段采取相应的措施，才能真正有助于边缘个体再融入的实现。

三是多主体的边缘化应对。从边缘状态的形成和边缘化的演化机制来看，个体的边缘化不仅与个体自身的心理状态有关，而且与社会整体的政治、经济、文化等环境，或是群体的某些共识相关，因此，应对个体的边缘化，必须要引入多主体并相互配合，从微观、中观和宏观的角度，大致可以将这些主体分为三类：第一类也是最为关键的，就是处于边缘状态的个体，多数心理边缘的产生是由于个体对新情境的适应不良，个体的自我心理调节非常重要，对于自身产生的各种情绪都需要掌控在一定的“度”内，才不至陷入心理边缘；第二类是社会组织，组织内部应该给予个体更多的关心和包容；还有各类专门性的援助群体，如社会工作者、心理医生、志愿者等，应该通过特定的组织者的引导，帮助个体走出边缘困境；街道和社区也应该全面了解所管辖地区的人员的身心健康状况，充当联络者、协调者等角色，给予边缘人群一定的关心，并适时帮助他们获取援助资源等；第三类是政府部门，通过制定相应的政策等，缓解边缘人群所处的结构困境，改善他们的生活环境，可以在一定程度上避免个体边缘化的继续发展。

（二）社会边缘化应对的具体方法

可能产生社会边缘化的人员复杂多变，难以一一详尽地给出有针对性的应对方法，这就要求在实际的边缘个体的援助过程中，必须根据理论的指导，明确个体的边缘化过程，通过多重力量的相互协调、相互合作，以帮助个体重新实现社会融入。因此，个体边缘化的应对，必须根据个体所处的阶段进行相应的援助，以中断其边缘化的进一步发展，具体而言，主要应对四种情况（如下图）。

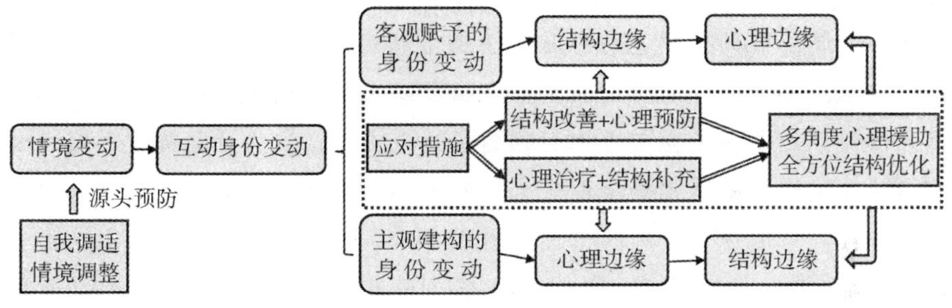

图 6.2　社会边缘化路径及各阶段的应对措施

一是在情境变动阶段，通过个体的自我调适和所在情境的调整，来从源头进行预防；二是当个体进入“结构—心理”边缘化的路径，形成结构边缘，则需全力进行结构改善，主要利用社会治理的手段，软治理与硬治理兼施的方法来消除目前的结构制约，同时还需要配合心理预防，以防止结构边缘进一步转化为心理边缘；三是当个体进入“心理—结构”边缘化的路径，首先形成心理边缘，则需要个体、家庭、朋友等多重援助力量相互配合，同时，辅以结构调整作为补充手段，以避免心理边缘的个体形成结构边缘；四是当个体陷入心理和结构双重边缘的状态，则需要多角度的心理援助和全方位的结构优化共同实施，以全面改善双重边缘个体的现实状况。根据上述的四种情况，我们主要从情境变动、结构边缘、心理边缘的应对制定相应的措施，即情境调整的“主客结合”、社会治理的“软硬兼施”、援助力量的“多重配合”。

1. 情境变动的应对——情境调整的“主客结合”

个体在边缘化的过程中，首先且必然会经历情境变动，面对突如其来的变动，个体难免会陷入茫然与压力之中，但是如果能够适时采取恰当的措施，个体便能在新情境中应对自如，否则，可能产生心理边缘或结构边缘。

在情境发生变动后，通常会出现三种状况：一是个体对新情境中的自我身份产生排斥，主要因为其自身或自我身份带有一定的不完美的特征，使个体自身产生矛盾和冲突，因而，在与外部的交往和互动中，尽量避免使用这一身份，或进行自我防卫、虚假掩饰，极端情况下则尽量避免与外部互动；二是个体对新情境有一定的排斥，或是对新情境中现有的某些约定俗成的共识掌握不充分，进而导致在新情境中的互动受到影响；三是新情境对个体有某种程度上的排斥，使得个体难以顺利融入新的情境之中。现有的社会接纳理论表明，强调群体或个体实施接纳的积极效用，尤其强调同伴接纳对个体社会交往和心理健康的重要性，认为社会接纳不仅可以去体验如思想、情感和感觉等所有心理事件，而且通过接纳能够更有效地以适合自身价值观和目标的方式去行动。[①] 因此，针对可能引起个体边缘化的情境变动，并根据费伊提出的，包含自我接纳、接纳他人和对他人接纳自己之程度的感受的三个维度的社会接纳量表[②]，可以从以下三个方面采取措施：

一是提升自我接纳的程度，“自我接纳是主观幸福感的因素之一”[③]，在自我接纳的状态下，个体具有充足的精力和创造力，才可能将自身的弱点转化，消除自身存在的消极因素，因而，个体必须先客观地认识自己，调整自己的心态，正视真实的自我，并给自己某些积极的暗示，使自身不

① 黄匡时、嘎日达：《社会融合理论研究综述》，《新视野》2010 年第 6 期。

② Fey, W. F. 1955. “Acceptance by Others and Its Relation to Acceptance of Self and Others: A Revaluation”. *Journal of Abnorm Psychology*, 50 (2), pp. 274 - 276.

③ 程雯雯、郑雪、孙配贞：《农村大学生自我接纳与主观幸福感关系研究》，《中国健康心理学杂志》2008 年第 3 期。

断地进步、完善，从而适应自己的新互动身份；二是提升自我接纳他人、群体或社会的程度，通过自我调节或外界帮助来使自身尽快适应新情境，可以通过联系与自身某些特征相似的个体，以帮助自己适应新情境，同时，通过参加各类型的活动，从而更快地掌握新情境中的某些共识，或者个体可以通过自身努力获取某方面的能力，以改变目前的处境；三是提升接纳他人的程度，通过不断提升群体或社会的包容度，着力消除社会中任何形式的排斥，让全体社会成员一起共享社会发展的成果，并重点致力于消除社会弱势群体与主流群体间存在的隔阂和裂隙，戴维认为社会排斥是"主导群体已经握有社会权力，不愿意别人分享之。譬如他们担心移民具有潜在的破坏性，因而感到有必要对这些人加以社会排斥"①，然而，经过历史的验证，诸如歧视和偏见的社会排斥并不能促进社会发展，反而对社会有极大的危害力，社会的发展亟须社会包容，提升接纳度。

2. 结构边缘的应对——社会治理的"软硬兼施"

不论是从社会边缘化的"结构—心理"路径，还是"心理—结构"路径来看，客观存在的社会结构在个体结构边缘状态形成的过程中都具有一定的影响。在"结构—心理"路径中，个体从情境变动到结构边缘，主要受到社会结构中，如政治、经济、文化等多方面的制约，这种已经具有一定稳固性的社会结构，是根据个体在社会中所占有的某方面资源的多少决定的，并对新成员获取资源的机会做出一定程度上的限定，因而客观结构的制约是导致个体结构边缘的主导因素。在"心理—结构"路径中，个体在心理边缘的状态下，逐渐形成结构边缘，虽然这一过程中个体的心理因素占主导地位，但某些结构因素不可避免地发挥着特定的功能。总而言之，结构层面的边缘化根源在于分层、身份与地位的问题，是由于客观社会结构的限制②，结构边缘的应对需要社会对客观的结构因素进行一定的调整，因此应从宏观层面的社会治理着手。

社会治理"是国家政权系统按照某种既定的秩序和目标对社会进行自觉的有计划的控制和引导的活动与过程"③。对于个体的结构边缘，需

---

① 戴维·波普诺：《社会学》（第10版），李强译，中国人民大学出版社1999年版。

② 徐晓军：《社会弱势群体的边缘化及其应对》，《西北师大学报》（社会科学版）2015年第6期。

③ 丁志刚：《政治学视野中的西北地区治理研究》，兰州大学出版社2010年版，第75页。

要利用软治理和硬治理兼施的模式，对社会结构整体上进行较为全面的优化。

以指标化、可视性、封闭性、强制性等特征为主的硬治理，具体化为党和政府的一整套治理体制，包含户籍制度、精神文明建设等具体的政策、制度和机制①。因此，通过硬治理的手段，调整相关的政策、制度等，以改善个体在政治、经济等的边缘状态，提升个体的社会身份、地位等，从而消除社会排斥，缩小个体与主流群体的距离，达到转变个体边缘地位的目的，使个体获得社会认同，为个体的社会再融入提供有利的结构条件。

软治理即“从人的心灵出发，通过心灵的滋养、精神的提升和心智的开发来调节和优化人们的价值观念、行为方式，规范人们的基本信念和原则”②。软治理的重点关注对象是文化、人心、和价值观等，通过运用调解、协商、讨论、指导、说服、心理疏导和人文关怀等柔性手段，形成治理合力，不断满足共同体成员的物质、精神、文化、社会、生态等各方面需求。③ 因此，对于个体的结构边缘，仅靠硬治理是难以实现帮助其社会再融入的目的，必须同时利用软治理，优化人文环境、调整社会心态、树立良好风气，通过发挥优秀文化的吸引力，充分发挥文化的引导力、塑造力和整合力，消除社会中现存的偏见和歧视，以降低外部环境对边缘个体的结构压力。

通过硬治理和软治理的相互配合，改善个体结构边缘的现状，具体来说，国家政权系统发挥各项政策、制度的作用，结合文化等方面的渗透，使结构边缘个体，在政治上得到平等的对待，在经济上得到倾斜性照顾，在精神情感上得到关心、爱护和尊重，在文化上实现平等交流、相互尊重。在此基础上，实现社会公平，增进个体、群体间的团结，在改善个体结构边缘现状的同时，也促进社会的和谐与发展。

---

① 孔德斌：《农村社区治理：从硬治理向软治理的转变》，南京农业大学博士学位论文，2014 年。

② 付春：《软治理：国家治理中的文化功能》，《甘肃理论学刊》2013 年第 1 期。

③ 孔德斌：《农村社区治理：从硬治理向软治理的转变》，南京农业大学博士学位论文，2014 年。

3. 心理边缘的应对——援助力量的“多重配合”

在社会边缘化的两条路径中，个体的心理边缘是在不同阶段产生的，在“结构—心理”路径中，由于结构因素的制约，从而导致心理边缘的产生，而“心理—结构”路径中，情境变动后，个体对自我互动身份的主观建构发生改变，进而形成心理边缘。因此，在不同的阶段中，对个体心理边缘的应对方式也应是有差异性的。在对不同边缘群体所容易经历的边缘化路径具体分析的基础上，总结经验与规律，针对普遍经历先结构边缘再心理边缘的群体，在其结构边缘阶段，应该对可能出现的心理边缘进行及时预防，而当心理边缘产生，则必须加以专业治疗；针对可能先经历心理边缘再形成结构边缘的群体，其心理问题的预防阶段应在边缘化的起点，即情境变动时期，而当心理边缘形成，则需立刻加以治疗。

在心理边缘的预防阶段，可以通过边缘者的家人、朋友，所在社区以及志愿者、社会工作者的共同配合，来达到预防个体心理边缘的目的。其一，家人和朋友需要对边缘个体加以关心和帮助，鲍尔比发现个体的异常心理或行为，不仅仅是一种心理状态的外显症状，背后实际上隐藏了更多的复杂问题，通过缓解家庭成员之间的紧张状况，为个体心理的异常状况的修复创造有利条件①，鲍尔比的家庭治疗方法，重点在于通过改善个体的家庭成员关系，为个体提供良好的环境，从而激发个体自我调节并自我修复不良心理状态的潜能，在这种观点的指导下，对于个体心理边缘的预防，可以首先从个体最为亲密的家庭关系和朋友关系着手，共同努力为个体创造良好的恢复环境，给予个体依靠，以提升其安全感，使其有充足的勇气和动力面对生活；其二，社区需要充当好联络者、调解者等多种角色，随时关注所在社区成员的精神面貌，当发现个体陷入边缘状态时，及时联系他的家人或朋友，并联络专业的社会工作或心理医生，同时，经常组织社区成员开展互帮互助、关爱弱势群体等多种活动，着力推动爱心社区建设，也是在一定程度上为边缘个体创造良好环境；其三，通过志愿者的爱心帮助和社会工作者的专业援助来预防个体的心理边缘，为不同的边缘群体有针对性地设计服务活动项目，着力满足边缘个体的精神、文化等

① Bowlby, J. 1949. “The Study and Reduction of Group Tensions in the Family”. *Human Relations*, 2 (2), pp. 123 - 128.

多种需求。

在心理边缘的治疗阶段，除了需要上述多种援助主体的共同支持，更为重要的是引入专业的援助力量，如心理医生和社会工作者。一旦个体形成心理边缘，说明其已经有较为严重的心理问题，此时，相关的预防已远不能满足个体的需求，而专业的心理医生会对个体的心理、人格、智力、家庭、婚姻等进行全面评估，并根据测查结果做出心理诊断，由此制定心理治疗方案并有计划地实施，以治疗个体的心理问题；社会工作者以助人自助为宗旨，运用有针对性的情绪舒缓技巧，引导个体倾诉来释放不良情绪，并不断挖掘个体的潜能，或是整合多种社会资源，帮助提升个体自身能力，以改善其心理状况，提升自我认同，重拾生活的信心。

参考文献

Antonovsky, A. 1956. "Toward a Refinement of the 'Marginal Man' Concept", *Social Forces*, 35 (1), pp. 57 – 62.

Baker, W. Y. &L. H. Smith. 1939. "Facial Disfigurement and Personality". *Journal of the American Medical Association*, 112 (1), pp. 301 – 303.

Bowlby, J. 1973. *Separation: Anxiety and Anger.* New York: Basic Books.

Bowlby, J. 1949. "The Study and Reduction of Group Tensions in the Family". *Human Relations*, 2 (2), pp. 123 – 128.

Bryant, R. A. &A. G. Harvey. 1997. "Acute stress disorder: A critical review of diagnostic issues". *Clinical Psychology Review*, 17 (7), pp. 757 – 773.

Bryant, R. A. , Harvey, A. G. & S. T. Dang. et al. 1998. "Treatment of Acute Stress Disorder: a Comparison of Cognitive – behavioral Therapy and Supportive Counseling". *Journal of Consulting & Clinical Psychology*, 66 (5), pp. 862 – 866.

Buono, A. F. &J. B. Kamm. 1983. "Marginality and the Organization Socialization of Female Managers". *Human Relations*, 136 (12), pp. 1125 – 1140.

Child, I. 1913. *Italian or American?*. New Haven: Yale University Press.

Coston, B. M. & M. Kimmel. 2012. "Seeing Privilege Where It Isn't: Marginalized Masculinities and the Intersectionality of Privilege". *Journal of Social Issues*, 168 (1), pp. 91 – 111.

Coumans, M. , Knibbe, R. A. &D. Mheen. 2006. "Street – Level Effects of Local Drug Policy on Marginalization and Hardening: An Ethnographic Study Among Chronic Drug Users”. *Journal of Psychoactive Drugs*, 38 (2).

Creamer, M., O'Donnell, M. L. & P. Pattison. 2004. “The relationship between acute stress disorder and posttraumatic stress disorder in severely injured trauma survivors”. *Behavior Research & Therapy*, 42 (3), pp. 315 – 328.

Cullen, B. T. & M. Pretes. “The Meaning of Marginality: Interpretations and Perceptions in Social Science”. *The Social Science Journal*, 2000 (2), pp. 215 – 229.

Dickie – Clark, H. F. 1966. “The Marginal Situation: A Contribution to Marginality Theory”. *Social Forces*, 44 (3), pp. 363 – 370.

Ellemers, M., Spears, R., &B. Doosje. 2002. “Self and Social Identity”. *Annual Review of Psychology*, 53, pp. 161 – 186.

Ellemers, N. &J. Jetten. 2013. “The Many Ways to Be Marginal in a Group”, *Personality and Social Psychology Review*, 17 (1), pp. 3 – 21.

Fey, W. F. 1955. “Acceptance by others and its Relation to Acceptance of Self and others: a Revaluation”. *Journal of Abnormal Psychology*, 50 (2), pp. 274 – 276.

Frable, D. E. S. 1993. “Being and Feeling Unique: Statistical Deviance and Psychological Marginality”. *Journal of Personality*, 61 (1), pp. 85 – 110.

Fuglsang, A. K, Moergeli, H. &U. Schnyder. 2004. “Does Acute Stress Disorder Predict Post – traumatic Stress Disorder in Traffic Accident Victims? A-nalysis of a Self – report Inventory”. *Nordic Journal of Psychiatry*, 58 (3), pp. 223 – 229.

Goldberg, C. A. 2012. “Robert Park's Marginal Man: The Career of a Concept in American Sociology”. *Russian Review of Social Research*, 4 (2), pp. 199 – 217.

Goldberg, M. M. 1941. “A Qualification of the Marginal Man Theory”. *American Sociological Review*, 6 (1), pp. 52 – 58.

Golovensky, D. I. 1952. “The Marginal Man Concept: An Analysis and

Critique", *Social Forces*, 30 (3), pp. 333 –339.

Grant, G. K. & J. R. Breese. 1997. "Marginality Theory and the African American Student". *Sociology of Education*, 70 (3), pp. 192 –205.

Green, A. W. 1947. "A Re – Examination of the Marginal Man Concept". *Social Forces*, 26 (2), pp. 167 –171.

Harvey, A. G. & R. A. Bryant. 2002. "Acute Stress Disorder: A Synthesis and Critique". *Psychological Bulletin*, 128 (6), pp. 886 –902.

Hollis, F. 1972. *Casework: A Psychosocial Theray.* 2d ed. New York: Randon House, p. 234.

Hooks, B. "Talking Back". In Ferguson, R., Gever, M., Minh – ha, T. T. & C. West (Eds.), *Out There: Marginalization and Contemporary Cultures.* New York: The New Museum of Modern Art, 1990.

Hughes, E. C. 1949. "Social Change and Status Protest: An Essay on the Marginal Man". *Phylon* (1940 –1956), 10 (1), pp. 58 –65.

Hughes, E. C. 1949. "Dilemmas and Contradictions of Status". *American Journal of Sociology*, 50 (5), pp. 353 –359.

Kangas, M., Henry, J. L. & R. A. Bryant. 2007. "Correlates of Acute Stress Disorder in Cancer Patients". *Journal of Traumatic Stress*, 20 (3), pp. 325 –334.

Kelley, H. H. 1952. *Two Functions of Reference Groups.* New York: Henry Holt and Company.

Kerckhoff, A. C. &T. C. Mccormick. 1955. "Marginal Status and Marginal Personality". *Social Forces*, 34 (1), pp. 48 –55.

Kerckhoff, A. C. 1953. *An Investigation of Factors Operative in the Development of the Personality Characteristics of Marginality.* University of Wisconsin.

Lefebvre, H. 1991. *The Production of Space.* Oxford: Basil Blackwell.

Lenski, G. E. 1954. "Status Crystallization: A Non – vertical Dimension of Social Status". *American Sociological Review*, 19, pp. 405 –413.

Lewin, K. 1948. *Resolving Social Conflict.* New York: Harper & Bros.

Lynam, M. J. & S. Cowley. 2007. "Understanding Marginalization as a Social Determinant of Health". *Critical Public Health*, 17 (2), pp. 137 –149.

Malewski, A. 1963. “The Degree of Status Incongruence and Its Effect”. The Polish Sociological Bulletin. 1 (7). Reprinted in Bendix, R. & S. M. Lipset (eds.). 1966. *Class, Status, and Power*. New York: The Free Press.

Mann, J. W. 1958. “Group Relations and the Marginal Personality”. *Human Relations*, 11 (1), pp. 77 – 92.

Mummendey, A., Kessler, T., Klink, A. & R. Mielke. 1999. “Strategies to Cope with Negative Social Identity: Predictions by Social Identity Theory and Relative Deprivation Theory”. *Journal of Personality and Social Psychology*, 76, pp. 229 – 249.

Park, R. E. 1992. *The Immigrant Press and Its Control.* New York: Harper.

Park, R. E. 1928. “Human Migration and the Marginal Man”. *American Journal of Sociology*, 33 (6), pp. 881 – 893.

Passy, F. & M. Giugni. 2001. “Social Networks and Individual Perceptions: Explaining Differential Participation in Social Movements”. *Sociological Forum*, 16 (1), pp. 123 – 153.

Piontkowski, U., Rohmann, A. &A. Florack. 2002. “Concordance of Acculturation Attitudes and Perceived Threat”. *Group Processes & Intergroup Relations*, 5 (3), pp. 221 – 232.

Runciman, W. G. 1966. *Relative Deprivation and Social Justice.* London: Routledge.

Shields, R. 1991. *Places on the Margin: Alternative Geographies of Modernity.* London: Routledge.

Smilkstein, G. 1980. “The Cycle of Family Function: A Conceptual Model for Family Medicine”. *Journal of Family Practice*, 11 (2), pp. 223 – 332.

Starr, P. D. & Bruce, C. S. 1984. “Status Inconsistency and Marginality in Malaysia”. *Sociological Perspectives*, 27 (1), pp. 53 – 84.

Starr, P. D. 1977. “Marginality, Role Conflict and Status Inconsistency as Forms of Stressful Interaction”. *Human Relations*, 30 (10), pp. 949 – 961.

Stonequist, E. V. 1935. “The Problem of the Marginal Man”. *The Ameri-*

can Journal of Sociology, 41 (1), pp. 1 - 12.

Stonequist, E. V. 1965. *The Marginal Man: A Study in Personality and Culture Conflict.* New York: Russell.

Stroebe, M., Schut, H. & W. Stroebe. 2005. "Attachment in coping with bereavement: A theoretical Integration". *Review of General Psychology.* 9 (1), pp. 48 - 66.

Tuan, Y. F. 1974. *Topophilia: A Study of Environmental Perception, Attitudes, and Values.* Englewood Cliffs, NJ: Prentice - Hall.

Turner, J. C., Hogg, M. A., Oakes, P. J., Reicher, S. D. & M. S. Wetherell. 1987. *Rediscovering the Social Group: Self - Categorization Theory.* Oxford: Basil Blackwell.

Unger, R. K. 1998. "Positive Marginality: Antecedents and Consequences". *Journal of Adult Development*, 5 (3), pp. 163 - 170.

Warburton, W. A., Williams, K. D. & D. R. Cairns. 2006. "When Ostracism Leads to Aggression: The Moderating Effects of Control Deprivation". *Journal of Experimental Social Psychology*, 42 (2), pp. 213 - 220.

Wardwell, W. I. 1952. "A Marginal Professional Role: The Chiropractor". *Social Forces*, 30 (3), pp. 339 - 348.

Weisberger, A. 1992. "Marginality and Its Directions". *Sociological Forum*, 7 (3), pp. 425 - 446.

Winchester, H. P. M. & P. E. White. "The Location of Marginalized Groups in the Inner City". *Environment and Planning D: Society and Space*, 1988 (6): 37 - 54.

Wirth, L. & H. Goldhamer. 1944, "The Hybrid and the Problem of Miscegenation". in Otto Klineberg (ed.), *Characteristics of the American Negro*, New York and London: Harper & Bros, p. 340.

Wozniak, J. & W. Sack. 1993. "Developing Minds: Challenge and Continuity across the Life Span". *Journal of the American Academy of Child & Adolescent Psychiatry*, 34 (2), pp. 255 - 256.

Yang, L. H., Link, B. G. & J. C. Phelan et al. 2007. "Culture and Stigma: Adding Moral Experience to Stigma Theory". *Social Science & Medicine*,

64（7），pp. 1524 – 1535.

Zhang，X. 2008. “Status Inconsistency Revisited：An Improved Statistical Model”. *European Sociological Review*，24（2），pp. 155 – 168.

Ziller，R. C.，Stark，B. J. & H. O. Pruden. 1969. “Marginality and Integrative Management Positions”. *The Academy of Management Journal*，12（4），pp. 487 – 495.

Ziller，R. C. 1973. *The Social Self*. New York：Pergamon.

Zimbardo，P. G. 1972 “The Pathology of Imprisonment”. *Society*，9（4），pp. 4 – 8.

阿兰·德波顿：《身份的焦虑》，陈广兴、南治国译，上海译文出版社 2007 年版，第 6 页。

安东尼·吉登斯：《社会的构成：结构化理论大纲》，李康、李猛译，生活·读书·新知三联书店 1998 年版，第 134 页。

安东尼·吉登斯：《现代性与自我认同》，三联书店 1998 年版，第 35 页。

北京大学人口所课题组，穆光宗、张团等：《计划生育无后家庭民生关怀体系研究——以辽宁省辽阳市调研为例》，《中国延安干部学院学报》2011 年第 5 期。

贝克尔·霍华德：《局外人：越轨的社会学研究》，张默雪译，南京大学出版社 2011 年版。

车效梅、李晶：《多维视野下的西方“边缘性”理论》，《史学理论研究》2014 年第 1 期。

陈岱云、张世青：《生育观念与制度建构互动研究——基于社会控制的视角》，《山东大学学报》（哲学社会科学版）2010 年第 2 期。

陈恩：《重建社会支持网：失独群体自组织形成机制探讨——基于上海的两个案例》，《北京社会科学》2014 年第 11 期。

陈维樑、钟莠筠：《哀伤心理咨询：理论与实务》，中国轻工业出版社 2006 年版。

陈雯：《从“制度”到“能动性”：对死亡独生子女家庭扶助机制的思考》，《中共福建省委党校学报》2012 年第 2 期。

陈学金：《“结构”与“能动性”：人类学与社会学中的百年争论》，

《贵州社会科学》2013 年第 11 期。

陈友华:《独生子女政策风险研究》,《人口与发展》2010 年第 4 期。

程雯雯、郑雪、孙配贞:《农村大学生自我接纳与主观幸福感关系研究》,《中国健康心理学杂志》2008 年第 3 期。

慈勤英、周冬霞:《失独家庭政策“去特殊化”探讨——基于媒介失独家庭社会形象建构的反思》,《中国人口科学》2015 年第 2 期。

丁水木、张绪山:《社会角色论》,上海社会科学院出版社 1992 年版,第 129 页。

董阳、陈晓旭:《失独群体的“协作维权”及其互动机制——基于“失独者之家”网络社区的虚拟民族志研究》,《中国非营利评论》2014 年第 2 期。

杜建政、夏冰丽:《急性应激障碍(ASD)研究述评》,《心理科学进展》2009 年第 3 期。

段海军:《追寻生命的意义:积极心理学视野下的乐观主义价值》,《心理学探索》2011 年第 1 期。

方曙光:《断裂、社会支持与社区融合:失独老人社会生活的重建》,《云南师范大学学报》(哲学社会科学版)2013 年第 9 期。

方曙光:《社会排斥理论视域下我国失独老人的社会隔离研究》,《江苏大学学报》(社会科学版)2015 年第 3 期。

费孝通:《家庭结构变动中的老年赡养问题》,群言出版社 1999 年版,第 67 页。

费孝通:《乡土中国·生育制度》,北京大学出版社 1998 年版。

付春:《软治理:国家治理中的文化功能》,《甘肃理论学刊》2013 年第 1 期。

戈夫曼:《日常接触》,徐江敏等译,华夏出版社 1990 年版,第 72 页。

管健:《身份污名与认同融合:城市代际移民的社会表征研究》,社会科学文献出版社 2012 年版。

郭星华:《城市居民相对剥夺感的实证研究》,《中国人民大学学报》2001 年第 3 期。

国家统计局人口和就业统计司课题组:《中国失独妇女及其家庭状况

研究》，《调研世界》2015 年第 5 期。

侯秀丽、王保庆：《我国失独现状的分析与思考》，《湖南师范大学社会科学学报》2014 年第 3 期。

黄建：《失独家庭社会救助问题研究》，《理论探索》2013 年第 6 期。

黄匡时、嘎日达：《社会融合理论研究综述》，《新视野》2010 年第 6 期。

孔德斌：《农村社区治理：从硬治理向软治理的转变》，南京农业大学学位论文，2014 年。

李汉林、李路路：《资源与交换——中国单位组织中的依赖性结构》，《社会学研究》1999 年第 4 期。

李辉：《网络虚拟交往中的自我认同危机》，《社会科学》2004 年第 6 期。

李璐寰、童辉杰：《创伤后应激障碍研究进展》，《社会心理科学》2008 年第 1 期。

李秀：《失独者悲伤调适及其本土化干预模式研究》，南京中医药大学学位论文，2014 年 6 月。

梁秀清、黄希庭：《自我防卫机制的某些研究趋向》，《心理学探新》2001 年第 2 期。

林岑等：《乳腺癌患者坚强的概念结构及对护理的意义》，《中华护理杂志》2008 年第 2 期。

刘得明、龙立荣：《国外社会比较理论新进展及其启示——兼谈对公平理论研究的影响》，《华中科技大学学报》（社会科学版）2008 年第 5 期。

刘俊升、周颖：《移情的心理机制及其影响因素概述》，《心理科学》2008 年第 4 期。

刘中一：《失独 QQ 群及失独者网络聚集现象研究》，《国家行政学院学报》2014 年第 1 期。

柳志艳：《勇敢地生活下去——呼唤社会关注失独者群体》，《学理论》2012 年第 20 期。

《马克思恩格斯全集》第 19 卷，人民出版社 1963 年版，第 406 页。

马芒：《构建独生子女风险家庭的社会支持网络》，《中国发展观察》

2011 年第 5 期。

马志国:《失独父母怎样心灵自救》,《中华养生保健》2014 年第 6 期。

毛丹:《赋权、互动与认同:角色视角中的城郊农民市民化问题》,《社会学研究》2009 年第 4 期。

美国精神医学学会:《精神障碍诊断与统计手册》,张道龙译,北京大学出版社 2014 年版。

穆光宗、张团等:《计划生育无后家庭民生关怀体系研究——以辽宁省辽阳市调研为例》,《中国延安干部学院学报》2011 年第 5 期。

穆光宗:《独生子女家庭本质上是风险家庭》,《人口研究》2004 年第 1 期。

穆光宗:《独生子女家庭的权益保障与风险规避问题》,《南方论丛》2009 年第 3 期。

穆光宗:《中国人口转变的风险前瞻》,《浙江大学学报》2006 年第 6 期。

诺曼·费尔克拉夫:《话语与社会变迁》,殷晓蓉译,华夏出版社 2003 年版,第 59 页。

潘金洪、姜继红:《江苏省独生子女数量测算及其风险分析》,《扬州大学学报》2007 年第 1 期。

潘毅:《开创一种抗争的次文体:工厂里一位女工的尖叫、梦魇和叛离》,《社会学研究》1999 年第 5 期。

庞卓恒、王京春:《移情的发生机理、活动主体及其认识论含义》,《学海》2006 年第 2 期。

齐美尔:《现代性的诊断》,成伯清译,杭州大学出版社 1999 年版。

钱超英:《身份概念与身份意识》,《深圳大学学报》(人文社会科学版)2000 年第 2 期。

秦启文、周永康:《角色学导论》,中国社会科学出版社 2011 年版,第 33 页。

青连斌:《“边缘化”带来的警示》,《人民论坛》2010 年第 S1 期。

孙廷华:《对“社会角色”的哲学思考》,《社会科学》1991 年第 4 期。

覃明兴：《移民的身份建构研究》，《浙江社会科学》2005 年第 1 期。

陶徽希：《福柯“话语”概念之解码》，《安徽大学学报》（哲学社会科学版）2009 年第 2 期。

王春光：《新生代农村流动人口的社会认同与城乡融合的关系》，《社会学研究》2001 年第 3 期。

王宁、刘珍：《失去独生子女家庭的社会互动与组织参与——基于情感能量视角的分析》，《华中师范大学研究生学报》2012 年第 4 期。

王宁：《略论情感的社会方式——情感社会学研究笔记》，《社会学研究》2000 年第 4 期。

王倩、郑晓星、杨蕴萍：《急性应激障碍能否预测创伤后应激障碍》，《首都医科大学学报》2008 年第 5 期。

王先霈：《中西移情理论之异同》，《沈阳工程学院学报》（社会科学版）2009 年第 1 期。

王学义：《创伤后应激障碍》，北京大学医学出版社 2012 年版。

魏银：《坍塌与抗争：“失独者”真实生活图景透视——基于三个报道案例的内容分析》，《南京航空航天大学学报》（社科版）2013 年第 1 期。

奚从清：《角色论——个人与社会的互动》，浙江大学出版社 2010 年版。

谢勇才、王茂福：《论我国失独群体社会保障中的政府责任》，《中州学刊》2015 年第 1 期。

谢勇才：《失独群体的社会救助制度探析——基于可持续生计视角》，《社会保障研究》2013 年第 1 期。

徐俊：《中国人生育观念研究：回顾与展望》，《人口与发展》2008 年第 6 期。

徐琦：《绝望、迷失、重塑：失独者生命意义的主体建构——基于失独者生活叙事的解读》，华东理工大学，2014 年。

徐晓军、安真真：《结构边缘与心理边缘：边缘化研究的路径》，《学习与实践》2015 年第 9 期。

徐晓军、胡觅：《疾病状态与社会生活的“半融入”——乡村艾滋病人互动关系结构的演变逻辑》，《中南民族大学学报》（人文社会科学版）

2013 年第 3 期。

徐晓军、彭扬帆：《失独父母安全感的丧失与重建》，《江汉大学学报》（社会科学版）2015 年第 4 期。

徐晓军、张楠楠、师璐瑶：《提升安全感：失独父母依恋关系的重建》，《山东社会科学》2017 年第 6 期。

徐晓军、张楠楠、师璐瑶：《新生代农民工的城市融入错位及其应对》，《江汉大学学报》（社会科学版）2017 年第 1 期。

徐晓军：《断裂、重构与新生：鄂东艾滋病人的村庄社会关系研究》，中国社会科学出版社 2010 年版，第 89 页。

徐晓军：《社会弱势群体的边缘化及其应对》，《西北师大学报》（社会科学版）2015 年第 6 期。

徐晓军：《失独父母边缘化的路径、类型与社会风险——基于个体与群体关系的视角》，《华中师范大学学报》（人文社会科学版）2014 年第 6 期。

杨宏伟、汪闻涛：《失独家庭的缺失和重构》，《热点问题研究》2012 年第 11 期。

杨嫚：《消费与身份构建：一项关于武汉新生代农民工手机使用的研究》，《新闻与传播研究》2011 年第 6 期。

姚远、陈昫：《老龄问题群体分析视角理论框架构建研究》，《人口研究》2013 年第 2 期。

余建华、张登国：《国外“边缘人”略论》，《哈尔滨工业大学学报》（社会科学版）2006 年第 5 期。

喻安伦：《社会角色理论磋探》，《理论月刊》1998 年第 12 期。

张必春、陈伟东：《变迁与调适：失独父母家庭稳定性的维护逻辑——基于家庭动力学视角的思考》，《华中师范大学学报》（人文社会科学版）2013 年第 3 期。

张必春、江立华：《丧失独生子女父母的三重困境及其扶助机制——以湖北省 8 市调查为例》，《人口与经济》2012 年第 5 期。

张必春、柳红霞：《失独父母组织参与的困境、内在逻辑及其破解之道——基于社会治理背景的思考》，《华中师范大学学报》2014 年第 6 期。

张必春、邵占鹏：《“共同感受”与“同情感”：失去独生子女父母社会适应的机理分析》，《社会主义研究》2013 年第 2 期。

张祺乐：《论“失独者”权利的国家保护》，《现代法学》2013 年第 3 期。

张莹瑞、佐斌：《社会认同理论及其发展》，《心理科学进展》2006 年第 3 期。

赵毅衡：《身份与文本身份，自我与符号自我》，《外国文学评论》2010 年第 2 期。

后　　记

当这本书稿交给出版社的时候，做边缘群体研究的各种纠结、痛苦再次涌上心头。

2005 年，因为偶然的因素，我开始了乡村艾滋病人的研究。从此开始了我“是否继续做边缘群体研究”十多年的纠结。困扰我的其实是选择研究领域的问题。刚开始做乡村艾滋病人研究时，还经常觉得，北上广的“大咖们”可能不敢或不屑于研究这一群体，自己刚好可以捡个漏。但把边缘群体这些小众的对象当作自己的一个研究兴趣可以，当作自己固定的研究领域还真不行。之后几年，随着自己职称升高、各种交流机会的增加，做边缘群体研究的劣势也越来越明显，研究主题的小众化始终难登大雅之堂成为自己学术道路上的巨大障碍。

2013 年，我利用教育部新世纪人才项目的机会，果断放弃了乡村艾滋病人的研究。但科研是有路径依赖的，要一下子转换到一个“高大上”的研究领域谈何容易？不说别的，没有前期成果，拿不到国家项目（一般是必备条件）对于一个大学教授来说意味着什么？相信大家都明白。因此，在当时的情况下，带着自己仅存的人文关怀，我转向了相近的失独人群研究。虽然我觉得做这个群体研究很有价值，很值得去做，回应的也是中国三十余年的计划生育政策后果问题。但研究领域问题似乎依然没有解决，期刊编辑“文章本身很不错，但主编说与其他文章根本不搭”的回复一次次上演，一次次摧毁我对边缘群体研究的坚持。但即便如此，我一直硬着头皮坚持着。直到当我的博士生的失独文章在某期刊三审定稿付印前，送中国期刊网优先上网时被撤，我才正式意识到，如果再坚持，不仅自己没有出路，跟随自己研究边缘群体的研究生们也没有出路，相对于我，他们更需要发表成果。

回想自己做边缘群体研究的“小目标”，也是自己定下的三部曲：第一部是关于乡村艾滋病人的纯经验研究，第二部是边缘性理论指导下的失独群体研究，第三部准备写一本关于边缘性研究的纯学术理论著作。今天，前两部已基本完成，第三部也不知道自己还能不能坚持写出来。虽然内心依然有很多的不舍，但我仍然不知道自己能否拿出大块的时间和较多的精力去坚持。不管怎么样，这本书以后，边缘群体将只是我未来研究、关注的兴趣之一，我的研究领域主标签将彻底更换。

这篇后记 2018 年 8 月起头，每次总感觉有很多东西要写、要记，但真正打开写的时候，又发现很多东西其实不宜记在这里，不得不简单地给它画个句号。

感谢那些接受我们访谈的失独父母们！他们一次次对我们揭开自己永远无法痊愈的伤疤，承受了一般人根本无法理解的伤痛，唯愿他们每天能睡个好觉！

感谢这些年跟随我做边缘群体研究的博士生、硕士生们！特别是胡倩、彭扬帆、张楠楠、王东、刘炳琴、安真真、李大干，他们对本书的写作付出了较多的努力！

徐晓军于武昌桂子山
2018 年 12 月 26 日